初中语文阅读教学中的写作训练研究

李萍霞 著

时代文艺出版社
SHIDAI WENYI CHUBANSHE

图书在版编目（CIP）数据

初中语文阅读教学中的写作训练研究 / 李萍霞著
. -- 长春：时代文艺出版社，2023.11
ISBN 978-7-5387-7349-1

Ⅰ.①初… Ⅱ.①李… Ⅲ.①阅读课—教学研究—初中②作文课—教学研究—初中 Ⅳ.①G633.302

中国国家版本馆 CIP 数据核字（2023）第 236366 号

初中语文阅读教学中的写作训练研究
CHUZHONG YUWEN YUEDU JIAOXUE ZHONG DE XIEZUO XUNLIAN YANJIU

李萍霞　著

出 品 人：吴　刚
责任编辑：焦　瑛
技术编辑：杜佳钰
装帧设计：苗　惠

出版发行：时代文艺出版社
地　　址：长春市福祉大路5788号　龙腾国际大厦A座15层（130118）
电　　话：0431-81629751（总编办）　0431-81629758（发行部）
官方微博：weibo.com / tlapress
开　　本：710mm×1000mm　1 / 16
字　　数：247千字
印　　张：13.375
印　　刷：济南新广达图文快印有限公司
版　　次：2024年2月第1版
印　　次：2024年2月第1次印刷
定　　价：70.00元

图书如有印装错误　请寄回印厂调换

引 言

初中语文教育作为我国义务教育的一个重要内容,在整个国家的教育体系中占有十分重要的地位,而阅读和写作教学又是语文教学工作中重要的内容,提高写作能力是语文教学的终极目标。因此在语文教学过程中,采用有效的教学方法可以提升学生的阅读能力,提高学生的写作水平。在初中阶段培养学生阅读能力的过程中,必须坚持以学生为主体的原则,通过必要的语文阅读训练,努力挖掘初中语文阅读教学新亮点,探求新教法,才能做到阅读和写作比翼齐飞。

阅读教学和写作教学在语文教学中具有非常重要的地位,两者相辅相成、相互促进。在语文阅读教学中进行写作训练,可以提高学生的阅读和写作能力,可以为阅读和写作搭起一座桥梁。可在现实的语文教学实践中,阅读教学和写作教学的联系不够紧密,两者相互独立,结合较弱。因此,应加强阅读教学和写作教学的联系,使阅读教学和写作教学能够互为依存、紧密结合,从而促进学生语文素养的整体发展与进步。

在核心素养培养中也明确指出,语文教学应注重对学生理解能力以及语言表达能力的培养。为此更应密切关注读写结合教学法的实际运用,确保其在实现阅读教学目标的基础上,能够强化学生的写作能力。从实践教学来看,读写结合教学法在阅读教学中的应用,不仅可以锻炼学生的想象力,发散学生的思维,也可使其具备较强的创新能力,对于提升学生的写作技巧也具有积极作用。

《初中语文阅读教学中的写作训练研究》主要分为:第一章初中语文阅读教学研究,第二章初中语文写作教学研究,第三章初中语文阅读教学和写作教学有效结合研究,第四章初中语文以读促写教学研究,第五章初中古诗词阅读教学促进写作训练的实践研究,第六章初中语文阅读教学中的写作训练研究,第七章微写作在初中语文教学中的应用研究,第八章基于想象力培养的初中语文写作教学研究,第九章交际语境下的初中语文写作教学策略研究。

目 录

第一章 初中语文阅读教学研究 / 1

　　第一节 有效教学与初中语文阅读教学有效性的概述 / 1

　　第二节 初中语文阅读教学有效性缺失的表现 / 9

　　第三节 提高初中语文阅读有效教学的策略 / 12

第二章 初中语文写作教学研究 / 19

　　第一节 写作教学的概念与理论 / 19

　　第二节 初中语文写作教学的现状分析 / 24

　　第三节 初中语文写作教学的改进策略 / 29

第三章 初中语文阅读教学和写作教学有效结合研究 / 40

　　第一节 阅读教学和写作教学有效结合所遵循的原则 / 40

　　第二节 初中语文阅读教学与写作教学结合的现状分析 / 45

　　第三节 阅读教学和写作教学有效结合的应用策略 / 51

第四章 初中语文以读促写教学研究 / 61

　　第一节 初中生写作现状分析 / 61

　　第二节 基于以读促写的语文阅读教学训练 / 73

　　第三节 基于以读促写的语文课外阅读训练 / 82

　　第四节 "读"到"写"的转换途径 / 87

第五章　初中古诗词阅读教学促进写作训练的实践研究　/　93

　　第一节　初中古诗词阅读教学促进写作训练的依据　/　93

　　第二节　初中古诗词阅读教学中的问题分析　/　101

　　第三节　初中古诗词阅读教学促进写作训练的实践研究　/　104

第六章　初中语文阅读教学中的写作训练研究　/　119

　　第一节　核心概念界定和理论依据　/　119

　　第二节　初中语文阅读教学中的写作训练应遵循的原则　/　124

　　第三节　初中语文阅读教学中的写作训练策略　/　128

第七章　微写作在初中语文教学中的应用研究　/　139

　　第一节　概念内涵及理论基础　/　139

　　第二节　初中语文微写作教学现状　/　142

　　第三节　微写作教学的优势　/　152

　　第四节　微写作教学在初中语文教学中的运用策略　/　154

第八章　基于想象力培养的初中语文写作教学研究　/　173

　　第一节　核心概念的界定及理论基础　/　173

　　第二节　基于想象力培养的初中语文写作教学现状　/　179

　　第三节　基于想象力培养的初中语文写作教学的改进策略　/　182

第九章　交际语境下的初中语文写作教学策略研究　/　189

　　第一节　交际语境下的初中语文写作教学概述　/　189

　　第二节　初中语文写作教学存在的主要问题　/　194

　　第三节　交际语境下的初中语文写作教学改进策略　/　197

参考文献　/　204

第一章 初中语文阅读教学研究

第一节 有效教学与初中语文阅读教学有效性的概述

语文教学的有效性是所有从事教育行业的工作者的最终追求。虽然这些年来我们一直在不断进行教育改革,但是在实际教学中仍然存在很多问题。例如,教学目标定位不准确,随意设定;内容冗杂,缺少整合,内容选择不恰当;教学方法不合理,缺少创新性;忽视学生主体地位;忽视学生语文课外阅读兴趣的培养;教学媒体的不恰当运用,喧宾夺主,影响学生阅读感受;忽视了学生对阅读作品的多方面分析,为语文阅读教学的有效性的提升带来了很大的障碍,同时给语文阅读教学质量造成了不利影响。提升课堂教学有效性的关键在于改变传统程序化的课堂模式,提升课堂教学的效率,关注学生的需要,促进综合素质的全面发展。

一、有效教学

(一)有效教学的概念

有效教学的思想起源于 20 世纪上半叶西方的科学教学运动,这一理念的实用性不断增强,逐渐引起了世界各国教育工作者的重视。更加注重教学效率,更加重视时间投入与效益收获的正比关系。教师要明白教育是有规律可循的,同时又不能简单地把"效益"理解为"投入最少的时间获取最大的利益"。教学的有效性并不是由教师在课堂上讲多少内容,而是要从学习成果和学习过程综合考察,简单说就是时间与收益要成正比。目前,国内对有效教学的研究把课堂分为基础性与发展性。两个基础性:第一要抓住教学重点,保证教学内容的正确性;第二注重学生的多样性以及个人的差异性。发展性方面:第一是否能灵活地确定、选择和运用教学内容和方法;第二是否可以通过一些方式启发学生,激发学生的学习兴趣;第三老师能否平等对待学生,发现学生身上的长处,因材施教;第四是否具有发散思维和丰富的想象力引导学生更好地思考。

（二）有效教学的基本特征

有效教学是课堂教学永远追求的目标和理想，有效教学其根本目的在于提高学生的学习效率。有效教学包括三个内涵：一、教学有效果，每一阶段教学任务完成之后，学生都要有收获或者完全理解。二、教学有效用，教学要满足个人或者社会需要，学生学完后要懂得学以致用，不能纸上谈兵，要与实际生活相联系，解决实际问题。三、教学有效率，课堂教学要高效率的把握时间分配。多让学生表现自己。

1. 有效教学以正确的教学目标为前提

教学目标是语文阅读教学活动着重考虑和注重的方面，教学目标是在教学活动之后所要到达的一个目标，是通过教师的"教"以及学生的"学"表现的。在以教学目标为前提的条件下，教师的阅读教学进程才得以延展，只有明晰了教学目标，才能发挥阅读教学的作用，提升教学的针对性和高效性。有效教学的目标应该是符合教材的，是教师依据各个学科课程标准和教学大纲设计的教学目标，并且要兼顾学生的特点。比如你不能将一节语文课讲得像历史。其次有效的教学目标还要充分考虑学情特点，教师在制定目标和内容的同时要充分从学生的兴趣和教学需要出发，同时还要兼顾不同阶段学生需要掌握到什么程度来制定教学目标。如果一刀切可能会影响教学效果的最终呈现。知识与能力、过程与方法、情感态度与价值观，是一个连续的，逐渐深入的过程，不能将它割裂开来，从长远来看它重视学生的点滴进步，在获得能力的同时，不断形成正确的价值观，将学生培养成为一个全面发展的人。从短期来看有效教学目标关注每一节课或者每一阶段学生所达到的标准。有效的教学目标的确定是需要教师结合学情与学科特点来逐步制定的，不可能一蹴而就。教师应按照一定步骤确定教学目标，即依据新的课程标准所提出的要求，结合着实际中阅读教学内容的特征、学生的认知能力等，初步设定出教学所要达到的目标和方向，这其间需要按一定的逻辑顺序、本着循序渐进的原则将其中类似的目标进行整理，对于模糊的目标进行提炼，从而使杂乱无序的教学目标具备层次性和顺序性，进而加强阅读教学目标的可执行性。

2. 有效教学以完善的教学内容为基础

优秀的阅读材料不仅能突出重难点，起到点睛之笔的作用，同时也可以锻炼学生对材料进行概括复述的能力，教师应当选择优秀的阅读材料，以好的材料为基础可以更好地锻炼学生各方面的能力。语文阅读教学是体现在方方面面的，不能仅局限于学校课堂，更应该重视学生的课外知识积累，没有一定的课外阅读基础，书本上的知识将难以得到拓展。教师应将课内外阅读结合起来，可以让学生的知识融会贯通，举一反三。教师可以适当举行一些读书活动，鼓励学生朗读、赏析等，增加学生的阅读经历，拓宽学生的视野，获得更好的审美感受，为学生营造一个良好的阅读学习环境。课外阅读内容的选择，要与教材中的知识相互关联，相互补充，并不能随意选取。在《岳阳楼记》的阅读教学之后，可以指导学生阅读《醉翁亭记》《小石潭记》等名作，通过课内外阅读比较，让学生品读诗人独特而有魅力的作品，揣摩疏朗有致的表现手法，让学生在加深对课文理解的同时学到更多的阅读技巧。

3. 有效教学以适当的教学方法为关键

为了实现有效教学，就需要选择合适的教学方法。有效教学最终的追求目标就是每次教学活动之后都让学生有所收获，而不是盲目地跟着教师，学无所获。如何实现教学目标让学生最大限度地收获,选择怎样的教学策略就显得非常重要。现代很多优秀的教学案例和教学实录为我们提供了许多具体的教学策略，但任何策略都不是万能的，所以选择怎样的教学策略，要切实结合具体的学情，并特别关注如何在实施过程让学生快乐地学习知识，收获最大的效益。所以教师不仅要了解学情还要结合实际情况以及教学大纲制定出最合适的教学方法。让学生心悦诚服地学习和接纳语文知识。"读"是教师帮助学生快速把握文章主题的方法，教师带领学生略读、精读，读多了自然就会逐渐契合作者的心思。教师让学生对阅读材料进行多元化的理解时，要以正确的方法引导学生阅读，紧扣文章的主题，把握文章的主旨，而不是进行漫无边际的独自想象。在阅读教学过程当中，不但要多"读"，还要多"写"，语文教学首先是让学生学会"读"并且学会"写"，以读促写，以写助读。学生在进行写作之前可以先进行模仿性写作，写出自己的心得，学生也就会对其他的文本有更加深入的理解和认识。在提高写作能力的同时也可以提高学生的阅读能力。教师不但要让学生多读、多写，自身也要多鼓励学生勇于表达自己的见解，并给予学生及时和准确的评价，让学生发扬优点，改正不足。

4. 有效教学是课前预设与课堂实施的统一

课前预设是教师在实施教学活动时所做的系统的、全面的设计，同时包括对教学效果的心理预期。完善的课前教学预设是有目的、有计划的，是有利于教学过程的实施。如果教师没有课前的教学预设或者是完全脱离教学预设，教师随意地教，学生漫无目的地学，就会造成低效或者无效教学。实际教学并不是毫无计划的临时发挥，而是要有提前的预设和计划的一种行为。另外教学又是一个动态的过程，我们在实际教学过程中会有很多复杂的、我们不能提前预设到的情况发生。如果我们太过依赖课前教学预设不能根据课堂具体情况的发生进行调整，必然会影响教学效果。我们在进行教学实践前，要先做好预设，然后在具体实施的过程中运用教学机制根据具体的情况具体分析，灵活做出改变，以适应学生的学习。最终做到一个辩证的统一。

（三）影响有效教学的因素

1. 以学生为主体影响有效教学的因素

教学的终极是要应用知识解决实际问题。有效教学所体现出的效益必须体现在学生的身上，"杜威的'儿童中心'论，提倡从儿童的天性出发，学生是活动的中心，是一切教育活动的对象，要重视学生在教学活动中的核心地位"。因此，以学生为主导是影响有效教学的重要因素。

（1）学习动机的影响

内部驱动力是驱动学生主动学习的最重要的因素。目前初中课堂教学效率低下的很大一部分原因就是学生缺乏学习的动力，很大一部分学生在课堂上的注意力和课下作业的完成都需要教师的不断督促。缺少目标的长期引导，并且自制力较差，稍有干扰就会无心学习。所以学生首先要有强大的学习动机和自制力，才能朝着一定的目标努力向前。杜威说"兴趣就是使人能专注于或置身于某一对象的东西，是任何有目的的经验中各种事物的推动力"，另一方面就是教师要如何教才能引起学生的兴趣，兴趣是最好的老师。教师的个人魅力以及学生对科目的喜欢程度都会影响学生的学习动机。如果学生对于所学的学科没有兴趣，那么再多的外部刺激也是没用的，因为缺少内部动力。在初中教学实践中要抓住学生的兴趣点所在，投其所好，激发内部动力，促使其主动学习，提高教学的效率，才能做到事半功倍，实现有效教学。

（2）学习能力的影响

学习能力可以简单的理解为获取知识和能力的方法，也就是我们所说的"会学"。学生对于知识的理解和掌握的能力对于学生自身综合素质提高至关重要。对知识的掌握和迁移的能力不仅贯穿整个学习过程而且也会体现在日常的实际生活当中。学习的最终目的是运用学习到的知识去解决实际问题，将理论化的知识转化为各种解决问题的能力，最终使自己的能力得以提升。学生是一个多样化的群体，学习能力各不相同，学习能力强理解能力也就强，而且能够在知识间建立联系，做到自由地迁移转换。学习能力较差的掌握的速度较慢，并且不能做到知识和学科的迁移。这就对有效教学造成了一定的不良影响，面对这样多样的群体，老师在这个过程中要如何处理不同学生能力之间的问题，做到平衡？学习能力较强的学生可以很快地掌握教学内容，积极性较高。学习能力相对较弱的学生不仅需要大量的时间来消化所学知识，而且缺少主动性对老师依赖性很强，习惯于老师教什么自己学什么，还有一部分学生属于压力型，对学习兴趣不大，但有时为了应付老师家长，临考时死记硬背，考完就忘，对于学习能力没有任何帮助。

2. 以教师为主体影响有效教学的因素

在语文阅读教学活动中，教师在课堂教学的步骤中起着主导作用。教师在课堂教学中就相当一个导向标，对课堂教学步骤的进行起到控制的作用，同时也对课堂教学效率起着关键作用。学生们以老师为例，老师的每一个言行对学生都有微妙的影响，因此老师的个人魅力和技能对学生具有重要的影响。这是学生特有的向师性心理。因此，能否实现有效教学关键在于教师本身。教师是否有紧跟时代的教学观念、教师是否有合格的专业素养、教师的教学能力是否达标以及教师的课堂掌控力等方面都是实现有效教学的重要。

（1）教师教学观念的影响

教师要做到与时俱进，不断更新自己的观念，才能紧跟时代，准确了解学生的特点。才能更加了解学生心理，因此正确的学生观是教师开展一切教学活动的立足点和根本，正确的学生观贯穿教师教学生涯的始终，对教学起指导作用。另一方面，教师还需要具备教学观，要充分认识到分数的高低并不是评判学生的唯一标准，全面素质教育不仅要注重学生的成绩，更要注重学生综合能力的全面发展。实现有效教学，还要建立平等的、友好的师生关系，教师与学生要互相沟通和善于倾听、共同学习。教师和学生融洽的关系也是学校在进行各种教学活动的重要保障。教学观念从以教师为中心转变为学生为中心。教师更加关心学生的内心世界，真正关心他们所需要的，而不是从教师的角度出发我觉得学生需要什么。只有这样，教育的最终目的才是为了学生，为了实现有效教学。如果不能转变教学观念，一再强调教师的主体地位和教师的需要，会严重阻碍学生的积极性和主动性，影响教学的效率。

（2）教师的专业知识

一名优秀的教师要不断地用知识文化充实自己，学习身边优秀教师的教学方式，总结经验教训，不断与时俱进地更新自己的知识与见解。因为教学要以丰富的文化能力作为基础，教育机制也是建立在丰富的学识之上的，才能融会贯通，灵活变通，所以这就要求教师提高个人文化素养，要求教师必须不断地填充知识，增加积累，只有加强学习，扩大知识面并拥有广泛的知识量，才能灵活地在课堂上侃侃而谈，针对课堂上的突发问题游刃有余地解决问题。教师能博古通今，具有丰富的文化内涵，个人具有的魅力会深深的影响到学生，激发学生对知识的渴求，丰富学生的精神世界，提升学生的能力，促进学生的全面发展。因此，教师要文理兼修，不断提升自己的知识储备，提高教学的质量。

（3）教师的课堂教学技能

教师在进行一堂课之前，有一个漫长的准备工作，也就是备课，教师首先通读课本对所教授的内容全面了解，然后结合学生的学习能力采用合适的教学方法。课堂教学技能是教师必不可少的技能。因此，课堂教学技能的好坏是评判一个教师的重要的标准。尤其是新教师，如何引导学生，如何设计问题，如何完善课堂管理，怎样导入，怎样探究，怎样巩固，都是非常重要的课堂教学技能。启发学生是最重要的。首先，教师要让学生充分明确自己的目标和任务，只有目标和任务清晰了才能更好地完成任务。其次，要善于引导学生，要通过含蓄的提示，锻炼学生的思维能力，逐渐形成自己的思维方式，如果教师提示的过于直白，学生容易对教师形成依赖。所以最好是通过引导学生先从某些比较简单的问题入手，一点点提升难度，帮助学生训练思维。教师可以通过一些外物的帮助，不断启发学生分析和归纳最终得出规律，形成思路。题目的设置要充分考虑到学习能力较强的学生和学习能力较弱的学生。在课堂上引导学生探究讨论时，教师要控制时间，掌握好课堂环节的节奏。实现有效教学。

（4）课堂管理能力

课堂管理能力是教师必备的能力，环境是影响学生学习质量的关键。良好的课堂管理提供了相对安静的学习环境，阻断各种因素的影响，使学生和教师全身心地投入到当前的学习当中，最大限度地接受和消化所学的知识，实现有效教学。课堂管理创设出良好的课堂环境，有利于保证学生的正常学习和课堂活动的顺利开展；促进课堂活动的有效开展；全身心投入的状态可以激发课堂活力，为学生的持久发展创造条件。教育学家赫尔巴特说："如果不坚持而温和地抓住管理的缰绳掌控课堂，那么任何教学行为都是无效的。"所以，课堂教学成功与否关键在于如何稳住课堂秩序，让学生全身心的投入，只有在教师很好地起到组织管理课堂的作用的情况下，学生的主动性和积极性才能被激发出来，达到最佳的课堂效果。

二、提升初中语文阅读教学有效性的必要性

（一）语文教学实际的需要

一直以来语文都是基础性的重要学科，自从我们上学以来就接触语文，汉语是其他科目的基础。另外语言文字以其丰富的美感和内涵，带给学生情感的熏陶与美的享受。例如：朱自清的《春》中"雨是最寻常的，一下就是三两天。可别恼。看，像牛毛，像花针，像细丝，密密地斜织着，人家屋顶上全笼着一层薄烟。树叶儿却绿得发亮，小草也青得逼你的眼。傍晚时候，上灯了，一点点黄晕的光，烘托出一片安静而和平的夜。在乡下，小路上，石桥边，有撑起伞慢慢走着的人；还有地里工作的农民，披着蓑，戴着笠的。他们的草屋，稀稀疏疏的，在雨里静默着"。

作者写春雨，先写春雨的特点："像牛毛，像花针，像细丝，密密地斜织着，人家屋顶上全笼着一层薄烟"。然后写雨中的景致，描绘出一幅宁静优美的水墨春雨图。春天的景色，由近及远。树叶、小草、灯光、农夫完美融入同一幅画面之中，塑造出春雨图。同时作者的语言也清丽自然，全文没有华美亮丽的语言文字的装饰，都是平平常常的语言，平平常常的景物，但是借助作者独特的思想情致，赋予了这些景物独特的感情，它们就是作者情感的化身，平淡的景物散发出独特的魅力。

语文是工具性与人文性兼具的学科，教师在教授时，不仅要传授给学生语文阅读的基础知识，指导学生学习语言知识、文学知识、阅读技巧等，还要对学生进行人文知识的培养和指导，让学生在丰富多彩的语文世界中自觉培养人生观和价值观。语文教科书中的作品无不体现出美感，同时还蕴含着人性的光辉，传递着正确的价值观。新课程改革，采用的部编版教材我们还发现每单元都有大量的阅读与写作教学，而且文章的选择也围绕写作教学展开，每个学期都有两个名著导读和两个课外古诗词阅读。从部编版教科处的编排上我们不难发现新课程改革后越来越重视语文阅读教学，和以学生为主的教学方式。但在实际教学中我们很多教师尤其是新教师不知道"教什么"和"怎样教"，所以教学低效甚至无效的现象仍然存在。

汉语具有听、说、读、写的重要任务，有效的语文教学可以引导学生充分体会语言所包含的情感和知识，发展学生的汉语技能，并引导学生体验课文中的精

神内涵。而在语文教学中，阅读和写作又是最重要的，语文能力大部分体现在阅读和写作上。因此，阅读教学的有效性直接影响语文教学整体的成果。初中又是承上启下的阶段，语文教师要充分抓住这个重要的阶段，把握学生特点，改善初中语文阅读教学，最终促进初中语文阅读教学的开展。

（二）学生学习发展的需要

以教学实践来说，无论是语文还是其他学科，教师在进行教学活动时过于追求课堂教学形式，给学生大量的时间进行讨论和交流。学生需要花费大量的时间去听同学们交流，那么属于自己思考，咀嚼文本的时间就大大减少。学生完全不能静下心来去仔细品读文章，完全在机械的完成任务。阅读本应该是一种享受，但是这种过度追求课堂教学形式，扼杀了学生的阅读兴趣和爱好。平时的阅读课也追求在课堂上进行统一的阅读教育，而忽略了学生自主的阅读思考。总是简单地以分数作为评价学生阅读能力的标准。这不利于学生的发展。在初中语文阅读教学实践中，出现了教师投入很大的精力，学生的语文阅读能力并没有明显提高的现象，这主要是因为教师不改变传统的陈旧教学方式，教学方法和教学理念没有做到与时俱进，部分老师只是按照课文或参考书中的讲解对学生进行填鸭式教学法，只局限于自身和课本的讲解，缺少对作品本身审美价值的探讨，没有真正把学生当做是课堂的主体，学生并没有真正地融入课堂中，学生的思维自然得不到拓展和提升。数据显示，很多学生认为教师在教授阅读课时，没有发生与自身的互动，教师没有顾及学生的学习状态和介入度，只是不断地把自己的经验见解直接灌输给学生，这样的阅读教学，只会让学生在阅读教学中缺少参与感，逐渐丧失了阅读的积极性和主动性。

教师要从学生的角度出发，强调语文阅读教学的有效性，充分合理地安排教学内容，合理利用课上的时间，培养学生的阅读兴趣，让学生享受阅读的兴趣。教会学生运用科学的方法进行阅读，让学生爱上阅读和写作，达到良好教学效果。

第二节　初中语文阅读教学有效性缺失的表现

"低效"是相对于有效性而言的，初中语文阅读低效教学是现今语文课堂客观存在的现象。主要表现为：

一、教学目标设置不精确

教学目标是教学内容和课堂教学的重要依据。只有准确有效地确定了教学目标，才可能最大限度减少语文阅读教学中存在的盲目低效的行为，才可以让阅读教学更加有意义，让学生在每次进行阅读时都有所感悟和收获。有的教师对于初中语文阅读教学目标的设计没有科学准确的分类依据，没有根据学生的心理特点和学情状况进行具体分析，缺乏准确性、针对性，脱离了教学实际。有的教师对教材体系没有系统的研究整理，不能挑选出其中的着重点，不能明确具体篇目的重难点，无法准确确定教学目标，教学空而泛的现象普遍存在；有的教师对文体风格把握不准确，不能明确不同体裁的鲜明特征，千篇一律对文本进行解读；有的教师课堂组织混乱，没有明确的主线，阅读教学课堂内容杂乱无章，拓展时做不到切题，随意性较大，教学没有准确的方向、教学效果也不是很明显。

二、教学内容选择不恰当

随着语文课程教学改革的不断深入和推广，国家更加重视对学生综合素养的培育。语文也不是单纯的教授语言文字，同时要更加注重赏析、写作等综合能力的提升。但是具体实施又存在一些问题，语文有综合活动、阅读课、写作课等专题课，但是教学时间十分紧张。教师在提前备课时，预设内容庞杂，教学环节前后错杂，思路混乱，没有按照学生心智成长的规律设计教学内容，极易在阅读教学过程中形成偏差，对学生产生不良的影响。也有的教师为了追赶课程进度，无心整合课程资源和细致梳理各个专题的要点，没有把语文的综合性学习和识字写字、口语交际、阅读写作等很好地结合起来做梳理，把几个毫无联系的课程压缩成一节课的内容，草草了事，造成语文教学内容的无序堆砌。学生毫无积极性与兴趣，只是被动地接受知识的灌输。这样漫无目的学习，不仅不利于语文阅读教学的有效性的提升，还忽视了学生的主体地位。

三、教学方法运用不合理

初中语文阅读教学课堂的教学有效性很低，是因为在课堂教学和课前预设中存在很大的问题。比如：缺少正确方法的指导，课堂教学环节繁复无用追求程式化。教师不能依据教学内容制定合适的教学方法，同时在动态的课堂教学中也不能应对突发的情况，机智地应对学生出其不意的问题，从而使得课堂失去生机与创造力。教学方法的选取首先要遵守一定的教学规律和准则，其次必须依据教学内容和学生特点。这样我们就可以有效避免课堂上教师唱独角戏的情况，因为教学形式和方法的单一，学生根本没有兴趣参与到课堂互动中，只是沉浸在自己的世界中。还有一种情况就是教师讲的很精彩，学生也很感兴趣，但是因为教学方法的不合理，学生只是津津有味地听，自己并不思考，也不能锻炼学生的能力，等着老师讲而不愿独立思考课堂的一些细节问题，长此以往就会形成依赖。所以教师在进行教学时要多种方式结合运用，避免单一。教学具有多样性的特点，所以教学要尽量多样化，要充分根据学生的特点因材施教，充分发挥每个学生的优点和闪光点，使学生不会被课堂所限制，发挥出自己的才能。合适的教学方法有利于课堂的健康发展，要想提升语文教学的有效性，教学方法的改变势在必行。

四、教学媒体应用不适度

随着科技的不断发展，教学设备也不断更新。多媒体这种新型教学工具，集便利与功能于一体的高科技越来越受到大家的欢迎。同时这种多媒体所展现出来的特点极大地满足学生的需求，对于教师来说也很便利。它本身的生动性、增加了学习内容的趣味性，同时提升了课堂教学的效果。它对教学起到的作用不可否认。但是必须合理运用，它对教学起到的只是辅助作用，并不能让它代替教学。不合理运用教学媒体体现在几个方面：

一是教学内容的繁杂。教师使用多媒体时要张弛有度，不能为了过分追求单纯的趣味性，课件过度追求色彩、图片的运用，反而忽视教学内容多样性。每一个教学环节都用多媒体来配合，不仅不利于学生知识的掌握，还会干扰学生的注意力。课件中经常为了有趣而设置的动画与教学内容无关，会浪费有效的教学时间。尤其初中学生自控能力不强，更会对这些课件所吸引，如果老师不做示范如何做笔记，学生上课如同走马观花。另外，过度运用多媒体的教学还会使教师个人素质能力缺乏锻炼。比如语文课是需要教师阅读指导的，但是教师就会选用音频，没有了粉笔板书，取而代之的是一个个屏幕上的字。没有教师作为榜样，学生也不会注意自己的书写，也不会注意自己在朗读时是否有抑扬顿挫，是否激情昂扬。教师也会忽视学生的向师性心理。如果可以合理利用，那么多媒体确实给教学带来了巨大的帮助，提升阅读教学的有效性。但是我们时刻要注意多媒体只是辅助教学，而不是代替粉笔板书。

二是过度使用。本来是可以用简单的话语来讲明白的地方，但是也会使用多媒体，一定程度上体现了教师过度依赖多媒体。课堂教学很大程度上都是靠教师的个人魅力来身体力行地影响学生。但是由于教师的过度依赖，使学生的向师性渐渐减少，而且本该丰富多彩的课堂变成了一节PPT展讲课，机械化了教学过程，切断了知识间的联系。

三是语言文字本身。中国语言文字的特殊性在于所表达出来的意境是无止境的，很多文字所营造的意境更是只可意会不可言传。因为图画只能描绘出颜色、形状，但是却无法描述出境界。文字是不能够被替代的，尤其是语文教学中，如果图画成为主要的，那么语文将失去它存在的意义。同时用图画来限制语言的境界，会极大地限制学生的想象力与创造力。有时语文课已经失去了语文味，不再是教师与学生语言与语言的碰撞，学生甚至不用打开书，教师与学生在课堂上语言的沟通减少，而是所有的插图都展现在多媒体上，这其实是一种无用功的行为。学生与文本之间必须建立起一种自然的联系、这种联系要比大屏幕更有利于学生的思考。

现在上公开课和评优课都必须使用课件，有没有课件的运用已经和你是否精心备课联系在了一起。但有时课件制作费心费力，却只是追求形式，没有太大的实用性。而且很多获奖课件的制作都是大家一起出谋划策完成的结果，再经过反复的修改、演练，最后接近完美。然后在各种教学活动中，不再关注教学主体的多样性和学情的不同，而重复使用同一课件。多媒体的适度运用，对于教学的有效性有很大的提升，但是如果花费大量的时间专注于形式上，倒不如精心地备课本备学生。我认为要从对教学有效性是否有帮助入手，如果课件确实对于教学有着不可忽视的作用，我们必须合理运用多媒体教学模式。

五、忽视学生对文本多角度赏析

在我国现今的语文阅读教学过程中，大多数教师对于某一篇文章，仅规定一种中心思想让学生去提炼，这样刻板呆滞的教学模式，不仅使学生很少考虑中心思想的源头，一些语文教师也为了急于赶教学进度而很少思考它的来龙去脉，教师也就无暇顾及学生对于此中心思想的看法或者是自己的新想法。例如教师在教学李商隐的《无题》（相见时难别亦难）这首诗作时，这首诗的主题众说纷纭，每个人对于它的理解也各有千秋，每个人都可以从不同的角度感受出作者不同的心境，但是在一些参考书中，仅把它总结为"爱情诗"，没有联系作者身世而得出最浅显的主题。诗是含蓄朦胧的艺术，要让学生自由抒发独到见解的课堂，体会这种朦胧的艺术，不能因教师的一句话定性，让学生仅局限于一种思考，感受不到作者的真切感受，让课堂变成冷冷清清的教师自说自话的课堂，限制了学生的思想和想象力。长此以往，学生就会依赖老师口中的答案，不再提出自己的见解，甚至失去了独立思考的能力。

第三节 提高初中语文阅读有效教学的策略

提升初中语文阅读教学的有效性是一个整体的过程，最终效果的完善也是需要多方面的配合。从教师的教学能力到学生的学习态度再到家长的大力配合都对语文阅读教学的有效性起着至关重要的作用。

一、初中语文阅读有效教学的准备策略

（一）提升教师专业素养

语文教师的教学能力和素养是影响语文阅读教学有效性的关键。教师的语言和行动都会使学生刻意地效仿，所以会对他们产生不可忽略的影响。教师的专业素养也是教学效果的重要保障，一位好的教师需要具有专业的文化素养。教师如果能够有深厚的文化知识背景，可以各种知识信手拈来，随意切换，会让学生更加欣赏教师的个人魅力，同时学生又具有向师性，可以无形中给学生树立正面角色，对学生产生积极的影响，增加知识的储备，促进学生综合能力的提升。深厚的文化知识，对于教学工作的顺利展开以及提高教学效率都十分重要。所以教师要通过日常的学习和积累不断提升自己的专业素质。学习他人优秀的教学思路和方法，多研究一些课程论文，用理论武装自己的头脑，交流经验与收获，提升个人能力，形成自己的教学方式，因此教师要努力提升自己的教学技能，为教学的

顺利开展做基础。另外新手教师要多实践，找到适合自己的教学方式，不能盲从。作为新手教师要非常关注自身的生存，新教师每次备课之前都非常焦虑，无从下手，经常只能查阅教学参考资料，或者上网查查阅现有教学案例，照搬到自己的课堂上，但是教学效果可想而知，收效甚微。课堂教学是一个动态的生成过程，光靠照搬照抄是不行的，必须提升自己的专业素养和自身能力。同时教师在备课时不仅仅要关注教学内容，还要充分考虑学情，做好课前预设，具备教学智慧，随时应变。这样学生在课堂上才会有所收获。

（二）精心探究解读文本

阅读的最终目的是教学生阅读方法。目前，阅读只是为了让学生理解课文。对于《老王》的教学，就是让学生通过文本得到某一个固定的中心思想。其实这是远离阅读教学的最终目的，我认为阅读不应该有具体的答案或者是中心思想。所以在教学中教师应该更加关注阅读方法的训练和传授。以《老王》为例，"如何引导学生阅读，抓住文章中的重点词语；以事件线索为主；从老王的内在需要出发，从老王与作者的关系出发。在理解作者与老王的关系中，首先要理解'僵尸'是对老王的描述，以感受'我'与老王之间的距离，然后通过老王的心理推测来理解老王对'我'的内在定位，厘清两人之间的距离，再回到文本中去寻找距离的具体表现"。这就体现出要抓住人物和事件的主线来引领学生学会解读文本的方式。解读较难的文章时教师都会教学生由关键字句入手，进而理解全文。但其实这有时会使文本割裂开来，所以要具体根据文本特点，比如《老王》由全文入手进而读懂每句话。所以教师无论运用哪种方法，最终目的都是为了让学生提升阅读能力。

（三）注重学情分析

学生的学习质量是教育工作的出发点和落脚点。而对于学情的掌握又是保证教学质量的关键，是对学生学习情况分析的重要依据，针对学情的不同设计不同的教学内容和方法，使每个学生都能有充分的发展。教师要重视学情，这是保证教学有效性的关键。学情分析是对学生学习、能力的全面了解。教师在课堂中，必须时刻关注学生的状态，在教学中观察学生的言行，学生的反馈可以让教师能够及时知道自己的问题的设置以及教法的运用是否合理，是否符合学生的需要。教师也能够凭借课堂反应，了解学生在课堂上的专心程度，若是学生对所讲述的内容毫无兴趣时，就会出现走神或者左顾右盼。我们通过对学情的分析，了解到学生的平时状态以及自己的教学上存在的不足，没有掌握的问题如何改进教学方法才能更好地掌握。教师可以根据这些信息，灵活地对教学内容和方法做出调整，从而减少无效教学，确保教学活动可以有效实施。

教师在教学活动中根据学生在课堂上的反应可以及时了解知识掌握的情况，设计一些有层次的问题，引发学生的情感共鸣。例如学生兴趣高涨时，教师可以适时引导学生进行小组合作探究，在遇到比较难的问题时学生会沉默不语，教师可以进行一些有趣的游戏或者创设有趣的情景，增加学习中的乐趣，使抽象的知识简单化，根据学生的反馈情况，及时调整教学设计，提高教学有效性。

作业也可以反映教师的教学是否有效，为教师对今后的课程及时良好地规划教学方法和设置习题、弥补不足提供依据。教师可以根据教学实际中存在的问题及时调整自己的教学方法；学生可以找出自己哪里知识掌握的不够扎实，多用一些时间。所以作业是一种重要的了解学情的方式。

二、初中语文阅读有效教学的教学策略

（一）遵循教材建议，重视方法练习

首先教师应致力于对阅读教学理论的研究，没有阅读教学理论的支持，阅读教学的改革也就不能真正落实。阅读教学理论涉及心理学、教育学以及如何指导阅读教学实践等题目，对于课堂的探讨、学生心理的探究都有一定的考证，可以较为科学准确地提出对某些题目的看法，具备一定的参考价值。教师在阅读课程时，应发挥学生的自主性，进行创新，使课堂是学生的课堂。在阅读教学过程中，仅是教师的发言、枯燥乏味的教学方式无法激发学生的阅读爱好。其次，教师可以采用结合多种教学方法，提高语文阅读教学的有效性。比如合理借助多媒体，用图片、动画、视频等形式调动学生积极参与课堂，或者使学生表演其中具有代表性的语段，在惟妙惟肖中体会文章暗含的意义。再次教师在选择教学方式时，也要视具体的讲授内容而定。好比涉及话剧方面的阅读，教师就可以组织学生以话剧表演的形式表现出来，这样风趣活泼的教学形式，可以给学生留下深刻的印象，也可以调动全班学生参与其中。教师在阅读材料的选取上，要注意契合学生的实际阅读能力，既不能提供太难的阅读材料，这样学生看不懂也提不起阅读的兴趣，只能打击学生的积极性，也不能提供太简单的篇章，这样虽然可以让学生有完成的成就感，但却无助于学生阅读能力的提高，因此难度适中又有趣的阅读材料是提升学生阅读能力的最佳选择。只有真正把学生当作是课堂的小主人，阅读教学的成效才会更明显。

阅读教学最重要的是教会学生阅读教学方法，恰当的阅读方法能使阅读效果事半功倍。语文课程标准要求学生掌握大声朗读、略读、默读等阅读方法。部编版教材每单元都会给出阅读方法的建议。每篇课文的采用不同的教学方法。要把握文章的感情基调，注意节奏韵律，提高阅读效果。以《登勃朗峰》为例，教师要引导学生阅读，并圈点勾画出文本中地点线索的词语，让学生将整篇文章都能够串联起来。教会学生有目标的阅读，这样不仅训练学生的阅读方法，还充分提升学生的阅读能力。

（二）完善课堂管理，提供纪律保障

目前各国普遍接受的授课方式是最早由捷克教育家夸美纽斯提出的班级授课制，因为具有普遍性的意义，所以逐渐成为课堂教学组织的主要方式。但是由于学生是由多个主体构成，家庭状况、个人经历、身体情况以及智力发育的程度都是不同的，但是班级授课制有追求教学效果和教学目标的统一性。所以课堂管理是教师必须面对的，必然存在的一个问题。"没有有效的课堂管理就不会有有效的课堂教学，两者是相互关联的。"课堂管理是要营造一个安静、和谐、有利于学习的环境。所以为了提高教学的有效性，我国十分重视对课堂管理的研究，相继出版了《维持课堂纪律三法》《课堂问题行为管理》等文章，不断为课堂管理提供有效的策略，提升课堂教学效率，那我们要如何完善课堂管理为学生创造更好的学习环境，提升其学习的有效性。

课堂管理是课堂教学的重要条件。教师在日常教学中必须强调纪律要求，只有保证课堂纪律才能保证学习效率。课堂管理是要营造一个安静、和谐、有利于学习的环境，能够让学生更加专心致志，增加有效的学习时间，对于整体班级来说会有利于班级的凝聚力的形成。为学习创造一个最佳环境，提升学习的有效性。

良好的课堂纪律是在一种轻松自由的氛围下师生进行的正常的课堂教学行为，首先教师要树立正确的课堂管理观念和教学观。随着国外"人本主义"理论的提出与普及，改变了传统的教育观，教师不再是课堂中的主体，而是提倡以学生为本，以学生的需要为出发点，充分尊重学生的主观能动性，而不是将教师的思想强加给学生，在人本主义观念下，学生可以更快地成长。只有这样学生才有一定的自由探索的空间，久而久之才会养成自己思考的模式，能深度思考，而不是对于一个问题自由浅显的看法，这是不符合人本主义理论的以学生为根本。另外学生可以在课堂上自由地表达自己的想法，教师也要允许各种想法的存在，并且积极为学生解决疑惑。良好的课堂纪律并不是绝对的安静，只有教师的允许才

可以表达想法,那种教师完全掌控的课堂会严重阻碍学生的发展。教师应该允许学生适当情感的表达,然后适可而止。一味地强调课堂上的绝对安静,会给学生造成严重的压迫感,使得学生不敢轻易表达自己的想法,长此以往,会极大的扼杀学生的积极性和对教师产生严重的恐惧。惩罚只是一种手段并不是最终的目的,所以教师尽可能不要使用惩罚的手段,如果我们不能控制惩罚的程度,就会伤害学生的自尊,严重影响师生之间的关系,不利于学生自觉的培养。

其次,教师要在日常课堂教学活动中做到严格要求学生与尊重学生相结合。帮助学生养成良好的自我管理能力,以正面积极的教育手段为主。教师要以鼓励的方式来培养良好的纪律,惩罚为辅。课堂教学中如果存在严重扰乱课堂的行为必要的惩罚也是不可缺少的。但是要合理运用惩罚,教师不能对学生变相体罚,采用讽刺,挖苦,伤及学生自尊的方式。好的师生关系有利于营造一种轻松的氛围。反之,将会是一个紧张的学习氛围。教师要意识到良好的课堂环境并不是依靠自己监督就可以,学生和教师都是构成课堂纪律的重要因素。教师在语言特点和对学生的态度方面通常对教师和学生之间的关系有直接影响,同时它还将影响课程结果与最终学习结果。因此,良好的师生关系是班级管理的基本前提。课堂师生关系,活跃的教学氛围,使学生自觉维护课堂纪律,良好的教学氛围不仅能鼓励学生更好地接受知识,而且能促进学生的情感交流。如果老师了解学生的心理要求,学生也了解老师的要求和自由活动的允许范围,师生们一起行动,他们当然会有良好的课堂纪律。即使有极个别的学生纪律不是很好,但是有良好的师生关系作为基础,所以一个表情和动作就会对学生就产生巨大的心理感染力,使学生自愿遵守教师的意愿,不会随意破坏课堂纪律。如果师生之间没有相互理解的关系作为基础,那么对于个别学生的纪律管理将是十分困难的。即使是教师的严厉责备,也只会带来相反的效果,更不利于学生养成自我管理的能力。

三、初中语文阅读有效教学的评价方式

(一)优化评价方式,构建评价机制

绝大部分教师都认为评价对于有效教学十分重要。无论是教师能力的提升还是学生的进步都需要以评价作为依据来不断改善。但是我们在现阶段的教学中,尤其是农村中学更加缺乏相关的理论指导,没有足够的条件来完善评价机制,都是靠着自己摸索前进。所以无论在对学生进行评价还是在日常的教研活动中对于教师的评价大多都是浮于表面的,不能入木三分直接指出问题的根本。所以评价

千篇一律，没有太多的参考价值，直接会影响教学的有效性。所以必须建立一个多元、全面的评价机制，优化评价方法。

1. 多元化的评价方式

"多元"是区别"单一"的，意味着不再是单一主体的评价方式，"而是要进行一个主体的扩充"，由原来的教师对日常教学以及作业完成状况的观察和考试卷面成绩来对学生进行单一评价，转为由教师、学校、社会多方面综合评价。比如教师可以设置一些读书活动，让家长参与其中。多参加一些社会上举办的相关活动，比如演讲和作文比赛由多方共同评价，充分挖掘学生身上的闪光点。通过多元化的评价机制，在语文阅读教学上有更大的进步和提升。

2. 多元化的内容

评价要注意内容的多元化，分数不是唯一的标准。应试教育课程评分制度的弊端在于选择成绩优异的顶尖学生，并剔除大部分学生。这样的评价方式有失公正，是一种依靠分数高低甄别的方式。这种评价机制中只有少数的学生可以得到老师的关注。素质教育要求所有学生提高综合技能，促进综合技能发展。评价对学生有一种正面激励的作用，对于学生的表现起到促进的作用。"合理的激励和评价会强化学生学习的动机激发他们的积极性，同时会让学生体会到成功的快乐，从而加强他们的信心。同时健全完善的评价机制，一方面可以更深层次地进行素质教育，更好地引导学校关注学生的进步历程，促进人才的培养，另一方面对学生的身心发展有一定的好处，增强理想信念。"完善评价机制有利于给社会培养多样的人才，因为不再是只关注学生的分数和文凭，使人才逐渐多样化以适应社会的多样性发展。教师在教学中要注重过程性评价，就是每节课中都进行口头表扬。评价机制的完善对于学生自身发展起着重要的作用。

（二）在反思中提升，在感悟中成长

教学反思是教师完成教学活动之后的深度思考，包含动态课堂上所发生的一系列环节以及自己的课前预设是否有很大的出入。同时使教师的能力和专业得以在反思和感悟中得到提升，因为可以在感悟中不断发现自身的教学问题，并根据实际的教学问题提出相应的解决措施，然后在日常的积累中不断提升自己的教学能力。这是目前很多学校培养老师的重要方式。

日常教学中不可能每节课都做到完美，尤其对一个新手教师来说更是一步步在摸索中前进，所以对于新教师来说反思更是必不可少，教师要通过反思来不断更新自己的教学计划，以不断适应学生。任何有经验的教师都难免在一节课中的某个教学环节或内容上出现一系列问题：或是教学方法的不合适，或是教学内容安排得不妥，或是课堂中有一些突发的情况，或是学情掌握不够全面等一系列情况。这些问题我们都可以通过课后的不断反思，找出原因，提出解决的策略，运用到以后的课堂教学中。课后及时进行反思，充分了解学情，因材施教，在教学中，我们应该更多地关注所有的学生尤其是学习困难的学生。教师要将自己的感悟传达给学生，学生在每次考试后也要有所了解和提高，错误问题的积累和纠正是一种反思。学生在积累的过程中可以重新审视自己的知识结构，达到巩固的目的。此外，教师在课堂上讲得越来越少，给学生更多的自由时间来丰富自己的思想。

　　为了鞭策自己进步，提高课堂教学效果和教学能力。我坚持每篇课文结束之后都要认真写教学反思，对所教授的知识进行反思，使知识与教学实践的结合更加系统；反思学习过程，在反思中提升，抛弃无效和低效学习方式。引导学生在反思中提升教学的有效性。我们要重视反思的作用，反思是一个自我认识、自我提升的过程。

第二章 初中语文写作教学研究

第一节 写作教学的概念与理论

写作教学是全面提高学生语文素养的活动，对于学生的发展具有多方面的意义。它不仅是培养学生语言表达能力和思维组织能力的重要途径和方法，还对学生语文综合能力的提升及语文素养的培养有重要的促进作用。然而，就我国目前初中写作教学的现状来看，依然存在许多普遍的问题，功利化的写作目的让原本富有创造力的学习活动变得死板、教条，学生们写出来的作文也如同流水线生产出来的产品一样，平平无奇，这与新课标所倡导的语文核心素养完全不符。如何改变写作教学的尴尬处境，让学生在学习的过程中享受写作的乐趣，重新焕发出写作教学的生机与活力是当前素质教育背景下需要探索的重要问题。

一、相关概念界定

（一）写作

写作是合成词。对于"写""作"二字，许慎在《说文解字》中是这样解释的："写，置物也。""作，起也。"合起来意思与今天写作的概念相差甚远。"写"的造字本义为"雄性鸟禽骑在雌性鸟禽背上，拍动双翅，交配泻殖"。后本义消失，引申为倾泻、倾倒废水。如《周礼·地官·稻人》中的"以浍写水"。又比喻引申为宣泄心情，倾吐，倾诉心声。《诗·邶风·泉水》中的"驾言出游，以写我忧"就为此意。后缩小引申为笔墨落纸，用文字在纸上表达，成为现在普遍的意义。"乍"是"作"的本字。该字的造字本义为"木匠用刀具砍斫削刻，制作器物"。后扩大引申为创作，比如汉代司马迁《报任安书》中的"仲尼厄而作《春秋》"。通过对文字的追根溯源，"写作"一词便有了"用文字在纸上抒情达意，进行创作"的意思。

从现代字义上来看，写作是指运用语言文字符号以记述的方式反映事物、表达思想感情、传递知识信息、实现交流沟通的创造性脑力劳动过程。刘勰曾说过："人之立言，因字而生句，积句而成章，积章而成篇。"由此可见，文字是写作劳动的媒介和工具，文章是写作劳动的精神产品，而创作就是写作劳动特有的生产方式。与作家的自由写作、职业人群的专业写作不同，语文课程意义的写作，是学生在教师指导下按照特定要求用书面语言创造文本，以发展和提高自身写作能力的学习活动。

贺鸿凤等人在《新编写作学》一书中提到："写作是人类的一种特殊的，有目的的社会实践活动的记录，是为满足人类社会活动实践的需要学习社会知识的需要而产生的。"凌焕新在《写作新教程》一书中是这样定义的："写作是作者以书面语言文字作媒介，以社会生活为原料，以创制文章（或著作）为目标的一种精神劳动。"徐振东等人则在《汉语写作学》一书中写道："写作就是客观事物通过作者的主观意识在恰当的文字形式中的正确反映。"管金麟也在《文章写作原理》一书中，发表了自己对于写作的看法："凡是为着一定目的，运用书面语言表达一定思想内涵的实践，都可以称为写作。"朱晓斌在《写作教学心理学》中也提到："写作是学生综合运用所学的语文知识、技巧来表达自己思想和情感的活动。"

（二）写作教学

写作教学是语文教学的重要组成部分。新课标指出："写作教学作为一项教师与学生的双向活动，要求教师与学生进行交流与互动，进行写作能够培养学生的表达能力和观察能力，并且能够满足学生的实际需要。"王世堪教授在《中学语文教学教法》一书中提到："写作教学是教师按照教学目标指导学生进行写作，使学生养成写作习惯，形成写作素养的教学活动。"可见，写作教学是教师指导学生选取材料、整理思路、提高书面语言表达能力的教学、训练活动。

初中语文写作教学指的是在初中阶段，教师对语文写作进行的教学。教师立足学生的年龄以及心理特征，根据初中语文写作教学目标展开的一系列教学活动。通过指导学生自己构思、自己组织语言来表情达意，培养他们的书面表达能力，从而提高初中生的写作能力和写作素养。本书的写作教学就是着眼于初中阶段来展开研究的。

二、相关理论基础

（一）《义务教育语文课程标准（2011版）》的总体要求与目标

初中写作的总体要求是："能具体明确、文从字顺地表达自己的见闻、体验和想法。能根据需要，运用常见的表达方式写作，发展书面语言运用能力。"《义务教育语文课程标准（2011版）》对初中阶段写作与教学分别提出了以下建议。

关于初中阶段的写作，新课标提出了四个方面的"目标与内容"：

1. 写作要有真情实感。《义务教育语文课程标准（2011版）》要求："写作要有真情实感，力求表达自己对自然、社会、人生的感受、体验和思考。"写文章最忌讳的就是无病呻吟，这也是目前中学生作文中比较常见的一种问题。作为仍处于青春期阶段的学生，不论是对社会的思考还是对人生的体悟都不会是完全成熟的，"为赋新词强说愁"总会使文章失去原有的真情实感。因此，教师应当引导学生关注现实，热爱生活，积极向上，形成正确的价值判断，勇于表达自己的真情实感，做一个有责任心的人。

2. 写作要力求创意。《义务教育语文课程标准（2011版）》提出："多角度观察生活，发现生活的丰富多彩，能抓住事物特征，有自己的感受和认识，力求表达有创意。"艺术来源于生活，学生的写作素材也离不开生活。学生在观察生活的基础上增添自己的感受和体悟，发挥一定的想象，不仅可以抒发自己的真情实感，还可以产生个性化、有创意的表达。

3. 写作要有文体感。初中生阶段，《义务教育语文课程标准（2011版）》对记叙文、说明文、议论文以及应用文都提出了明确要求，也对缩写、扩写和改写等写作练习提出要求。文体意识的淡薄造成了现在初中生文体写作混乱的局面，写作要求中的"文体不限"四个字让学生们误以为文体划分并不重要，实际上对于学生文体意识的培养是贯穿于语文教学之中的。语文教材是语文教学最重要和最基本的依据，教材编者对选文按照文体分类进行编排，这种强调和标准突出了文体特点在整个语文教学中的价值和意义。因此，在写作教学中，教师更要注重培养学生的文体感和运用文体感的意识。

4. 注意提高独立写作能力。《义务教育语文课程标准》指出初中生独立写作能力主要表现在考虑不同的目的与对象、注重写作过程、选择恰当的表达方式、条理清楚、文从字顺、学会修改这六个方面。写作能力是语文素养的综合体现，因此教师要注重提高学生的独立写作能力。

除此之外,《义务教育语文课程标准(2011版)》对于写作教学和评价也提出了相应的要求和建议。

（二）写作教学的相关理论

随着教育的不断发展、教学改革的不断推进，有关写作教学理论的研究也越来越多。从以下写作教学理论中得到一些启示，以此作为研究的理论支撑。

1. 过程写作教学理论

针对传统写作中结果教学法存在的不足，20世纪70年代有关过程写作教学的研究便陆续展开了。过程写作教学是指对写作的核心方法和技巧进行分步讲解传达给学生，使学生在逐步学习和提升的过程中锻炼写作能力，促进他们作文水平的有效提高。其重点是放在学生的写作过程和写作能力上，而不是语言、篇章结构等写作知识上。过程写作教学把写作大体分为写前准备阶段、写草稿阶段和修改草稿三个阶段，与结果写作教学不同的是，过程写作是一个循环往复的不断修改完善的动态互动过程，这不仅可以改变"填鸭式"的单调、枯燥的传统写作教学模式，还有利于学生了解自己的写作过程，激发他们自主创作的欲望，充分发挥他们的思维能力，增强他们的写作信心。

在写作教学中，教师要进一步深入探究过程写作教学的应用，根据教学对象的学习阶段、训练内容以及教学环节等实际情况灵活运用，在培养学生语文核心素养的同时提高他们的写作能力和水平。

2. 叶圣陶的写作教学理论

叶圣陶是现代著名作家、教育家、文学出版家和社会活动家，有"优秀语言艺术家"之称。他的写作教学思想与新课标所倡导的写作教学理念有着很多相似之处，随着写作教学改革的不断深化，研究和践行叶老的写作教学理念就显得尤为重要了，特别是在当代提倡素质教育的大背景下，他的关注"人"本身的写作教育思想对初中语文写作教学有着宏观的指引作用。

在作文选材上，叶圣陶主张取材于生活之积蓄。在他的《叶圣陶语文教育论集》中就提到："生活犹如泉源，文章犹如溪水，泉源丰盛而不枯竭，溪水自然活泼地流个不歇。"这就对老师提出了要求，教师要注重指导学生观察，培养学生养成良好的观察习惯，加强观察活动的目的性和计划性，并且教给学生观察的知识和方法，进行实地观察指导，为引导学生选材写作积累更多的生活素材。

在写作训练上，叶圣陶提出要以读促写，读写结合，写生为主，临摹为辅。叶老指出"实际上写作基于阅读，老师教得好，学生读得好，才写得好""阅读习惯不良，一定会影响到表达，就是说，写作能力不容易提高"。因此，教师要教给学生阅读的方法并引导学生坚持课外阅读，鼓励他们充分发挥想象力和创造力，使得在写作表达上更具个性化，更加富有创意。

在写作评改上，叶圣陶认为应将主动权交予学生。在谈到作文的修改时，叶老曾说过："'改'与'作'关系密切，'改'的优先权应该属于作文的本人，所以我想，写作教学要着重培养学生自己改的能力。""养成了自己改的能力，这是终身受用的。"同时，针对老师，叶圣陶提出了"下水文"示例法，鼓励教师亲自作文，并与学生交流自身的写作经验，在交流中指导学生修改。

3. 自由写作理论

20世纪西方主流文学将"自由"写作提升为一种理念，究其根源发现，"自由"写作深受自文艺复兴以来，并经启蒙运动进一步推动发展起来的"现代性"因素的影响，最终摆脱了西方传统文学的美学观念的制约后逐渐生成的。写作自由是指写作者独立观察和思考，在写什么和怎么写的问题上不受任何束缚和限制地进行写作。自由写作旨在激发学生兴趣的基础上，进行个体的自由写作，培养学生的个性特长和创造精神，在教师有意识的培养和训练下，逐步提高学生的认识能力和语言表达能力。

4. 读写交互理论

20世纪60年代，皮亚杰最先提出了交互理论，随着该理论的不断丰富和发展，交互理论被应用到教学研究中，形成交互式教学，我国于20世纪90年代开始引进交互性教学和小组合作学习模式，并被广泛应用到课堂教学中。阅读和写作的关系一直被研究学者们所密切关注，虽然各有规律，但恰当地把两者结合起来可以相互促进，有效提升学生的写作能力。读写结合旨在促使学生读写两方面能力同步提高，使学生完成由读到写能力的迁移。而读写交互更强调以学生为核心，更注重教师和学生对文本内容和形式的体验，注重在阅读中及时交流碰撞内化。

读写结合强调循环和建构，旨在激活学生体验、有感而发的基础上，进入写作活动，并在一定时间内，引导学生比照验证，再次阅读文本和自己的作文，在比较、感悟中，真正实现"交互"，有效提升学生的阅读和写作能力。

第二节 初中语文写作教学的现状分析

一、城乡写作教学差距大

随着教育教学改革的不断推进,我国的城乡教育均取得了令人瞩目的成就与进步,在新课程改革的影响下,写作教学也有了全新的发展。尽管如此,城乡地区的写作教学依然存在一定的差距。

乡村教师在初中写作教学总体情况、写作教学设计、写作教学过程以及作文评改方面普遍不如城市教师,城市初中生在写作兴趣态度、写作过程和作文评改方面也普遍优于乡村初中生。不论是从教师教学角度来看,还是学生写作角度来看,城乡之间的写作教学都存在很大差距。由此可见,加大乡村扶持力度,缩小城乡写作教学的差距确实为当前写作教学改革的重要任务之一。

二、入职新教师写作教学经验不足

教师队伍是我国教育发展的坚实后盾,而新手教师更是未来教师队伍的中坚力量。作为教师专业发展过程中的一个特殊群体,入职新教师在职业生涯初期阶段面临着很多考验和挑战。笔者通过对教师问卷中的教龄比较结果进行整理分析发现,入职新教师(教龄在三年以下)在教学喜爱度、教学安排、写作教学过程以及作文评改等方面的情况明显不如教龄高、教学经验丰富的老教师(教龄为十五年以上)。

综合来看,入职新教师之所以在写作教学中存在一系列问题,很大一部分原因是缺乏相关的教学经验。新手教师入职未满三年,教学的时间相对较短,在写作教学研究方向上还没有形成自己相对稳定的风格和模式,所以写作教学的水平普遍没有经验丰富的老教师高。新手教师经验不足也应当成为写作教学改革的关注点。

三、写作教学未受到重视

(一)写作教学重视程度低

不少教师仅把写作教学当作阅读教学的附庸,认为语文教学只需搞好阅读教学即可,这种现象不仅反映了写作教学没有得到应有的重视,也暴露了部分教师在写作教学中不作为的事实。

（二）总体要求仍未达到

初中写作教学的总体要求是"能具体明确、文从字顺地表达自己的见闻、体验与想法；能根据需要，运用常见的表达方式写作，发展书面语言运用能力"。

（三）忽视教学设计环节

教学设计处于教学活动的起始阶段，是整个教学过程效能和质量的重要保证，起到导向和规范的作用。由于部分教师没有系统的教学计划，每次写作课也没有详尽的教案和明确清晰的教学目标，造成了写作教学杂乱无章的局面。

而教师在教学经验积累方面也存在很大问题。不少教师忽视写作教学设计环节，一定程度上也是写作教学不受重视的表现。

四、写作教学总体效果差

（一）写作教学效果不好

能者方可为师，然而令人遗憾的是，"写作教学的效果很好"这一项指标却是写作教学总体情况中均值最低的，且认为自己写作教学效果很好的教师也仅占少数。如何有效提高写作教学的效果，是语文教学研究者应当思考的一个问题。

（二）写作教学兴趣淡薄

教学态度影响着教师对教学工作全方位的理解，影响着教师的教学积极性和主动性，从而直接影响着教学质量和学生的全面发展。研究中发现，教师的写作教学喜爱程度总体偏低，这不禁引人发问：作为一名语文老师，本身都不喜欢教作文，又如何让学生喜欢上作文呢？

（三）写作教学难度较大

写作教学历来是教学改革的一大难点，正如江苏省著名特级教师蔡伟所说："写作教学依然是语文界公认的教学难题，年复一年，日复一日，学生害怕写作，教师怕教写作的现象始终没有得到较大的改变。大面积提高写作教学质量依然是水中月，镜中花。"从实际来看也是如此，一半以上的教师普遍认为写作是初中语文中最难教的，仅有少数的教师持相反意见。写作本身的复杂性以及批改的主观随意性致使众多教师对写作教学望而却步，其不受重视的局面也一直得不到改善。

五、学生良好写作习惯缺失

孔子曰:"少成若天性,习惯如自然。"(贾谊《治安策》)良好的写作习惯是学生综合素质的重要内容。只有重视培养学生良好的写作习惯,才能发挥学生的主动性、创造性,实现写作教学的高效性,学生写作的自觉化,进而达到"教是为了不教"的目的。结合问卷调查的结果来看,不少学生都没有养成良好的写作习惯。

(一)作前习惯的缺失

写作水平的提升不是一蹴而就的,日常的积累和练习都是必不可少的。而在调查中发现,初中生没有摘抄和做笔记习惯且很少写日记和随笔的学生却不在少数。不少学生忽视了写摘抄笔记和日记随笔的重要性。其实,在阅读中摘抄和做笔记不仅能为学生积累有用的写作素材,还可以开阔学生的视野,提高其语言文字的表达能力,对学生写作有很大帮助。日记和随笔则拓宽了写作教学的训练形式,能够促进学生综合写作能力的培养。坚持写日记和随笔,发挥日记日常化、高频率的写作特点,对于扭转写作教学的颓势有着十分重要的作用。

(二)作中习惯的缺失

学生在习作过程中,往往会出现文无章法、缺少逻辑性、结构不清晰、虎头蛇尾、材料堆砌等弊病,结合目前写作现状来看,列纲起草的重要性和必要性就显现了出来。初中各年级不论是城市初中生,还是乡村初中生在写作中大多都没有列纲起草的习惯。

"凡事预则立不预则废。"写作文也是一样的道理,列好提纲,起好草稿,思路和框架确定好了,那么写好文章也是水到渠成的事了。初中阶段大多数学生还未形成自己的写作风格,逻辑思维也正在发展中,而提纲就像是机械加工的图纸,工程建设的蓝图,是对文章格局、材料铺排的大体设想,因此让列纲起草成为习惯很有必要。

(三)作后习惯的缺失

叶圣陶先生曾说过:"教师改文,业至辛勤,苟学生弗晓其意,即功夫同与虚掷。"好作文是改出来的,学生写完作文后不修改加工只会养成他们的惰性和依赖性,只有培养学生自主修改作文的能力和习惯,才能让学生真正发现自己作文的优劣所在,从而切实提升作文的质量,提高自己的写作能力。当然,作后的反思总结也是尤为重要的,作后主动反思总结是对写作过程的监督、对写作方法的评价和对写作经验的积累，通过反思和总结可以发现自己在写作过程中存在的问题，从而进一步促进写作水平的提高。

六、学生写作能力待提高

（一）缺乏写作动机

"知之者不如好之者，好之者不如乐之者"，兴趣可以激发学生的写作动机和热情。初中生对于写作普遍缺乏积极性和主动性。当今我国的写作教学普遍被一种严重忽视写作对象和交际目的的应试化功利写作所占领，从这一点上来看，学生缺乏写作动机的根本原因是缺乏交际语境，它是写作行为启动、推进的直接动力。

（二）缺乏写作内容

缺乏写作内容是当前初中生普遍存在的问题之一，学生在写作时无从下笔，很大一部分原因是缺乏与所写话题相对应的生活经验。写作心理学研究发现：作文所涉及的内容主要是储存在作者长期记忆里的各种信息。这些信息主要是写作者平时积累的生活经验、人生阅历以及阅读、思考和各种所见所闻，没有这些信息，学生自然也就无从下笔。

（三）缺乏写作思维

生成写作内容后，部分学生依然提笔犯难，仅仅有生活体验还是远远不够的，如何对生活体验进行加工、转换和再造是提高学生写作能力所需要思考的另一个问题。

七、教学的形式单一落后

写作教学过程中有一个比较突出的问题：教学形式单一落后。不论是写作教学的方式，还是学生写作学习的形式，都存在着一问题。

（一）很少开展课外写作学习

由于作文课课时不多，且上课时间有限，课外写作学习就显得尤为重要。经常开展课外拓展写作不仅延长了写作学习的时间，还可以促进学生共同交流，互助合作，有利于学生写作学习的进步。

（二）学生参加写作培训辅导较少

课堂上面对一个班的学生，教师采取的往往都是整体教学，想要完全做到因材施教还是有很大难度的，加上写作课时本身就不多，写作辅导培训就显得更为

（三）网络信息技术应用少

在现今信息化时代中，多媒体网络技术迅速发展，迅速渗透于社会各领域、各方面。在此背景下，写作教学也要结合网络信息技术，力求加快写作教学改革的步伐，将信息技术更多地融入写作教学中，改变教师的教学方式，让学生从被动学习改为自主学习。由于初中生的人生阅历不足，对于写作素材的积累不光是从生活中体验得来的，还有很多是从书本和网络上学习积累的。信息技术和网络的合理利用不但能有效弥补课堂的不足，还能开阔学生的眼界，丰富学生的思维，对于教师的教学也是十分有帮助的。

不论是写作指导中利用多媒体进行写作学习，还是写作讲评中利用信息技术开展作文展示、交流和评改活动，其均值和比重都不高。

八、课堂互动量少质差，学生主体性缺失

互动教学是师生一种双向交流的教学方法，是把教学过程看作是一个动态发展着的教与学统一的活动过程。学生是教学的主体，教师是教学的组织者、引导者和合作者。新课程的重要原则是"以学生为本"，最终目的是促进学生全面发展，而"互动"则是达到此目的的重要方法或手段。

（一）教学互动质量不高

师生言语互动质量的高低直接影响教学活动的效果，也会对学生的发展产生重要的影响。而教学活动中的情感气氛恰好可以反映出师生言语互动的质量，良好的教学情感气氛与积极的师生互动间存在着密切联系。通过对不同课型的写作教学活动进行矩阵分析发现，写作指导课的气氛较为融洽和谐，师生之间的情感氛围也比较和睦。而作文讲评课中缺陷格的频次却远远大于积极格的频次，说明讲评课上的师生积极情感的交流少，教师在教学过程中更多采用的是消极的方式与学生进行沟通，这并不利于学生写作的学习。

（二）教师的引导力不够

盖奇（Nate Gage）曾在弗兰德斯研究的基础上得出："间接教学比直接教学更能促进学生能力的发展，间接教学在促进学生的参与，引发学生较多的发言，激发学生的动机，鼓励学生的主动和创见，减少学生的焦虑，提高学生成绩等方面有明显效果。"然而对视频进行分析时发现：不论是写作指导课，还是写作讲评课，教师对学生采用直接影响的现象远远多于间接影响，这并不利于学生写作

能力的发展。

除此之外,教师的提问对于学生的回答也有着重要的引导作用,所以教师提问水平的高低一定程度上会影响着教学活动中的师生互动。通过研究发现,指导课和讲评课上教师提问的比率都比较少,更多是依靠自身的讲授使学生们获得知识,这对激发学生思维,提高师生言语互动质量并没有太大帮助。但是从教师所提问题的类型上来看,两种课型中都是开放性问题的占比相对来说更多一些,因此从这一角度来说师生间的问答模式还是较为合理、有效的。

(三)学生主体性地位缺失

在提倡"以人为本"、教育要直面学生生活的今天,培养学生的主体性已成为素质教育的核心要义,素质教育的根本任务就是不断增强学生的主体意识和能力,使之成为能够进行自我教育的社会主体。然而作文讲评课上的学生语言比很低,说明在讲评课的教学过程中,教师讲的更多,学生听的更多,教师一味地将知识灌输给学生,课堂呈现出"满堂灌"的局面。此外,在讲评课中学生主动说话的比率比被动说话的比率要低,甚至没有进行分组讨论,学生的积极性和主动性受到严重限制,以学生为中心的教学思想并未得到贯彻落实。

培养学生的问题意识是促进学生主动参与、分析解决问题的前提,是有效落实学生主体地位的关键。美国的教育家布鲁巴克曾经说过:"最精湛的教学艺术,遵循的最高原则就是让学生自己提问题。"然而无论是写作指导课,还是作文讲评课,其学生主动提问的比率都极低,讲评课甚至都没有学生主动提问,这会导致学生很被动,他们的主体地位也就荡然无存。

第三节　初中语文写作教学的改进策略

一、加大乡村扶持力度,推动城乡平衡发展

随着教育体制的不断变革,我国教育事业无论是在规模上,还是在速度上都取得了很大进展,然而城乡教育发展不平衡的问题却依然没有得到改善。针对城乡写作教学差距大的问题,从完善乡村远程教育设施、加强乡村教师专业发展以及因地制宜发展校园文化三个层面提出了缩小城乡写作教学的改进措施。

（一）完善乡村远程教育设施

在 21 世纪信息化不断发展的时代背景下，高科技、现代化的教学方式可以有效弥补教育资源分配不均所导致的差距。作为一种突破时间、空间限制的现代化教育技术手段，远程教育的应用不仅为学生的写作学习提供了大量的信息资源，同时还能让乡村教师了解和学习先进的写作教学方法，从而切实改善乡村初中写作教学落后的情况。学校通过结合自身实际，加强远程教育与写作教学的有机整合，既可以丰富写作教学形式，激发学生写作兴趣，还能够有效提升乡村初中写作教学的质量，缩小城乡写作教学的差距，对于推动写作教学改革，促进城乡均衡发展有着十分重要的意义。

（二）加强乡村教师专业发展

振兴民族的希望在于教育，而振兴教育的希望在于教师，所以加强教师职业培训，促进教师专业发展就显得尤为重要。根据教师问卷的结果就可以看出城乡教师写作教学情况差距明显的问题，针对乡村整体师资水平不高、教学形式落后等状况，通过建立健全教学教研培训制度，采取顶岗置换、校本研修、远程培训等多种模式，可以有效强化写作教学基本功和教学技能训练，切实提高乡村教师的写作教学水平。同时，要转变教师的写作教学思想，更新写作教学理念，从传统的写作教学方式迈向课程改革理念下的自主创新的写作教学形式。

（三）因地制宜发展校园文化

校园文化作为一种环境教育力量，对于陶冶学生美好情操，提升学生写作素养具有非常重要的作用。根据学生问卷的结果可以看出城乡初中生之间存在较大的写作差距，针对乡村初中生整体写作水平低于城市初中生的情况，乡村学校结合自身地域特色，通过因地制宜发展校园文化建设，不仅有利于营造良好的校园氛围，弘扬优良的校风校纪，还可以丰富学生精神生活，培养学生生活情趣，有效促进学生写作素养的提高。

二、关注入职教师发展，促进新手教师成长

教学经验不足是入职新教师普遍面临的问题，会导致教师在开展教学工作时花费很多的时间和精力，却依然收效甚微。为了改变新手教师投入多、回报少的现状，分别从加强培训、精准帮扶和考核评价三个方面提出改进策略。

（一）加强对入职新教师的培训

入职培训是教师职业生涯的一个特殊而关键的环节，对于新手教师尤为重要。

为了保证新教师入职培训取得良好的效果，切实解决新教师的困惑和难题，需要结合教师自身实际为整个培训流程制定科学严密的实施计划，明确入职培训的内容。针对初中语文新手教师写作教学经验不足的情况，在入职培训时要抓住培训的重点，组织新教师学习先进的写作教学理论，指导新教师掌握新型的写作教学方法，帮助新教师不断更新自身的写作教学观念，形成自己独特的教学风格。此外，还要转变培训方式，推动信息技术与写作教学的深度融合，建设入职教师网络研修社区，搭建新教师专业发展的平台，为新手教师提供互相借鉴、互相学习的交流窗口。

（二）采用"师徒制"进行精准帮扶

教龄高、教学经验丰富的老教师在写作教学各方面的情况都比较好。根据这一实际情况，可以建立"一对一师徒帮扶制"，让老教师指导和帮助新教师顺利度过教学适应期，更好地投入到写作教学中去。

针对入职新教师写作教学经验不足这一实况，老教师要对新教师在备课、上课、听课等多方面进行指导，新教师也要虚心、主动地向指导老师请教，随时沟通交流，认真倾听指导老师的建议。通过不断吸取老教师的教学经验，并在实际教学中锻炼自己的写作教学技能，新手教师可以达到丰富写作教学经验、提升写作教学水平的目的。

（三）完善新教师考核评价体系

教师考核评价在促进教师教学发展、提升教师教学水平方面发挥着重要作用，然而很多学校制定的教师评价体系存在"一刀切"的现象，忽视了教师年龄、能力、经验等多方面的差距，这就导致教师考核评价制度没有充分发挥出它的导向、激励作用。为此，需要建立分层评价体系来进一步完善新手教师的考核机制。

此外还要细化考核内容，扩大考核评价的覆盖面。从写作教学这一角度来看，需要将写作教学设计、写作教学模式以及写作教学过程等多方面纳入考核评价的内容。把写作教学的方方面面作为考核评价的指标，可以给予新手教师全方位的指导，从而将新教师的考核评价工作落到实处。

（四）做好职业规划和教学反思

职业生涯规划作为教师的自我设计和安排，不仅可以促进教师的科学健康发展，还可以帮助教师实现职业理想，促进专业成长。新手教师在进行职业规划时，首先要明确影响自身职业规划的因素，包括智力、能力、心理、社会环境、人际交往等等；其次要了解教师职业生涯的四个发展周期，安排好不同时期的教学及培训工作；最后，为了实现职业目标，新教师要采取有效措施，努力克服职业发展中的阻碍，保持良好的心态，更好地投入写作教学实践中。

教学反思是教师进步的阶梯，是教师进步的重要途径。叶澜教授曾经说过："一个教师写一辈子教案不一定能成为名师,但是写三年反思就有可能成为名师。"由此可见反思的意义重大。要想快速提升自己的写作教学水平，新教师需要对自己的教育实践活动进行反复思考，扬长避短，总结经验，利用课堂再生资源，完善教学再设计，以教学反思为落脚点，不断探索、挖掘新型师生互动模式，促进教学高效发展。

三、优化课程设置，改进写作教学

目前，写作教学处于一种比较尴尬的地位。初中阶段的写作课时较少，独立性不强，一直依附于语文课，受重视程度不高，处于边缘化的状态。因此，加深写作教学认识，转变传统教学模式是当前教学改进工作的重中之重。

（一）优化课程设置，调整课程结构

过去很长一段时间，写作一直是被挤到课堂之外的，这就导致了作文训练的分量不足，写作指导的力度不够等情况。为了有效地把写作教学的各项任务落到实处，需要对现有学时、课时进行调整，比如每周专门腾出一至两节课进行写作教学，或者适当地增加语文课的学时，保证写作教学有足够的课时。在阅读课中强调阅读和写作的双向互动，构建读写一体的写作教学链条，真正打通阅读与写作之间的阻隔，从学习写作的角度去阅读课文，促使学生实现从阅读能力向写作能力的转换。

（二）编写写作教材，完善教学体系

写作教学作为语文教学中较为复杂的实践性课程，由于没有十分明确合理的教学体系、教材资料、训练策略和考核体系，作文难写、难教的局面一直得不到改善。在这样一种状态下，编写一套适合中小学的作文教材应当成为关注的热点，只有进一步明确写作教学的知识目标和训练序列，才能实现写作教学的规范化、科学化和系统化，才能切实提高对写作教学的重视程度。

（三）明确教学目标，制定教学计划

新课标对于初中阶段的写作教学提出了四个方面的目标与内容，为了更好地完成教学任务，达到课标的要求，需要教师明确写作教学目标，制定详细的写作教学计划。教师要以教材为依托，根据初中生心理发展的特点，将初中三年的写作目标按年级做分解，制定符合初中生认知水平和心理需求的教学计划。确立写作教学目标时要注意循序渐进的原则，由浅入深、由易到难，有梯度地要求学生达成。

同时，构建写作教学内容的有序化也是极为重要的。写作课前，教师要有详尽的教案，并在写作教学的过程中，明确和落实写作教学目标，这样不仅能让教师清晰地把握写作教学的整体思路，为教学提供正确的指引方向，而且整个教学环节会显得更加紧凑，教学内容也更加充实，有利于学生写作效率的提高。

四、加强写作教学指导，提高学生自主作文能力

（一）教学相长，勤于写"下水作文"指导学生写作

叶圣陶先生曾说过："语文教师教学生作文，要是老师自己经常动动笔，或者做跟学生相同的题目，或者另外写些什么，就能更有效地帮助学生，加快学生的进步。经常动动笔，用比喻的说法说，就是'下水'。"教师"下水"是一种言传身教，对于指导学生写作具有强烈的示范作用，只有教师亲自动笔去写，才能更有效地帮助学生，切实提高写作教学的质量。

苏联著名教育家苏霍姆林斯基一针见血地指出，"学生不会写作文……最简单的原因，就是教师自己不会写作文，学生从来没有听到过教师自己谈作文的体会"。确实如此，教师自己都不会写作文，又如何教学生写作文呢？只有教师写得多，体悟才会越多，对于学生作文指导也就越有发言权。因此，教师要勤于写"下水"作文，通过转换自身角色，以学生的视角、教师的水平来行文，切身体验学生的实际感受，从而更好地指导学生写作。

教师在指导写作的过程中，以"下水文"为载体，要求学生认真研读，同时加以引导，通过全面深入的分析，使学生学习该文的写作技巧。为了增强学生的深刻理解和进一步掌握，教师还可以让学生们参与对"下水文"的点评。最后在结合"下水文"写作技巧的基础上，进行拓展与训练。

（二）因材施教，运用"分层递进法"指导学生写作

分层递进法指的是初中语文教师根据学生自身写作成绩、写作能力和写作水平的不同，把学生分成不同的层次，并针对各个层次学生的实际情况确定不同的写作教学目标，布置不同的写作任务，运用恰当的教学策略促使每个层次的学生都能写出符合要求的作文，从而提高全体学生的写作水平，有效促进写作教学效率。

教师在开展分层递进教学时，对于层次较低的学生，要适当降低写作要求和写作任务的难度，对于层次较高的学生，要有所区别，可以布置稍微拔高一些的写作任务。在进行写作评价时也要针对不同层次的学生进行表扬和鼓励，从而激发学生的写作积极性。通过这种因材施教的写作教学方法可以帮助学生明确自己写作的优缺点，推动各个层次学生的写作发展，达到提升写作教学效果的目的。

（三）循序渐进，通过"写作序列化"指导学生写作

关于"写作序列"的问题，《义务教育语文课程标准（2011版）》中"写作"那一章模块特意将"写作教学的'序列'问题"作为单独的一小节提出，由此可以看出，写作教学序列化对于写作教学来说是一个非常重要的问题。我国最早关于写作教学序列化的尝试是在1957年的《中学作文教学初步方案（草稿）》，方案指出"作文教学是个循序渐进、逐步提高的过程"，早在那时，它对写作教学内容的设计就呈现出独特的层级序列。

写作作为一种表现和创造的能力，在语文听说读写中属于比较高级的能力。教师在指导学生写作时，要遵循学生身心发展的规律，放低门槛，放缓坡度，夯实基础，循序渐进。此外，还应当尽量减少对学生的束缚，给学生留出自由表达的空间，解放学生的心灵从而有效激发学生的创造力，提高写作教学的效果。

五、养成良好写作习惯，夯实学生写作基础

良好的写作习惯是提高写作效率的重要保证，是提升写作能力的重要途径。养成良好的写作习惯能推动学生进入一种良好的惯性状态，从而缩短写作过程，强化写作效能。

（一）强化读写交互，注重积累训练

读写交互是丰富写作素材、积累写作经验的有效形式。"不动笔墨不读书"是古训，更是提高写作水平的重中之重。教师应指导学生在阅读时做好读书笔记，摘抄书中的精彩观点、新颖材料及名言警句，以丰富其知识面，积累更多的写作素材，通过让学生阅读一篇美文后，写下自己的心得体会，来培养学生独立思考和分析问题的能力，激发学生的写作思维，切实提高其写作水平。

要想养成阅读时做摘抄的好习惯，首先就要意识到做笔记的好处和功能，了解记笔记的用途，自然就乐于记笔记了。学生在每次阅读前准备好纸笔，以便在阅读时能随时摘录下来，长此以往地坚持，也就养成了边阅读边摘抄的良好习惯了。通过创建自己的记录方式，用自己的意愿、爱好和习惯来记录对自己有价值

的内容，就会对笔记产生兴趣，久而久之就会爱上做摘抄和笔记。

练笔是语文新课标中对写作教学的新要求，通过坚持写日记和随笔，可以有效提高学生的作文水平。由于写作课时间紧，课时少，落实读写交互训练便可在有限的时间里提高学生的写作能力。教师在阅读教学的过程中渗透写作训练，使学生养成"勤动笔"的习惯，既能促进学生有效写作，还能促进学生高效阅读，大大提高了读写交互的效率。学生也可以将生活中的所见所闻和阅读时的感受都记录下来，通过记日记和写随笔的方式进行写作训练。但切忌无病呻吟、勉强作文，以免使文章公式化、程式化，乏味无比，学生只管随心所欲地写即可，这样才真正达到了练笔的效果。作为一线语文老师的重要工作内容，有效指导学生进行写作训练是落实新课标教学要求的重要途径，通过加强写作训练的教学和指导，对弘扬学生个性、激发写作兴趣、提高写作水平都具有十分重要的意义。

（二）加强过程指导，强调列纲起草

提纲是文章的提要，列提纲就是对写作的通盘推敲和详细规划。老舍先生曾说过："有了提纲心里就有了底，写起来就顺理成章；先麻烦点，后来可省事。"由此可见，列纲起草对于初中生来说却是提高写作水平的有效途径之一。而在目前的写作过程中，这往往也是容易被忽视的一个写作习惯。

提纲一般包括题目、中心即文章主旨、结构安排三个部分，为了让学生掌握列提纲的方法，教师在教学之前首先要明确列提纲策略的具体内容，通过演示列提纲、设置文章题目帮助学生巩固练习以及学生自主练习列提纲三种策略的教学环节与具体方法，指导学生在写作中列提纲并养成列纲起草的习惯，从而有效提高学生的写作水平。学生在列提纲的时候一定要注意提纲需切题，且要体现体裁特点，不同的文体在列提纲时可以按不同的顺序来组织。此外提纲还要求简洁精炼、清晰准确。

语文核心素养中的一个要求就是学生"思维的发展与提升"，列纲起草能更好地专注于学生的思维过程，且能较快得到反馈，使教师更容易地了解到学生在谋篇布局上的优缺点。学生掌握列提纲的方法后，其写作的效率也会大大提高。

（三）作后自主修改，主动反思总结

修改是对作文进行完善的阶段，一篇优秀的文章都是在作者反复修改的基础上呈现出来的。叶圣陶曾指出：写作教学要着重培养学生自改作文的能力，教师应该引导和指点学生养成这种习惯。因此，教师要帮助学生树立自主修改的意识，并在掌握评改标准的基础上，指导学生结合自己在写作过程中出现的问题进行修改，使学生有能力对自己的文章做出一定的增删调整，以此提高学生的自主学习能力和写作、修改的积极性。学会修改文章，不仅有利于学生写作水平的提升，还有利于培养严谨的写作态度和习惯。

反思总结是写作学习的重要方法，可以有效提高写作水平。每堂作文课后，教师都会对本次课的重点内容进行总结，或是某类文体写作时的注意事项总结，或是写作某个环节技法的小结，抑或是对修改某类作文方法的小结，若学生能在课后根据自身写作中存在的问题进行思考，并将总结的写作方法和技巧运用到实际写作中，那么在下次作文中，就能少走些弯路，少犯些错误，作文的质量也会相应的提高。教师通过引导学生进行反思和总结，也会使自身今后的写作教学更加具有针对性和指导性。教师还可以通过让学生互评作文的方式检测学生对于写作的心得体会，鼓励学生在欣赏他人佳作的同时也能归纳出此篇文章的优劣之处，做到扬长避短，积累更多写作经验，真正做一个写作的有心人。

六、发挥交际语境作用，促进写作能力提升

（一）明确写作交际功能，激发写作内在动机

写作的本质是交流，写作本身所具有的交际功能是写作活动得以进行的最直接动力。在写作教学中，教师要明确写作的交际功能，通过设定具有真实目的、真实情境的写作任务来推动学生去表达，促使学生主动交流，在写作交际语境的驱动下，达到写作目的，从而有效激发学生的写作欲望。

例如，教师在布置以"我心目中的抗疫英雄"为题写一篇作文时，若能设置一定的交际语境，那么学生的语境探索欲和语境创造欲就可以有效地被激发出来。教师可以这样布置此次写作任务：如果我们班要举办一次"致敬抗疫英雄"的主题班会活动，作为发言代表，你需要在班会课上分享你心目中的抗疫英雄，在这样的情境中，你可以用写作的方式向老师和同学们介绍。当学生处于一定的交际语境中，就会产生想要表达的诉求，从而促使写作行为顺利地启动、进行。在上述写作语境中，交代了此次写作的目的——分享心目中的抗疫英雄，读者对象——老师和同学，在这种目的明确、对象清晰的交际语境中，学生会根据读者的身份和写作的需要自觉调整表述的方式，从而达到此次写作的目的。通过真实具体的表达和交流，不仅可以降低学生对于写作的畏难情绪，还可以有效激发学生的写作动机，享受写作带来的乐趣，真正地爱上写作。

（二）调动学生生活经验，积累更多写作内容

学生在写作时无话可写就好比"巧妇难为无米之炊"一样，只有积累一定的写作素材，才能生成写作内容。学生写作内容的来源主要是通过观察生活获得的，作为认识事物的窗口，观察是写作的基础，学生通过对周边事物不断进行系统而周密的观察，能够获得大量的写作素材。在观察的过程中，要细致准确，养成良好的观察习惯和正确的观察方法，同时做好观察记录。

光有生活经验是仅仅不够的，很多学生无话可写并不是因为缺乏生活经验，而是大脑中存储的信息没有在写作活动中被及时有效地唤醒。因此，教师在进行写作指导时，要帮助学生快速调动头脑中的写作信息，通过"头脑风暴""思维导图""列提纲"等方式将记忆中的画面转化为写作素材，从而将自己的真情实感用写作的方式表达出来。

（三）熟练掌握写作技巧，培养学生思维能力

写作技巧是实现作者写作意图的重要条件，是构成文学作品艺术性的内在因素。要想熟练掌握写作技巧，学生需要对文章的字、词、句、段、篇以及中心、写作方法、表现手法等方面进行细致的剖析和学习。通过"鱼骨图""蛛网图""簇型图"来搭建思维框架，可以帮助学生形成文体意识，增强对文章的建构能力，学生也能在完成语篇形态的基础上，锻炼自己的写作思维。

七、创新写作教学模式，提高写作教学有效性

（一）在活动中学写作文

从做中学是美国教育家杜威的教育主张，本书认为要将其教育观点贯彻到写作教学中，让学生在活动中学作文、写作文。针对教师课外拓展的写作学习开展少、学生写作辅导培训参加少的现状，教师可以利用自习、班会等机会开展写作活动，比如举办读书交流会、利用课前五分钟进行主题演讲、创办写作刊物展示优秀作文等，这些写作教学活动的开展不仅为学生积累了大量的写作素材，营造了浓厚的写作氛围，还提升了学生的写作鉴赏能力，锻炼了学生的语言表达能力。教师充分利用学生的在校时间开展写作教学活动，既节省了额外的教学辅导时间，又减轻了学生的学习压力，切实有效地提高了写作教学的效率。

此外，教师还应当意识到写作教学不应仅仅局限于课堂，课堂之外的大千世界也是写作教学的极佳平台。教师要鼓励学生假期多出去走走，进行实地探访，适当参加一些社交活动，感受民间风俗，培养人文素养。还可以利用互联网技术

创建云教室，共享信息资源，拓宽课堂教学的领域。

（二）构建写作任务群

为全面落实语文核心素养，高中语文新课标中提出了构建"语文学习任务群"的课程内容。将高中语文学习任务群的理念运用到初中语文写作教学中来，不仅可以丰富写作教学的形式，还可以调控学生的写作行为，从而达到提升学生素养的终极目标。

写作任务群是一个动态的建构过程，教师在构建的过程中需要关注学生写作动态的变化，随时进行调控，根据学生在写作中出现的问题，设置不同的写作任务群，帮助学生在专题训练中逐个击破。对于概念比较笼统的写作知识，教师可以通过化整为零的微点训练，使学生的写作学习更加深刻、更加透彻。在构建写作任务群的同时，以单元写作专题为依托，加强单元主题与生活内容的联系，并根据学生实际情况对训练内容进行整合和重构，从而让学生在真实的生活体验感受中提升自己的素养。

（三）合理运用网络技术

随着多媒体信息技术的发展和互联网时代的到来，网络技术作为一种新型教学方式，对于提高教学效率，促进教学发展有着重要意义。通过建立写作教学与互联网之间的联系，推动二者实现真正意义上的深度融合，以此来丰富写作课堂的教学形式，形成新的现代化教学模式。通过建设教师网络研修社区和终身学习支持服务体系，不仅减轻了教师的教学负担，还有效提升了写作教学的效果。教师也要转变自身教学方式。

互联网的普及为学生提供了新颖的写作学习方式，同时也增强了学生的写作兴趣。学生通过操纵信息技术了解时事热点和新闻资讯，不仅丰富了自己的写作素材，还激活了自身的写作灵感，提高了自己的写作欲望。此外，利用网络多媒体技术，学生可以更好地发挥课堂中心的作用，通过展示自己的作品，分享自己的观点，与老师、同学进行讨论交流，从而促进自身写作水平的提高。

八、创建和谐师生关系，强化学生主体地位

教学活动是一种双边关系，是教师和学生相互影响、相互作用的活动。在推进素质教育的今天，良好的师生关系对于实现培养目标、促进学生发展有着巨大影响。写作课堂上，教师努力营造轻松、愉悦的教学氛围，创设温馨和谐的学习环境，鼓励学生积极发言，理解包容问题学生，及时给予他们指导和帮助，就可

以使课堂更加和谐，师生关系更加融洽。

学生是教学活动的中心，新课程标准要求教师要进行以学生为主体的课堂教学，在写作教学的过程中，教师应积极发挥引导作用，组织学生在作文课上自由探讨，互相交流，为学生独立思考搭建平台，切实培养学生的探究能力和思维能力，使写作课堂更加充满活力。学生也应当发挥自身的主体作用，树立主人翁意识，调动学习的主动性和积极性，自由地表达自己的想法。在作文课中明确自己的学习目标，正确认识自己在学习中的作用，勇于表现自己，认真思考，积极发言，主动投入到写作学习中去。

第三章　初中语文阅读教学和写作教学有效结合研究

第一节　阅读教学和写作教学有效结合所遵循的原则

阅读教学和写作教学在语文教学中具有非常重要的地位，而阅读教学和写作教学的关系非常密切，两者相辅相成、相互促进。但是在现今的语文教学实践中，阅读教学和写作教学的联系非常薄弱，两者相互独立，结合较弱。因此，应加强阅读教学和写作教学的联系，使阅读教学和写作教学能够加强结合、互为依托，从而促进语文教学的整体进步与发展。

一、重要性及意义

（一）重要性

当今的语文教学存在着许多问题，其中一个重要的问题就是阅读教学和写作教学缺乏联系。对于学生来说阅读能力和写作能力相当重要，阅读教学和写作教学的有效结合更有利于培养学生的阅读能力和写作能力。而学生的阅读能力和写作能力则主要在于教师的阅读教学和写作教学，但是，在阅读教学和写作教学上，两者之间的联系非常薄弱。虽然，阅读教学和写作教学有着不同的教学任务，但是关系非常密切。我们都知道读与写是分不开的，以读促写，以写促读符合知识的迁移理论。但是，在实际的教学当中，阅读教学和写作教学之间相对独立，缺乏紧密联系。《语文课程与教学论》中指出："阅读作为人类学习最基本的一项能力，成为基础教育语文课程中的基本内容，亦是研究者重点研究内容之一。阅读教学在语文教学中具有不可替代的地位。"同时也指出："写作教学是语文教学的重要组成部分。"由此，我们可以看出阅读教学和写作教学的重要性，同时两者的关系又非常密切。

因此，阅读教学和写作教学的有效结合具有研究的必要性，阅读教学和写作教学的结合是需要加强的。为了能够更好地培养学生良好的阅读能力和写作能力，教师必须做到阅读教学和写作教学的有效结合，从而使阅读有效地促进写作，写作有效地促进阅读。因此，本书提出这一课题，并对其进行研究。

（二）意义

1. 理论意义

在前辈的理论的基础上进行研究，对阅读教学和写作教学的结合的策略进行一点补充。虽然在读与写的理论上已经非常丰富，但是，在教学实践上阅读教学和写作教学的结合还是非常薄弱，由此，我们可以了解到理论和实践还没有完美结合。在理论上阅读教学和写作教学的结合研究还存在着不足，因此，对阅读教学和写作教学的有效结合点进行研究，还是具有一定的理论意义的。

2. 实践意义

研究的实践意义在于通过研究具体的方法策略加强阅读教学和写作教学的联系，使阅读教学和写作教学达到有效结合。阅读迁移到写作，也有着理论的依据，使阅读教学不单单是为了培养学生的阅读能力，同时也能够促进学生写作能力的提高，同样，使写作教学不再是单单培养学生的写作能力，同时也能促进学生阅读能力的提升。学生通过阅读的学习得到了一定程度上的写作能力的锻炼，或是通过写作的学习达到了一定程度上阅读能力的提升。在实际教学中，阅读教学和写作教学联系之所以薄弱，其中一个主要的原因就是缺乏一些具体可行的方法、策略的指导。通过对方法和策略进行指导从而能够使阅读教学和写作教学相互促进，达到相辅相成。所以，通过对初中语文阅读教学和写作教学有效结合策略的研究，两者能够在实践上达到一定程度的融合，也就是说在实践上有所进步。

二、阅读教学和写作教学有效结合所遵循的原则

（一）统一性原则

阅读教学和写作教学的有效结合所要遵循的第一条原则就是统一性原则，那么什么是统一性原则呢？统一性原则就是指在阅读教学和写作教学的有效结合中在内容上要统一。

阅读教学和写作教学的有效结合所遵循的统一性原则主要是指阅读和写作在内容上的统一。例如在主题上，阅读所学的课文或其他阅读文章的主题如果是母爱，那么教师结合阅读训练的写作的题目或是主题就是以母爱为主，或与母爱相

关，这样学生在通过学习阅读的基础上来进行写作，目的会更明确。在模仿的基础上进行创作会更加得心应手。写作思路也会更加开阔。在文采方面，如果所学课文是一篇记叙文，那么关于记叙文的一些知识点也可以运用，可以通过所学的描写方法、修辞、记叙顺序、人称使用等等记叙文相关知识，这时教师可以布置一个作文，而作文的要求就是文体采用记叙文，这样学生在进行写作时，就会充分地把有关记叙文的知识运用到自己的作文中，从而也对记叙文的相关知识进行了复习巩固。这样不仅提升了写作能力，同时也对阅读的相关知识做了复习，并且运用，而这样更能检验学生对所学知识的理解与掌握。可谓是一举两得。在文章的结构框架上，例如在部编版九年级上册第二单元所学的是课文是《敬业与乐业》《就英法联军远征中国致巴特勒上尉的信》等。这几篇课文都是议论文，那么关于议论文的结构就是学生在写作方面的一个非常好的运用与锻炼，议论文的结构有总分、分总、总分总、并列式以及递进式，因此，学生在写议论文时就可结合所学的运用到自己作文中。因为，初中生开始写议论文，在论证方法方面也是非常重要的一个内容，教师结合所教的课文，对于议论文的论证方法进行讲解，不仅可以配合阅读的习题来检验学生的理解与掌握状况，同时，还可以结合写作，布置一篇小议论文，要求学生至少运用两种议论方法，这样既可以训练学生的写作能力，也可以检验学生对论证方法的掌握情况。

　　同样，通过写作来促进阅读，从而达到阅读教学与写作教学的有效结合。也一样遵循统一性原则，也一样是指在内容上的统一。例如，在写作教学时，议论文的写作技能，每一种论证方法都有其自身的作用，举例论证的作用是列举什么例子，具体有力地论证了什么内容，增强文章的说服力。道理论证的作用是引用了什么道理，论证了什么内容，增强文章说服力。对比论证的作用是通过将什么与什么的对比，更突出地论证了什么内容，增强文章说服力。比喻论证的作用是形象生动地论证了什么内容，将深奥的抽象的道理阐述得浅显易懂，增强文章说服力。每个论证方法的作用不同，因此学生在写议论文时所采用的也就不同，根据不同文章的需要运用不同的论证方法。而论证方法的作用在议论文的阅读中非常重要，尤其是做议论文的阅读题，是议论文文章必考的知识点。因此教师可以通过在这方面的写作教学结合阅读教学，从而使学生更好地把握这一部分的知识点。同样，在写作教学中作文评改的时候也是一样的，批改的内容和阅读教学的内容是统一的，通过评改使写作回归到阅读上。在其他知识点上也是一样的方法。其最重要的是要保持内容上的统一性。

（二）及时性原则

所谓及时性原则就是阅读教学和写作教学的有效结合要具有时效性，及时地对学生进行训练。

及时性原则主要体现在指课内阅读及时练以及课外作文及时评两个方面。课内阅读及时练是指教师在进行课内阅读教学时，及时联系写作，进行写作训练。例如，后面在策略中回归课文讲阅读时，进行内容结合和形式结合。例如在进行阅读教学时，阅读教学的内容是记叙文的描写方法，那么，教师要在本节课中及时指导学生写作，内容是要用到所学的描写方法，这样，既能检验学生对记叙文的描写方法的掌握情况，又能锻炼学生写作的能力，有利于提高学生的写作水平，积少成多，锻炼的越多，学生的动笔能力就越强，对写作文也就不会产生抵触情绪。这可谓是一举多得，当然，唯一重要的是教师要掌握好时间的分配，以免耽误教学进度，这也是阅读教学与写作教学结合的一个要着重解决的问题。

另一个是课外作文及时评，在写作教学中，学生写完作文，要及时进行评改。通过教师点评和学生互评，学生进行作文的修改，在这一过程中，学生写完作文，就进行修改，更有利于学生写作能力的提升。因为，在现实的教学中，写作教学所占课时非常少，教师将大部分的课上时间用在阅读教学上。让学生在课下完成，这样不仅使学生练习写作，同时又不影响教学进度。但是，这样就容易造成一个非常致命的问题，就是学生的写作水平很难有所上升，甚至会造成学生的写作水平的下降，因为长此以往下去，学生一学期几乎没有锻炼自己的写作技能。因此，这也是提出及时性原则的一个重要的原因。让学生即学即练，及时练习，及时巩固，达到学以致用。

以上是及时性原则的具体阐述，在后面的策略中也会贯穿这一原则。

（三）双向性原则

阅读教学和写作教学的有效结合还需要遵循双向原则，也就是说要兼顾阅读与写作这两项内容，不仅通过阅读促进写作，同时，也通过写作促进阅读。阅读和写作共同提高，相互促进。单一的通过一面来提高另一面都不是阅读教学和写作教学的有效结合。

简单说双向性原则就是既通过阅读促进写作，也通过写作促进阅读。教师不论是在进行阅读教学时，还是写作教学时，都要从双面的角度出发，不要孤立任何一个教学方向。因为无论是哪种教学都是语文整体教学的一部分。都有着相通之处。而阅读与写作更是具有相通性的，它们有着共通的知识点。例如，阅读中的议论文知识点,学生在写作时会运用到。阅读中所阅读的课内外文章都是可以作为写作时的素材,当然,运用素材也需要巧妙地运用,不能拿过来直接用,要结合自己文章的主题来运用所积累的素材,并且,要根据文章主题来着重突出某一部分。同时,在写作教学时,所讲授的写作技巧,在我们进行阅读教学时也是非常重要的,写作时如何来构思文章的结构,阅读时所学文章的结构,这两个可以说是同一个知识点,但运用上却是不同的,一个是自己去构思结构,一个是分析作者的结构,都是一个知识点。但因为阅读是一个吸收的过程,而写作是一个输出的过程,一出一进就促进了知识点的理解学习与运用掌握。

同时,双向性原则就是双方相互促进,通过双方的相互促进,才能达到两者的有效结合,才能做到事半功倍。如果只是从一个方面促进另一个方面,都不能做到两者的有效结合。因此,不论是教师在教学中,还是学生在学习中,都要遵循这一原则。也就是说学生在进行阅读的学习时,不仅提高了阅读能力,同时,写作能力也随着提高了。阅读和写作就是知识点的学习与运用,阅读就要读懂文章,会做题,这样阅读能力得以提高,写作时就会把阅读所学的知识运用到自己的作文中,阅读能力也得到了提高。阅读时,掌握了有关文章的一些知识,积累了素材,在写作时也会运用到,这样写作能力也提高了。阅读与写作是分不开的,因此不论是阅读教学还是写作教学,学生的阅读能力和写作能力都会相应的得到提高。这也是阅读教学与写作教学有效结合的意义所在。

(四)多样性原则

多样性原则就是教师在将阅读教学和写作教学结合时要采用多样的方法,不能单一。采用多种方法有利于提高学生的兴趣,学生本身就具有多样性,不同的学生适应的方法也不同。因此,教师要注意结合时的方法的多样性。

多样性原则主要体现在训练方式上的多样性,例如,在后面策略中的回归课文讲阅读中,阅读与写作的结合可以在内容和形式上两个方面结合,教师讲授记叙文的知识点,其中关于描写方法,教师可以让学生对课文中运用描写方法的语句即时进行仿写,字数不要太多,目的是通过仿写使学生掌握描写方法的使用。也就是说教师不能机械地要求学生课后要写一篇记叙文,并且用到描写方法。这不利于锻炼学生的写作能力,提高学生的写作水平。教师随便布置作文,会使学生厌恶写作,让学生感到作业负担大,也不利于学生身心健康发展。

在结合课外集素材上也是通过教师有效指导、学生互相交流、中高考优秀作文多种方式收集素材,并不是单一的,这样有利于学生积累丰富的素材,开阔学生的写作思路，也扩大了学生的阅读视野。结合课内外的文章，对于同一主题文章的理解也会有不同的认识，而不是看到一个主题就想起那几个固定的素材，也不是看到一个材料就想到一个主题，看到什么材料都往坚持、勇敢等常见的主题思考。这样更有利于学生灵活创作，对于文章的把握也更加准确，对于题干的分析，思路也会更加开阔，正所谓见多识广就是这样。

在依托阅读促写作这一环节中，需要随课文写作训练和单元后写作训练多种方式来促进写作，在随课文写作训练中，可以通过仿写、缩写、扩写等等多种联系写作的方式进行写作训练。同样，在最后一个环节师生合作共评改中，也是通过学生互评以及教师点评多个方面来评价作文，这也就在一定程度上使学生采取多种方法来互相学习，提升自己的写作能力和阅读能力。多样性原则主要是为了提高学生对于阅读和写作结合的兴趣，从而达到有效性。

第二节　初中语文阅读教学与写作教学结合的现状分析

关于阅读教学和写作教学结合的现状，可以分为理论上和教学实践上两个方面来说。理论上，关于阅读教学和写作教学结合的研究有很多，从最早的读写理论到读写整合，以及近几年的阅读和写作互动研究等，理论上的研究较多，在这方面的期刊论文以及学位论文也有很多。但是，在教学实践中的阅读教学和写作教学却并不像理论上所研究的那样进步，教学实践中阅读教学和写作教学的结合并不好。下面我们主要从实际的情况分析阅读教学和写作教学结合存在的问题及二者没有有效结合的原因。

一、阅读教学与写作教学结合上存在的问题

（一）阅读教学中割裂写作教学

随着课程改革，语文教学也在不断发展，教师也在不断探索着新的教学方式。而在语文教学中重要的就是阅读教学和写作教学，同时阅读教学和写作教学又有着非常密切的关系。关于阅读和写作之间有着密切的联系，我国教育家中非常注重阅读和写作之间关系的就是叶圣陶先生了，叶圣陶先生在《阅读是写作的基础》中说："有些人把阅读和写作看作不甚相干的两回事，而且特别着重写作，总是

说学生的写作能力不行,好像语文程度就只看写作程度似的。阅读的基本训练不行,写作能力是不会提高的。"但是,教师一味的追求新的教学方式,或是只是注重通过阅读教学培养学生的阅读能力,通过写作教学培养学生的写作能力,忽视了两者的关系,造成了阅读教学和写作教学的脱节。阅读教学和写作教学是语文教学的重要组成部分,阅读教学和写作教学是相互促进的关系,因此,教师不能只重视阅读教学,把两者割裂开来,而应该在阅读中进行有计划的写作教学,形成系统的写作教学,使阅读教学也得到快速发展。

在现实语文教学中,教师非常注重阅读技巧的教授,认为阅读教学重在培养学生的阅读能力,提高学生的阅读素养,割裂了阅读教学对学生写作素养的提高。阅读教学中,教师单方面注重引导学生寻找答案,讲解阅读的知识点,通过阅读的材料来培养学生品味文章的语言,理解文章的主旨,领悟文章的内涵,等等。初中语文主要是记叙文、说明文和议论文,教师能注重将这三类文的知识点与题型结合,例如记叙文中教师注重讲解记叙文六要素、记叙顺序、描写方法、修辞、表达方式等等知识点。但教师在讲这些表达方式的时候,就理论讲理论,而忽视了训练。例如在描写方法方面,教师注重讲解描写方法的作用,却忽视了如何运用描写方法。而如何运用描写方法正是培养学生写作能力的一个方面。这也正是教师忽视了阅读和写作之间的相通性而造成的。同样,在说明文和议论文中也是这样。同时,教师也忽视了在阅读教学中让学生积累写作素材这一重要方面。在阅读中积累素材对于学生来说是一个非常重要的学习方式,而现实的语文教学中,教师会带领学生们做大量的阅读题,但在操作过程中,忽视了阅读材料本身的素材性,因此学生也就没有形成在阅读中收集素材的方法以及习惯。忽视了阅读也是个吸收知识的过程,不仅通过阅读来学习相关的知识点,同样也是在积累材料,积累知识。

(二)写作教学中不能回归阅读

在语文教学中,教师往往重视阅读、轻视写作,这是一个很现实的问题,因为,阅读比写作更能有效地提高学生的语文成绩,应试压力大,教师不得不以"分"为重。从眼前的利益来看,多上阅读课更利于学生成绩的提高。但从长远利益来看,这不利于学生语文综合素养的提高。徐静满在《中学语文读写一体化教学分析》中说:"阅读教学和写作教学都是重要的教学方法,也是相辅相成的两个方面,将阅读教学和写作教学很好地结合起来,也就能对学生进行综合培养,能够很好的提高学生的学习能力……"可见两者是具有同等地位的,不能忽视任何一方。

教师的教学任务紧密，成绩压力大，所以多数教师认为提高成绩才是教学的首要目标，教学时间紧，没有太多精力来探究如何安排这一学期的写作课，所以写作教学不成系统。教师更加注重阅读教学，忽视写作教学。教师在语文教学中不怎么教写作，学生在学习中也不爱写作文，造成了这种恶性循环。写作教学中，多数教师只写不导，或是导得少，只写不评，或是评得较少。因此在写作教学时多表现为单纯地教写作，不能回归阅读，提升能力。更严重的是在现实语文教学中，大多课堂上，教师围绕课文上课，教师只注重教学进度，按教材教。

同样，从学生的角度来说，其一，不会积累素材，在写作时没有思路，找不到写作素材，一提写作头都大，不知道写作什么，也不会写，生活经验也少，文采又不高。其二是学生的写作的兴趣不大，不爱写作文，认为写作水平怎么学都得不到提高，虽学习了写作技巧，但还是不会写作文。其三是学生的写作自觉性太差，没有形成良好的写作习惯。因此，学生的总体写作水平都不高，写作能力不强。大多数学生非常注重阅读训练，但在写作上很少有意识地提高自己的写作能力，通常认为写作能力不是一天两天就能提高的，而阅读能力通常经过有效的训练，能够提高很多，这也是学生忽视写作练习的一个重要原因。

其实我们会发现这样一个现象，就是从小就喜欢读书的学生，他的写作水平往往也很高，因此，许多家长从小就培养孩子爱读书的好习惯。我们虽然都知道这个，但是在现实的教学中还是忽略了，因此，我们更加应该注重阅读教学和写作教学的有效结合，从而有效提高学生的阅读能力和写作能力，提高学生的语文素养。

（三）重形式轻效果的读写结合

实际语文教学中，教师往往更加注重教学的形式，而忽视教学效果。在语文课堂上，很多教师也会在阅读课上联系写作，但通常形式的联系更多一些，而实际的效果并没有真正达到。在教学进程中，有些教师在阅读课上联系写作教学时多半是在快要下课的时候，结合所教的课文，提出一些关于写作方面的问题。这样的联系一方面是时间上不充分，另一方面是指导不够，起不到应有的作用。例如课文是一篇议论性强的文言文，教师在课上时，会简单地提一下关于学生写作文时，可以向这篇文章学习，怎么论证的，学习这篇文章的特色。例如，有的教师会这样表述："像我们写作文的时候就可以像这篇文章这样来论证你的观点……"很显然，这样的强调，教师没有明确地引导学生，怎样将课文中的论证方法运用到具体的写作实践。也就是说，教师虽然对阅读教学和写作教学的结合

·47·

上有明确的认识，但还只限于形式上的指导，并没有更多地付诸实践，其效果的有效性可想而知。当然，每个教师的教学风格不同，教学习惯也不同，在阅读教学和写作教学结合的方法上也都会有自己独特的思考。但就目前的阅读教学实践，总的说来，还是缺少对写作教学进行有效的具体的方法指导。有时可能更是形式上的，而忽略的往往是其真正的实践效果。

综上所述，在实际的教学实践中，不论是初中还是高中，阅读教学和写作教学都还没有达到有效结合，理论研究还不能够真正地指导实践，不能真正地将阅读教学和写作教学结合起来。因此，阅读教学和写作教学结合还存在很多问题，需要我们不断探索研究，从实际上解决这个问题。真正地使阅读教学和写作教学有效结合，从而有效提高学生的整体语文素养。

二、原因分析

阅读教学和写作教学不能有效结合是存在多方面的原因的。主要有教师的阅读教学和写作教学的结合意识弱、教材中阅读和写作联系较弱以及写作教学不成系统这三个原因。

（一）教师的阅读教学和写作教学结合意识弱

教师的教影响着学生的学，因此，教师首先要重视阅读教学和写作教学的结合，认识到阅读教学和写作教学结合的益处。并且积极主动地去学习掌握了相关的结合的方法，才能够更加有效地进行阅读教学和写作教学的结合。从问卷中，我们可以看出在实际的语文教学中，教师在一定程度上是忽视阅读和写作的联系的，对于阅读和写作的联系没有清晰的认识。因此教师不能做到将阅读教学和写作教学有效结合。

教师的阅读教学和写作教学的结合意识弱有许多原因，首先，主观上认为阅读能力不是影响写作能力的重要要素。其次，客观上在课堂上进行写作练笔占用课时过多，影响正常教学时间的安排。而且在中考中阅读题的分值很大，相对于写作而言阅读提高分数更容易，同时，阅读的提升空间也比写作的大得多，这些因素都直接导致了教师在意识上弱化了阅读教学对写作教学的指导。

教师在意识上弱化阅读教学和写作教学的结合主要表现在以下几个方面。首先，在阅读教学中教师通常忽视如何教学生把课文当做素材来运用，没有有效引导学生在写作时借鉴所阅读到的课文的立意、语言等方面。如果学生随意选择课外阅读的读物，对于提高阅读和写作能力并不明显，但是，学生如果选择恰当的读物来读，对于学生提高阅读和写作能力是非常有效的。其次，写作教学中不能回归阅读，教师在写作教学中评改不到位，不能在作文评改中切实提高学生写作水平，更不能通过评改理解阅读理论。因此，更谈不上在写作教学中提升阅读了。

教师没有做到将阅读教学和写作教学进行有效结合，也是没有行之有效的教学方法的指导，没有具有操作性的策略实施。因此，许多一线教师缺乏相关的教学理念的指导，即使教师本身能认识到二者的紧密联系，也不能在课堂上有效实施。关于行之有效的阅读教学和写作教学的结合的策略是需要无数个热爱语文教学的学者们探索研究，最终找到将阅读教学和写作教学有效结合的策略。

（二）教材中阅读和写作联系较弱

从教材方面来说，教材中阅读和写作结合方面的设计不够完善，并且教材中缺乏对写作的设计，关于写作的内容很少，也比较零碎。《教育心理学》指出："科学编排和呈现教材，促进学生形成良好的认知结构。"这也就说明了教材的编排非常重要。教材中写作和阅读的联系非常薄弱，一般单元的写作大多会结合这一单元的阅读的主题来设计。也就是说教材中的写作实践在单元的内容是相对统一的，大致在一个主题范围内。但就教材中的具体写作实践训练来讲，并没有形成系统性的编排。例如，在部编版八年级上的第五单元，课文有《壶口瀑布》《在常见源头格拉丹东》《登勃朗峰》《一滴水经过丽江》，这四篇课文都是游记，单元习作也是写一篇游记，但是在每篇课文的课后题中相应的写作训练却很少，在《壶口瀑布》这篇课文中，运用大量的修辞手法来描绘景物，但是在课后题中却没有相应的写作训练。

教材中关于阅读和写作的结合没有系统的设计，在教材上阅读和写作的结合也不强。因此，教材中阅读与写作缺乏联系在一定程度上影响了教师在教学中将阅读和写作进行有效的结合。因为，教师运用教材来进行教学，教师用教材教，因此，教材的设计编排具有一定的指导性，而教材在阅读和写作的结合上具有一定的缺陷，因此，这也影响了教师有效地将阅读教学和写作教学结合。

语文教材中阅读与写作的联系还不够健全，语文教材上关于写作内容也不够完善，写作教学本身就缺乏系统性，下面主要从写作教学本身来论述。

（三）写作教学不成系统

《语文课程与教学论》指出："写作是学生运用语言文字进行表达和交流的活动。学生的写作能力集中地反映了学生的思想认识、生活经验、语文知识与技能的掌握与运用状况，历来成为衡量学生语文素养的重要尺度。"我们能够看出写作的重要性，但是在现今的语文课堂中，写作教学还不够健全，也就是说写作教学本身就存在着问题。其中应试压力大，写作提高的效果不明显也是其主要原因。教师上的写作课非常少，一学期也没上过几节写作课，也没布置几篇作文。可以说写作教学是没有计划的，比较随意，有的教师上的写作课基本就是学生作文的展示课，教学方法也不灵活。因此，在写作教学中更是难以达到写作与阅读的结合。

从主观上说，教师和学生在一定程度上都不重视写作。从问卷的结果统计中，我们可以看出实际教学中的写作教学存在很大问题。调查问卷显示语文教师的写作教学存在问题，不系统，在一定程度上也可以说教师对于写作教学不够重视，写作课较为随意，上的次数也较少。对于学生作文的评价也较为随意，大多数只是简单的评分数，并没有进行系统的指导。首先，教师主观上就不重视写作训练，认为写作训练的效果没有阅读训练的效果好，写几篇作文不能提高多少分，提高成绩慢，因此，教师很少上写作课。其次，学生的写作自觉性很差，兴趣也不高。很多学生提到写作文就发愁，不知道写什么、怎么写等等。

从客观上来说，在写作教学中，教师只是注重写作技巧的讲解，非常注重学生的作文的首尾两段的写作。也就是说教师非常注重作文的形式，而忽略了内容。例如，在写议论文时，学生所举的事例大多是一些套用的，常见的就是司马迁、李白的事例等等。而忽略了在阅读中所学到的一些小事例。同时，在写作教学中，教师只是口头强调真情实感，而没有注重让学生在自身的经历中去寻找事例，从自身的感受出发。学生写出来的大多是空话、套话和假话，缺乏真情实感。其次，教师批改作文不及时，这是一个很大的问题，一篇作文写作后，要几周后才能发下来，时间间隔非常久，教师的教学任务繁多，经常造成批改作文不及时，在一定程度上，影响了写作训练的有效性。

在教材中写作教学也没有有效地进行编排，教师在进行写作教学时大多是凭借多年的教学经验。并且，在写作教学时，教师没有明确的教学目标，这一节写作课和上一节写作课几乎没有多大联系，更没有什么衔接性。而且，写作教学的重点也不明确，教师大多会在课上针对一个材料进行分析，让学生学会如何分析，从什么角度进行写作，然后布置在课下写作文，等作文交到老师那里，再经过老师的评改，再回到学生的手上要好长时间，有时可能等到第二篇作文上交的时候才会发回学生的手中，这样，教师对学生的作文所做的批改，往往也就没有起到实际作用，学生匆匆看了一下，其作文并没有进行修改，而反复修改作文对学生提高写作水平起到很大的作用。写作教学没有计划，在整个语文教学中所占课的课时非常少，这就影响了写作教学的系统性。

当然，写作教学之所以存在种种问题，并不完全是教师的原因，也由于写作教学本身的特殊性造成的。因此，写作教学还不够完善，影响了阅读教学和写作教学的有效结合。虽然这样，我们还是应该努力改善写作教学的这种现状，为加强阅读教学和写作教学的有效结合提供良好的前提，不断完善写作教学，不断完善语文教学。

第三节 阅读教学和写作教学有效结合的应用策略

一、单元起始讲文体

第一个环节是讲文体，以教材上的单元为基础，结合单元内容，每一单元都有一个统一的文体，有的一单元的几篇课文都是记叙文，有的是议论文，有的是说明文……每个单元都不同，因此要注意结合单元内容和文体形式来进行。这一环节主要是教师结合教学目标和单元提示，在主观上树立阅读和写作结合的意识，有意渗透文体上的读写衔接，在阅读中增强学生的文体意识。

首先，教师结合学生特点，依据课标要求，设计关于所讲单元涉及的文体的相关教学内容。教师要在讲解这一单元的所有课文之前，备好这一单元课文的统一文体。在初中部分，关于议论文的知识点，学生掌握的并不多，结合课程标准来制定教学内容。例如本单元的议论文知识点讲解，就要简单介绍比喻论证、对比论证等论证方法，论证方法的作用，议论文语言的特点，论点论据，等等。这是一堂关于文体知识讲解课，也是一节写作课，同时也是一堂阅读课，因为写作教学中关于写作技能的知识点有很多和阅读的知识点是相通的，因此，我们可以通过写作教学来整合阅读知识点，也可以说是在复习巩固知识点。

这样让学生在单元学习之前，让学生对文体知识有所了解，让学生明白自己学的是什么，而不是稀里糊涂地直接就听课文，这样教师也不是单纯教课文，真正做到教知识，理清学生的思路，帮助学生树立文体意识，树立读写结合意识，促进教师进行读写结合教学。明白地教，明白地学。

但要注意的是这几个环节，并不适用于教材中的所有单元，例如诗歌，中考作文是不能用诗歌这一文体进行写作的，因此，教师要结合具体的单元来实施这一方法。

二、回归课文讲阅读

第二个环节就是课文的讲解，在这一环节，主要是阅读和写作结合的单项训练，点对点的结合。这就要求教师要灵活讲解，结合具体的课文讲解其重点内容，并且能够随机应变。因为我们要贯彻及时性这一原则，例如，《敬业与乐业》这篇课文，教师在讲解的时候要结合这篇文章的特点，这篇文章主要运用的论证方法是举例论证和对比论证，因此，教师要结合课文来进行写作训练。在这一环节中，教师要注意两个方面，一就是要结合上一环节的文体知识，二就是要结合第四个环节的写作训练。

首先，阅读教学不要单纯地讲课文的内容，而是要结合写作知识来讲解，这样学生对于上一环节的内容能够复习巩固，对于课文的理解的效果更好。在教育实习过程中，有很多教师还是忽略写作知识，注重讲解课文的内容以及字词等等。当然，我们不能忽略基础，也不能偏废能力，要既训练阅读能力，也要在阅读提升写作水平。但不能把基础知识作为全部的内容。要将写作知识贯穿于整个课文中。在这一部分中，主要是片段式训练、点对点的训练。因为，有许多写作训练我们可以在讲解课文中进行，这样更有利于学生掌握相关知识，锻炼学生的阅读能力和写作能力。

当然，在这里的阅读并不是单单讲阅读，而是结合写作进行讲解。依托课文的阅读和写作的结合可以从内容和形式两个方面来结合。下面是几个教学片段。

（一）内容结合

下面是课文《鲁提辖拳打镇关西》（名著阅读）的教学片段。

师：接下来，我们一起来看看鲁提辖拳打镇关西，打了几拳呢？

生：三拳。

师：这三拳都打在了哪？

生：鼻子、眼角、太阳穴。

师：作者运用了什么方法来描绘这一部分的呢？

生：运用细节描写方法。

师：好，我们现在一起读一遍16段和17段，看看作者是如何运用细节描写来描写这"三拳"的。

（学生齐读课文第16段和17段）

师：大家读了之后，有什么发现？

生：三拳不一样，有变化。

师：有哪些变化？什么变化？

生：通过细节描写，可以看出这三拳一拳比一拳重。第一拳打到鼻子上，但不在要害。第二拳打在眼角，已是要害，但不致命。第三拳打在太阳穴，致命要害。

师：对，通过细节描写，我们可以看出这三拳之间细微的差别，可见细节描写有着非常重要的作用。分析了这些语句后，大家对于细节描写有了更深刻的认识，接下来，大家给大家布置一个任务，运用细节描写，来描写一件事、一个人、一个物等等，字数不限。

在这样的教学中，学生通过阅读学到细节描写方法，我们及时通过写作训练得到巩固，这样学生不仅掌握了这一知识，更促进了学生对知识的运用能力的提高。这样的点对点的训练，学生现学现练，符合及时性原则，在内容上也符合统一性原则。学生在这一过程中，不仅对于课文中鲁提辖三拳打死镇关西有了更深刻的理解，对于所涉及的描写方法也掌握了。学生通过运用描写方法来刻画人物形象，或是一件事，经历了概括到具体再到概括的认知过程。通过这一训练，将阅读和写作进行了有效结合。

（二）形式结合

下面是课文《巴东三峡》（语文版八年级上）的教学片段。

师：下面请仔细阅读第八段，这一段主要写了什么？

生：写了巫山的云雾。

师：对，这一段主要写了巫山的云雾，那么，这一段是如何描写巫山的云雾的？

生：运用了比喻。

师：非常好，大家把这句话找出来。

生："……有像牛马的，有像虎豹的，奇形怪状，应有尽有……"。

师：这一排比写出了巫山的什么特点呢？

生：奇形怪状！

师：好，可见，通过排比可以更加生动形象地表现出事物的特点。好的，下面大家模仿这句话，结合语境，并且用"有像……有像……"来继续描写巫山的云，或是其他景物。

……

在这样的教学中，学生通过这样的写作训练，有利于加强学生语言的丰富性，培养学生的写作的语言丰富多彩。语言生动对于学生写一篇好文章来说非常重要，学生在学习课文的过程，也是在学习如何写一篇好文章的过程，课文就是例子，也是素材。学生通过对"有像……有像……"的句式的写作训练，进行了单项语言表达的训练，学生在写作训练的同时对文章内容的理解也加深了。

三、结合课外集素材

阅读是重要的素材来源，结合课内外阅读，积累写作素材，对于作文水平的提高有非常重要的作用。课内阅读就是指语文教材上的课文，而课外阅读就是相对于教材上的课文之外的适合学生阅读的文章，因此关于初中生的必读书目则属于课外阅读。有一个非常常见的现象就是从小就喜欢看书的学生，写作水平往往很高，其中就是因为多读多积累，因此，在进行写作的时候就不会没有话说，没有东西可写。因此教师在一单元的所有课文讲解完后，教师要让学生找其他的和课文相近的文章，这也符合统一性原则。如果这一单元是议论文，那么学生就要找议论文的课外阅读。

课内阅读对于学生素材的积累非常重要，但是有一个问题就是课内的文章几乎都是大家的文章，学生在积累素材时会有一定的局限，因此课外阅读也是非常重要的积累素材的来源，课外文章非常多，那么，我们主要从以下几个方面来收集课外阅读篇目，同时这也符合多样性原则。

（一）教师有效指导

阅读和写作的结合最重要的就是文章，无论是教材上的课文，还是课外的文章，都是结合阅读与写作的重要的内容。同样，写作也是完成一篇文章的创作。因此，学生读什么样的文章非常重要，因为在读的过程中，学生也在潜意识中学习这篇文章的写作方法等等。所以，教师应该有效地去指导学生的阅读，教师结合学生的特点去选择篇目让学生读，对学生积累素材进行有效指导，要结合课内外阅读来进行素材的积累，不能单一地积累课内阅读或是课外阅读。素材的积累，也不单单就是指一些事例，同样，学生在学习课内外阅读时，通过对于文章的学习，文章的写作技巧，文章的行文思路，文章的整体的结构以及一些语句的运用等都在影响着学生关于写作的各方各面。教师在进行阅读教学时处理好，如何积累，哪些文章要学习什么，根据文章的不同的特色，学习的方面也不同，这就要具体文章具体分析了。因此，课外阅读是非常好的素材积累的来源，这要求教师要选好材料，选取适合学生积累的材料，也就是说所选的文章，不能太深奥，也不能太简单。

同样，关于素材的积累，还有一个非常重要的方面就是教师可以根据类别有教学计划地向学生布置一些素材的积累，这就要求教师在写作教学中，有计划地布置任务，结合阅读教学所学内容，从阅读教学中所学的课文出发，按主题布置，例如部编版七年级下的第二单元的主题是关于爱国，课文有《黄河颂》《老山界》《谁是最可爱的人》《土地的誓言》以及《木兰诗》这四篇。学生在课后通过查找书籍或是上网搜索相关的以生命为主题的素材，这样，从阅读出发，不仅联系阅读所积累的素材，同时也通过学生自主学习，查找积累素材。这样才是结合课内外阅读，积累写作素材。素材的积累对于学生写作水平的提高非常重要，教师不可忽视，将阅读和写作教学结合，同时，提高学生的阅读水平和写作水平。

（二）学生交流共享

学生相互推荐，学生更加了解学生自己能够读懂哪些文章，有些文章是一些普通的作者写的，因此，学生在阅读的时候相对较为容易理解与运用。也就是说课内文章和学生本身的写作水平相差太大，学生不容易跨越这个沟，但是，课外有些普通的优秀文章的水平和学生本身的写作水平相差较小，学生在理解运用时，也就容易。因此，也会运用得更好。学生通过互相交流自己所收集的课外阅读，扩展了整体学生的阅读视野，有利于学生阅读水平的提高，同时，这也达到了资源的共享。例如，一个班级有50名学生，每个学生推荐一篇文章，50名学生就推荐50篇。当然，就算重复，我们也可以肯定地说，每个学生至少可以收获就收获十几篇或二十几篇的素材。这不但节省了时间，也有利于时间的有效利用。

（三）中考优秀作文

中考优秀作文非常适合学生阅读并学习，因为中考优秀作文是学生在短时间内完成的，因此，它是非常优秀的小文章。阅读满分作文让学生更加具体地去了解什么样的文章符合考试作文的要求，这比让学生看考试作文的评分要求更有用。

学生通过阅读中考、高考满分作文，来学习如何写作，如何运用素材，如何写首段尾段，如何表情达意，如何运用修辞……很多学生不会运用素材，通过阅读满分作文，看别人是如何运用素材的，更加重要的是积累了别人积累的素材，可以说是事半功倍，不用特意去找素材，就能积累到许多可用的素材。这样也有利于学生形成多样的素材积累，素材越多，学生在面对各式各样的作文题目或是材料时，才会更加应对自如，从而写出更好的作文。这一方面主要靠教师积累。

四、依托阅读促写作

结合单元内容确定写作训练的内容，根据需要适当改动单元作文的要求。教师不要将作文简单地布置成课后作业，而是用一定课时来完成，这样既有利于提高学生的写作水平，这也符合双向性原则、多样性原则。这个写作训练包括随课文写作训练和单元后写作训练。

（一）随课文写作训练

随课文写作训练就是指教师在讲解完一篇课文后，根据课文内容并结合学生实际情况适当进行的写作训练，这一部分和第二环节是有区别的。第二环节是点对点的、片段式训练。而随课文写作训练是针对阅读训练重点进行的整体性写作训练。因为，整篇课文讲完后，学生对于课文的认识更清晰，把握得更好，因此，这时教师结合适当的内容来训练写作会有不同于第二环节的效果。我们可以运用仿写、续写、改写、缩写、扩写等写作形式来联系写作。

1. 续写

续写是学生根据文章的整体内容，对文章中所讲述的内容加一个结尾，有许多文章在最后没有给出明确的结尾，让读者想象，去思考，利用续写可以让学生发挥想象去创造一个结局，不同的学生有不同的结局，长期锻炼学生，让学生续写，也是在培养学生的思维以及想象力。续写必须以阅读理解为前提，学生要结合阅读内容，来对文章进行续写，符合故事情节的发展，符合人物性格。教师借助续写来训练学生对作文的构思，在通过阅读的学习中，学生以课文为基础，结合生活创造新内容，有创造力地构思文章的结局。通过阅读打开学生的思路，培养学生从多方面思考问题，培养学生的发散性思维。从而形成自己的写作风格，有自己的写作技巧和方法，领悟写作。

2. 改写

《语文课程与教学论》中指出："改写就是变换文章的文体或表达方式进行

的一种写作训练。"改写有很多类型，通过一定量的改写，学生的语言表达方式就会多样，语言运用能力也会得以提升，作文的文采也会增强，从而学生的写作水平得以提高。同时，改写也能够提高学生对于阅读所学知识的理解度和掌握度，在阅读理解的基础上进行改写，将所学知识内化，从而表达出来。这是一个输入、输出的过程，学生在这一过程中，将知识掌握。学生在改写的过程中，对于原文的理解更加深刻，在阅读理解的基础上进行改写，从而在一定程度上也提高了对阅读内容的理解程度。并且，对于原文的内容也进行了内化，从另一方面来说，也进行了积累，为以后的写作增添文采。

3. 缩写和扩写

缩写最主要锻炼的就是学生的概括能力，概括能力不论在阅读上，还是在写作上，都非常重要。而扩写主要训练的是学生的语言表达能力和想象力。两者在写作训练中不可或缺，通过阅读来进行缩写或扩写的写作训练，教师要结合课文来进行练习，结合所学知识进行写作，提高写作效率，达到阅读教学对写作能力的提高。

4. 仿写

教师进行阅读教学时，可以利用仿写来训练学生的写作技能。仿写的内容根据所学课文来定，仿写可以直接有效检验学生对于某一方面知识的理解以及运用状况。在阅读理解的基础上进行仿写，仿写一般内容少，知识点确定，学生压力小。因此，仿写有利于训练学生的写作能力。通过阅读，运用仿写将阅读所学的知识点内化为写作技能。

（二）单元后写作训练

单元后写作训练就是指整个单元学完后，也就是单元习作，一单元一练，教师结合单元整体内容来布置写作训练的相关内容。

单元后写作训练是结合整个单元所学的阅读内容来进行，从阅读出发，落实到写作，我们可以认为阅读是学生学习语言、积累知识、感悟情感的重要来源。而写作就是围绕一个主题来运用语言和知识来表达情感。例如，在语文版八年级上册第五单元，有课文《中国石拱桥》《苏州园林》《蝉》《梦回繁华》这四篇，这四篇都是事物性说明文，在这一单元的单元习作是以"我们的校园"为题，写一篇 500 字以上的事物性说明文。学生通过学习四篇事物性说明文，对于事物性说明文的有了深刻的认识，学习了许多关于事理性说明文的知识，掌握了如何写一篇事理性说明文，再通过单元习作写一篇这样的作文，对所学知识进行运用，学以致用。单元后写作非常重要，要求教师从多个方面，通过阅读来提高学生的写作能力，经过长时间的训练，让学生达到任何主题都能够从生活出发，更重要的是学生在这样的学习中找到适合自己阅读和写作的融合的学习方法。把生活和学习联系起来，从整体上提高语文素养。

五、师生合作共评改

最后一个环节就是评改，评改非常重要，教师应该重视起来。通过点评，学生才能知道自己在什么地方不足，哪些地方需要改进，努力的方向才能明确，才能通过修改提升。点评分为教师点评和学生互评。

（一）师生点评

1. 学生互评

学生的点评主要在课上进行，包括组内点评和组间互评。作文展示课时，教师将学生分为几个小组，每个小组选一个学生写一个组内成员的作文的点评，更确切的说是介绍，在班级内进行推荐，可以是这篇作文的简介，也可以是这篇作文的介绍，主要是通过介绍来吸引大家对这篇作文的兴趣。这样做的目的在于学生在介绍的过程中就是在提高阅读能力的过程，概括能力以及对于一篇文章的优点缺点的确定。当然，这个会受学生自身的整体语文素养的影响。在这一过程中，学生的阅读能力得以促进。

学生点评还有一个非常重要的就是组间互评，学生在通过简短的推荐后展示作文，可以自己展示，也可以通过其他同学展示，也就是相互展示。在展示后，其他小组的学生进行点评，当然学生的作文一定会有优点和缺点，而且每个学生从不同的角度观察并且评价作文，学生之间互相交流，更有利于学生写作能力的提高，同时，学生在这一过程中，阅读技能也得到了提高。学生互评还有一个优点就是学生点评的作文是在自己写作水平范围内，因为学生之间的写作水平相差不大，学生对于评改更有兴趣，评改效果也很好，学生之间相互学习，相互借鉴，这样提升的效果更好。

2. 教师点评

在写作教学中，教师经常采用写评语的方式来批改学生的作文，在作文的后面写上评语，学生在作文发下来后会认真看老师写的评语，但是，通常都不会按老师的要求改写作文，因为觉得麻烦没有必要。因此，教师的评语没有真正起到提高学生写作能力的作用。教师的点评要想达到普适有效，最主要是在课上进行，在作文展示课上，学生会进行互评，教师要在学生的评论后，结合学生的点评来评价，学生的评价比较单一、不全面，因此，教师要做的就是画龙点睛，对学生没有点评到的部分进行补充，这样教师的点评才起到作用，教师在教学中最重要的就是教会学生不会的，把学生学不会的教会，同样作文的点评也是一样，学生点评到的就没必要再重复，教师要将学生漏掉的地方讲出来，讲清楚。教师点评对于学生提高写作能力起着非常重要的作用，因此，值得重视。

（二）修改提升

有评就有改，评是改的基础，改是评的提升。只评不改不能有效提高学生的写作水平，通过学生互评以及教师点评，学生在此基础上进行修改，促进写作能力的提升。在写作教学中，修改非常重要，下面通过一个具体的作文修改案例来阐述，看看学生作文是如何通过修改得到提升的，下面是学生作品展示：

学生作品修改案例展示

【原稿】

《明信片》

在我的书柜中，有一本我最喜欢的书。有一天我翻开它，发现里面夹着一张明信片。这张明信片是我小学最好的朋友嘉嘉写给我的，看着它，我想起来和嘉嘉在一起的时候。

这张明信片上的图片是一个装着热咖啡的杯子，我相信这杯咖啡一定很好喝，因为它就像我和嘉嘉的友情，这张图片也是我为她精心挑选的。每当我看到这张图片时，我都会想起那我和她在一起的快乐时光。

再一翻到背面，我被自己那密密麻麻而又工整的字迹吓呆了。因为我现在的字迹和那时的完全不一样，并且现在让我给谁写明信片真的写不了那么多。那段文字的"你的笑容让我变得自信，你的话语让我感到温暖"使我印象深刻。这句话是我们之间的友谊的见证。"我们能够认识是一种缘分，能得到这份友谊更是一种缘分，希望我们可以成为永远的朋友。"这句话是这段文字的最后一句。这是我和嘉嘉之间的承诺，这句简简单单的承诺让我们每周在家都会聊天，保持着小学的时候的关系，还是老样子。

在明信片的外面是一个我自己做的信封。信封是粉色的，因为那颜色是我们俩的最爱。信封的上面粘着立体的星星，我想向嘉嘉表达说：这些星星代表着见证我们友谊的人。当然，因为信封的位置有限，也没有办法粘那么多。

明信片的每一个部分都有着它自己的作用。当然，对一些"特殊的人"送明信片，那些部分便不仅仅有它的作用，还会有它表示的含义。这一张明信片承载着我对她的想念，但是我们是很难再相见的，我们来到了不同的学校使我们俩人隔开。但是，我一定要珍藏着这张明信片。

【改后】

《明信片》

　　在我的书柜中，有一本我最喜欢的书。偶然间翻开它时，发现里面夹着一张明信片。这张明信片是我小学最好的朋友嘉嘉写给我的，它让我在脑海里浮现与嘉嘉在一起时的一幕幕。

　　这张明信片上的图片是一个印有心形的杯子中装着满满的还冒着热气的咖啡。我相信这杯咖啡一定是香浓的，因为它就像我和嘉嘉友情的缩影，这张图片也是我为她精心挑选的。每当我看到这张图片时，我都会想起那时她在我生病的时候亲切地问候我；是她在我伤心时主动地安慰我；与我分担忧愁；是她在我开心时一起与我共享快乐。

　　再一翻到背面，我被自己那密密麻麻而又工整的字迹吓到了。因为我现在的字迹和那时的完全不一样，并且现在让我给谁写明信片真的写不了那么多。那段文字中的"你的笑容让我变得自信，你的话语让我感到温暖"这句话让我印象深刻。这句话是我们之间的友谊的见证。"我们能够认识是一种缘分，能得到这份友谊更是一种缘分，希望我们可以成为永远的朋友。"这句话是这段文字的最后一句。这是我和嘉嘉之间的承诺，这句简简单单的承诺让我们每周在家都会聊天，我们的友谊在继续，没有因为时间和空间而变淡，我们依然保持着小学时候的关系，我们还是老样子。

　　在明信片的外面是一个我自己做的信封。信封是粉色的，因为那颜色是我们俩的最爱。信封的上面粘着立体的星星，我想向嘉嘉表达说：这些星星代表着我们之间的友谊。当然，因为信封的位置有限，也没有办法粘那么多。

　　明信片的每一个部分都有着它自己的特色。当然，对一些"特殊的人"送明信片，那些部分便不仅仅有它的作用，还会有它表示的含义。这一张明信片承载着我对她的想念，虽然由于学业忙，我们很难再相见。但是，我们的友谊还在继续，就像这张明信片一样，我会一直保存。

　　上面的这篇作文是在学生学习细节描写后布置的一篇小作文，可以看到，这篇作文在修改前细节描写不明显。尤其是在描绘明信片上的图片的时候，细节描写不细致，但是经过修改，我们再看描写明信片上的图片时，通过阅读文字，脑海中就能够浮现出那张图片的画面，非常清晰具体。同样，作文中的第二段，作者每当看到图片时就能想起和朋友之间的回忆，但是回忆是什么，我们却不知道。经过修改，我们就能够知道是什么样的回忆，"生病时、伤心时、开心时"，这些细节的描写使读者感受到作者与朋友之间珍贵的友谊。同样，我们在作文的其他地方都能够看到许多细节描写的语句，例如"偶然间""脑海里浮现……一幕幕""印有心形""满满的""冒着热气"等等描写细节的语句，通过这些语句更能够表达出作者与朋友之间的情谊。而且，这样使语言更富有生动性，更有魅力。因此，在学生互评与教师点评基础上的作文修改，提升的不仅是学生的写作水平，还能加深学生对阅读课上所学知识的理解，使学生在阅读理论与写作实践中完成二者的双促进。

第四章　初中语文以读促写教学研究

第一节　初中生写作现状分析

"多读多写，以读促写"，最终达到读写能力均衡发展。这种观点自古以来就受到广大语文教育学家的青睐，近些年以来，"以读促写"教学策略也受到了语文教育界的广泛关注。虽然在很多研究中提到了"以读促写"的教学理念，但当前语文教师在教育教学中，如何把握好"读"与"写"的关系，如何充分利用课内外的阅读资源带动学生写作兴趣与能力的提升，这需要我们不断地结合教学实践去探求"以读促写"的教学规律。

"学习是一种能动建构的过程，这一过程不是个体获得越来越多外部信息的过程，而是学到越来越多有关他们认识事物的程序，即构建了新的认知图式，这种新的图式不仅仅是原有图式的延续，而且具有创造性，是在原有图式上构建新的认知图式。"这是瑞士心理学的创始人皮亚杰所说。他强调知识通过一定的练习训练，可以实现有效的迁移。

在语言学习中，表现为人持续不断地接受语言信息，但不是硬生生地塞进大脑，而是通过一定的思维模式，去筛选、整理信息，通过对材料的二次加工，形成人自身独有的认知模式，这是一个积极的动态创造过程。运用至"以读促写"教学模式，学生在阅读的过程中，接收到了许多知识、信息、语言等等，他们结合自身的发展需要，对这些内容进行选择分类，添加到原有的语言图式里面，使自己的语言图式不断地丰富扩大，进而促进写作时的自由表达。教师在此过程中需要注意的是，阅读文本的选择不可过易或过难。

迁移在心理学中是"一种学习对另一种学习的影响"。具体而言，就是指在一种情境之中所得到的知识和技能对另一种情境中的知识和技能产生影响。而为什么产生迁移？根据桑代克和伍德沃斯刺激反应的连接理论，是因为这两个情境部分之间存在着相同要素。找到了相同要素，并不断加强这两个要素之间的联系，就会产生相应的迁移。而阅读和写作在知识、思维和语言上有较多的可互通的方面，比如阅读中对题目的解析和写作中的审题立意，阅读中要抓文章线索和写作中要紧紧围绕中心，阅读中鉴赏词语和写作中的咬文嚼字等等。在以读促写方面的运用则是指阅读过程中所积累的知识、锻炼的思维与技能迁移到写作中去，对写作的表达产生影响。

一、缺少体验，情感空洞虚假

课标中 1~2 条提出写作需"感情真挚"，要"表达独特感受和真切体验"，而且能"发现生活的丰富多彩"，又能"抓住事物特征"，还可以"表达力求有创意"。这就要求学生在写作中感情态度要是真实的、真诚的，勇于表达出自己的所思所感；而后提出的"多角度观察""抓特征"的要求，就是希望学生为文章找到实在的、可依靠的思想感情立足点打下基础；而表达"有创意"，是对学生要有属于自己的认识，切勿人云亦云的进一步要求。文章应该是客观世界的反映，对事物全面的、客观准确的认识是让文章"有血有肉有灵魂"的基础。

而如今在中学生的作文当中，学生对事物的体验只停留于表面，缺少自己独特的思想感情。更确切地说，作文中所表达的思想感情无真实的、实在的内容作为依托，学生不知道作文"为何而写"。最常见的就是提到父爱母爱，都写下雨天他们如何为孩子撑伞而不顾自己淋湿，刻意去塑造这样一个伟大的形象，按理说一个班中每个人的经历体验各不相同，但时常出现千篇一律的现象。屡见不鲜生搬硬套、胡编乱造，这些现象让作文表达显得矫揉造作；就算所写事物是真人真事真情，但作者对所写事物抓不住本质，更别提拓展思路，进行全面丰富的分析，感情的表达也就仅流于表面，没有可依靠的立足点，文章则显得空洞无力，没有动人之处。若是一味地走惯用套路，不论是套用所谓的"经典"也好，还是已有的思想观点颠三倒四地反复使用也罢，作文也就谈不上创新。学生的认识水平若长时间停滞在一个阶段上，不懂得如何全面深入地发掘事物的本质，去细致地感受世间的真性情，那么一个人学习了多年的语文，写作水平到了高中甚至大学也会无所长进。

下面摘取学生平日习作的失误文章进行分析：

案例一：

生命的奇迹

我们每一个人要学会做坚强的人，尤其在困难面前不能低头，要展现自己的精彩，每个生命都可以是强大的，可以创造奇迹。

我上次去爬山的时候看见了一小簇美丽的花长在悬崖峭壁的石头缝里。茎干挺拔鲜绿。缺少肥沃的土壤，却一个劲儿开出美丽的花朵，多么强大！我又想到，那些被园丁们养在温室内的花朵，被各种细心地照顾，长得茂盛又好看，但是鲜嫩的茎干仿佛轻轻一折即会断成两半。我看了看根系，这是汲取营养的关键，但也只是扎在浅浅的土层，并不发达。如果把它们放在"风餐露宿"的环境里，野生花肯定可以立即生根发芽，经受住风吹日晒的考验；温室里的花不久便会不堪风雨摔落悬崖。不管曾经多么惹人怜悯、娇嫩欲滴，但它生长在温室里，每天得到了无微不至的关心，早就失去了强大的生命力，如何创造奇迹呢？

这就象征了两种截然不同的命运。就像人，有人从小被困难磨炼着意志，像野外的花可以不屈不挠，与命运做斗争。因此，它可以在世界任何地方找到一块属于自己的生存空间成长着。每个人越过成长中各种各样的困难是成长的宝贵财富，蓬勃的生命力定可以创造奇迹。在这些考验中，有些人变得越来越坚韧不拔，最后可以创一番丰功伟绩。"穷苦人家的孩子早当家"，很多名人小时候都过着穷苦的生活，到最后却能留名千古。我们要像悬崖上的花朵一样，磨炼自己，有一个辉煌的人生！

这篇文章主要的问题在于情感虚假。作者没有根据实际情况，仅凭想象就断定两株花的在悬崖峭壁上的生存情况，很显然没有真实去观察、认识植物的生长，其中的情感明显就是学生刻意展现的；接下来是文章的后半段，作者本想借物喻人，但突然之间从花写到人，中间缺少作者自己的想法作为联系，并且简单地认为人会在逆境中越来越坚韧，说明他们对人生经历认识得还不够，比较肤浅，但是整篇文章有刻意拔高思想境界的痕迹，给人平庸矫情之感，没有实实在在的感情蕴含其中。

再有很多学生的读后感是感情缺失的表现，由于与经典总是有时代的隔阂，没有切实的自我体验，所以学生的读后感只能流于经典作品的表面，至于提及其中所得到的启发时，也只能泛泛而谈。

案例二：

读《悲惨世界》有感

这本书的作者是法国作家雨果，一部充满生命力的佳作！以冉阿让的悲惨遭遇和被感化后所做的感人事迹为主线，展现了法国大革命期间近代社会生活的画卷，对劳动人民的苦难生活表示同情。

书中冉阿让因刚服完十九年的苦役，从监狱里被释放出来，因被主教所感化，从而开始他的人生的另一个阶段，他因为一句话从而成为百万富翁，他的工厂对穷人们打开了大门。冉阿让因被主教的感化而弃恶从善，给他人生的后半段留下了辉煌的一笔，如果我们能像他一样不放弃，朝着一个目标而奋斗，把我们本身不好的习惯改掉，必然也能像冉阿让那样，勇于面对世间一切的不幸，不论是贫困还是精神的堕落这些困难都可以克服。

书中的一切人物历经苦难，他们的故事生动再现了19世纪的黑暗。如果我们能为自己的目标努力克服一切困难，必然能在我们人生上留下浓墨重彩的一笔。

这篇读后感首先在开头的时候感叹《悲惨世界》"充满生命力"，但是后文中作者对主人公从囚犯到百万富翁的故事概括得并不全面，所以前面的感叹显得矫情，说明作者对整本书的只有一个大概的了解，并未深入阅读；再是文中第二段突然写"改掉不良习惯"就能克服困难，缺少依据，明显是为了写"启示"而写，并不是自己真实的认识。另外，读者也很难从中感受到主人公坚毅的精神力量。

可见学生写作思想情感套路化是一个很严重的问题，要么无病呻吟，要么人云亦云，使得文章对事物的表现流于形式，缺乏自己的思想内涵和真情实感。但为了完成课业任务，便东拼西凑、盲目抄袭。这种状况的原因有以下两点：

（一）缺少对事物全面客观的认识和体验沉淀

写作心理学指出，"只有写作主体通过亲历、沉思、感悟等生命体验的形式，才能不断积累感情力量并转化为高昂的激情，从而强烈地驱动写作主体用物化的文字去倾吐"。而现在的学生在单调乏味、负担繁重的学习生活中情况确实不利于学生去"认识和体验"。学生一是没有过多空闲的时间去参与生活、发现生活，所以拓宽视野、丰富人生经历确实较为困难；二是平时学业压力大，心里已经有疲惫感，对事物的感知变得麻木。若有空闲时间，学生也没有兴趣和好奇心再去观察身边的事物并且细细品味生活。

另外，现在大量浮华虚假的社会话语营造了不良的文化氛围，对学生产生了消极影响。现如今网络通讯发达的社会，实际上学生每天都接收许多信息，但社会上不乏大量商业化、娱乐化和庸俗化的语言文化，由于初中生心智发育处于发展的关键时刻，若没有正确的方向引领，初中生则很容易偏离此阶段成长应有的轨道，心里变得麻木、迟钝，不再细腻。这不仅使学生在成长中无法细致地认识事物，体验生活，而且使得学生内心空虚，更会去追求崇尚外表浮华的事物，无法沉淀自己，去感受和积累。

学生一旦没有用"心"学会认识世界、善于观察、体验生活并且从中获取广泛的材料，则会缺乏对生活的触动，也缺乏经验和知识的积累。这样一来，学生写作则缺少了活的"源头"，只能有"蜻蜓点水"似的认识，停留在对事物的表层认识，更别提要求他们抓住事物的本质特质。如此一来学生不得要领，为了凑齐写作字数也就泛泛而谈，导致文章的肤浅。但是为了考试得高分，在无真话可说、无实感可发的情况下，学生"硬"要挤出来话语材料。所以，学生常用一些"包装"手段——拼凑、套用和编造，导致作文中流露的也就只能是虚情假意。

（二）刻意追求写作高境界，与实际体验相脱节

刻意拔高自己的作文的思想水平，让语言看起来华丽，让思想显得深刻，让情感为之动容，就会过度依赖所谓的经典语言和高分模板。短时间内用拼凑和抄袭提高的学习写作的效率，不仅没有真实地表现自己，而且更没有真正进一步提升思想认识，没有进行自我的领悟内化，更谈不上创新，所以也只是学到了应试的一些技巧罢了。

首先，学生为了美化语言、拔高思想，盲目运用经典素材，其中包括名人名家的作品、意义深刻的语句和故事，出现了许多只顾着堆砌素材的现象。这些学生没有用心去将所用素材和自己的成长关联起来，自然也给读者呈现了一种华而不实的状态。再就是学生所谓经典必用模板的套用，为了短时间、高效率能够使得自己的文章符合评分标准，许多学生不顾一切地背诵"高分模板"。如此长时间机械地学习，则不仅导致学生懒于思考、懒于用真话去表达自己，而一旦脱离模板，学生则不知所措。

不管多少字的写作，一个人的思想和性格都浓缩在这字里行间，"刻舟求剑"式的追求所谓的文采，最终导致学生的认识水平很难提高，写作时立意自然也就无法有自己的独特内涵，也很难将自己的真实感情呈现给读者。

二、思路不清，间架结构混乱

课标第 3~6 条是对思路整理方面的要求，比如"围绕中心""合理安排内容的先后和详略"，对于各种体裁的要求有"记叙文的表意明确""议论文的有理有据"等，而学生要学会"文章变式"等等。这涉及写作的整个过程：从审题是否准确全面，立意是否鲜明集中，选择的文章体裁是否合适，整体架构是否清晰完整，材料的选择组合是否能很好地围绕中心，再到文章完成以后要进行好缩写、扩写和改写。这些都能看出学生作文有没有鲜明的中心和主要观点作为"抓手"。

写作不能存有"写哪算哪""想到什么写什么"的想法。好的文章有一定的主题中心，而且文章各部分是按一定的章法组合，能为表明主题中心服务的，并不是字词句的随意堆砌。学生要积极思考在构思、选材、组材、行文的各个环节，通过整理自己的思路，要明确"写什么"，给自己的写作内容搭建合理的框架。

具体来说，每篇文章在开始前要确立好主题、题目和体裁，再需要选择材料，并且对材料进行剪裁、组合等处理，然后对文章进行整体间架结构的安排和部分之间的连接处理，其中涉及段落层次的划分以及各部分之间的呼应、过渡等等，从审题立意到选择处理材料再到谋篇布局的整个过程都关系到整篇文章完成之时是否合乎逻辑。文章没有清晰的思路主要导致立意的跑偏和结构安排松散混乱等现象。

案例三：

时间诚可贵

时间是虚无缥缈，我们无法感受它的存在。但是时间是实实在在的，推着我们成长，向未来前进！我们每一个人都拥有时间，它是公平的，不会因为任何一个人倒退或者停止，每一分每一秒对于我们都是珍贵无比的礼物。但是每个人一生的时间有长有短，它的价值能否体现都由我们自己掌握。

凡是有伟大成就的人们一定很懂得节约时间。比如我国伟大的诗人屈原，他从小不管世人的眼光，不论狂风暴雨来袭，还是烈日炎炎，为了有清净的环境读书，他都独自一人来到小山洞里，珍惜每一分每一秒的时间苦读书，经过三年的沉淀，他对《诗经》已经有了特别高的见解，汲取了其中无穷的智慧，为他今后的创作打下了十分坚实的基础，成为我国史上一位伟大的诗人。

还有奥地利音乐巨匠莫扎特，就算在理发时也要思考如何创作，一刻都不放松。理发时，他会突然一下停止理发，很认真地写下他的乐章。他说："谁和我一样用功，谁就会成功！"这句话特别有道理，虽然我用功了不一定会有他那样的成就，但至少为之奋斗过了，我就能创造属于自己的人生：用功了就不会给时间的"小偷"窃取一点点时间。

我的人生或许没有他们那样的丰功伟绩。我有属于自己的时间，我相信我也会有属于自己的成功。即使不是那么轰轰烈烈，掌握好了自己的时间就是掌握了命运！漫漫人生路要走得踏实坚定，不虚度，都将会显示出自己的人生价值！

首先，这篇文章结构混乱，开头是要"珍惜时间"，到结尾点出的是"展现人生价值"，中间主体部分将屈原和莫扎特的故事生硬地将素材堆砌在一起，没有思维上的过渡，不知作者举出例子是要说明中心在哪；再是选材、组材存在问题，将莫扎特的"用功"基本等同于"惜时"，偷换了概念，偏离主题，素材的选取不太恰当。作者选择的是议论文，论点是"时间诚可贵"，本应按照"提出问题——分析问题——解决问题"的结构进行写作，以解决"是什么——为什么——怎么办"的问题，但很明显这中间没有这样一个递进分析的过程。所以从论证材料到论证过程都没有为立意服务。

再是学生平日的日记，虽说是记录生活的点点滴滴，但是很多同学都是在写"流水账"，写哪算哪成了学生写作思维上的陋习。长此以往，在学生的表达中，思路不明的现象会越来越严重。

案例四：

体育课

今天虽然是第二次上体育课，不过我还是觉得很累，不太适应。上课前打了一道预备铃，所有的人，除了几个出黑板报的同学，都拿着跳绳跑去操场排队等着体育老师。

"是不是三班？"老师来问。

"五班……"我们三三两两地回答。

"我就说三班怎么可能这么乖都带了跳绳。"老师嘀咕道。

老师这番话引得大家哈哈大笑。

跑了一圈后大家气喘吁吁，老师还说要高抬腿，大家都表现得十分不愿意，但最后所有人都坚持下来了。

跳绳是我最不擅长的,因为以前学花样跳绳,有些动作要跳得高,有些要跳得低。现在要跳得快速,这倒让我觉得之前花样跳绳的习惯改不过来了。不过还好老师在一旁提醒我,我慢慢地才改过一些来了。

自由活动的时候老师还时不时与我们聊天。最后下课的时候,大家都满头大汗。

我不得不说,我们的体育老师真的是一个好老师!

这篇题为日记的文章,除去缺少书面语言的规范性来说,最大的问题就是思路不明。首先从立意上说,本文的主题中心是体育课上的活动还是体育老师?而且让作者体会最深的是高抬腿还是跳绳?作者本应想写的中心主题都没有突出,只是将体育课按照流程提了一遍。再看本文的线索,之前老师和学生关于"带跳绳"的对话,本应是个很有趣的点,可以以此为线索,对"跳绳"这项活动具体展开,但是作者没有对"跳绳"展开,所以这段对话在此处显得比较突兀,在文章中没有切实地表达作用。另外,文章前段提到的"出黑板报的同学"写在这里对后文的发展没有什么意义,显得比较多余。

文章偏题、跑题和结构安排松散混乱的现象都是思路不清、思维杂乱的表现。学生在写作时要保持清晰的思路,因为思路清晰是文章让读者理解关键的一步。但是很多学生作文中或多或少在思路整理方面存在问题,其原因分析如下:

(一)思维缺少逻辑性

逻辑性思维的特点是有根据的、明确的、有条理性的。逻辑性思维在写作中,既要反映写作对象内在的本质是什么,又要反映写作对象的外延有什么。在写作中,学生审题能否深入主题的内涵而抓住事物的本质,又能否考虑到主题的外延并准确地进行拓展延伸,这都是保证立意准确,谋篇布局得当的关键。

首先,许多学生在审题时不能准确、深入、多角度地分析题目并且提炼主题,没有正确的立意,导致后面的文章写作也就无法贴合题意进行剪裁材料、组合材料,文不对题也就司空见惯;再是对文章体裁的把握在大脑中没有清晰的概念和思路,则容易出现议论文写成记叙文,记叙文写成夹叙夹议的散文这类现象。

学生并不清楚文章的大方向,即不能明确中心是什么,贯穿全文的线索又是什么。思维缺乏如此的逻辑性,则不能在一定时间内组织自己的表达,进而又影响着学生写作架构的方方面面,从构思立意到选材组材都会出问题,写出来的作文则往往给人一种不知所云的感觉。

（二）组织安排材料的方式不当

学生写作中常有如此的情况：首先是文不对题，文章要表达的主题中心要么偏离自己内心的真实想法，要么偏离题目要求；再是在选材都不错，也能紧扣主题的情况下，材料运用到文中却显得生硬，或者自相矛盾，没有形成一个大局、一个完整的整体。所以这就需要一定的方法，把清晰的脉络通过正确的方式展现出来。

"因字而生句，积句而生章，积章而成篇"，学生就算有了明确的中心，知道要围绕中心展开什么内容，但下一步的关键又在组织安排材料的方式上：要怎样阐述每个部分是什么，各部分孰轻孰重，之间又有什么关联等等，都决定着所写能否正确地反映自己所想的意思，并且能否紧紧围绕自己的立意，有条不紊地扩展开来。文章的整体结构体现在对各部分之间的关系处理方面，即在开头、中间、结尾部分是否有清晰的思维将其联系成一个有机的整体去表现主题中心。

文章这三个部分之间的处理是否得当主要体现在以下方面：

一是详略的取舍。分清主次是体现文章有逻辑的一方面。若该详细的地方过于简略，该简略的地方过于详细，则会喧宾夺主；若每个部分都花一样多的笔墨，文章要么冗长无味，要么什么都没有交代清楚。

二是层次的划分和线索的贯穿。层次是文章思想内容的表现次序，反映和表现着事物发展和矛盾的各个方向。文章的层次体现在部分与部分之间的并列、承接、转折、因果等等关系脉络。文章层次若是杂糅，会导致文章各部分之间互相冲突、重叠、交叉等等。而线索是文章内部脉络的具体表现，作者在叙述、抒情、说理时来表现写作思路的标志，各个层次之间若是缺少一条清晰的线索进行贯穿，那么层次之间缺少逻辑，没有做到环环相扣，文章的整体结构则会松散。

三是段落的过渡和前后的照应。过渡是写作中连接上下文，使文章流畅地形成一个整体的技巧。当文中内容发生变化，需要转换的时候，缺少自然的过渡，文章就难以衔接，文章则会"散架"。而除了过渡，还有另一种衔接的方式，就是照应。照应的意思是前面提到的事物，后面要交代清楚；后面要讲明的事物，前面要埋下伏笔遥相呼应。

以上环节的处理不当，文章则就出现各种各样的不合逻辑规范的现象，给人一种"杂乱"之感。

三、词语匮乏，语言缺乏文采

课标中最后也是至关重要的一点"表达要文从字顺"，这是写作训练中对语言表达的要求，包括了对词句、对标点的使用，通过自我修改，他人评议的时候进行细致雕琢，语言可以用得精准确切、更有思想内涵。

但现在有不少学生并不重视这个问题。从主观思想来说，很多人认为写文章要顺其自然，要感情真实，就要把心中所想一股脑儿地吐出来，至于词语不够贴切、句法有错误、表达冗长啰唆等等小毛病，不用太过注意；从客观方面来说，咬文嚼字需要极细心、极耐心和丰富的语言知识与能力的，这是要耗费较长时间、较多精力的学习任务，比起其他的学习任务，是学习单位时间内，得分最少的一块。所以学生不愿意去锤炼文章的语言也缺少能力去细致学习，大多抱着能写完、能获得一个差不多的分数即可的心态，就更谈不上写完以后能斟字酌句地进行修改以及和老师同学们的互评互议。

一篇让人眼前一亮的文章，往往是语言的完美。而现在的学生常常出现这些毛病：先是词不达意，要么冗长但精确不到点子上，要么简单但不明了；还有错别字，词语的乱用，病句等等。而没有语病的话语又乏味无力，缺少文采。

案例五：

发现美好的一天

在一个响晴的早晨，我还在睡觉。突然，一阵刺耳的声音突然响起。我探出手来，摁掉了闹钟，我猛得一起身，时间已经不早了，何况我还要出去玩儿呢。

稍微整理了一下，我就出发了，这时街上十分安静，略有些灰的空气这时候显得格外清新，树枝上浓密的树叶，为我们撑起了一片绿色的天空，任由我们在树下嘻嘻玩闹。

路过的江河这时候也显得格外的蓝，与天上的蓝相接着，这么一大片蓝就像是天上的银河到了人间，美不胜收。河上舒服的风轻轻地吹过来，吹在人的身体上，丝丝滑滑的，心灵上得到了前所未有的放松，当我们疲惫的时候，是一种十分好的慰藉。

这是一个美好的日子，我从中发现了许多在身边的美好，"不是你身边没有美，而是我们缺少一双善于发现美的眼睛"。

这段叙述的语言表达有两个方面值得关注：首先是把水天连成的蓝色比喻成"天上的银河"，比喻本是要把事物讲得更加形象，给人一种画面感，但是这个比喻并不恰当，因为这里的"蓝色"和"银河"之间并没有联系，并没有促进读者的联想和想象；再是名言警句化用在文章最后，为的是给文章增添文采，更好地总结思想主题。但这篇文章并未提到怎样能让自己发现到美、寻找到美的方面，而只说了说自己感受到了什么美好，用在这里显得有些突然，而且化用的话前后人称不一，不是"我们"发现别人周边的美，而是要"我们"去发现"我们"身边的美好。

案例六：

记第一次跑操

下了第二节课，同学们顶着严热的太阳，在老师的带领下，争先恐后的在操场上站成了四队。又在体育老师和刘老师的帮助下，由四队变成了七队。"等一下跑操要看好排头兵，要跑整齐一点，行列也要对齐……"在老师的话声下，激昂的音乐响起来了，跑操也随着开始了。

第一圈，我们以为跑操像跑步一样，跑得快就好了。于是，在跑的过程中，我们的队形完全乱了，同学们各跑各的，完全看不出是一个团队。有的同学跑得快，有的同学跑得慢，还有的同学直接走的，连喊口号的时候，声音也没有一点儿气势，有的边笑边喊，有的喊得有气无力，还有的连嘴巴都不张开。后面六班的口号完全覆盖了我们班，就一个字——差！

刘老师怒气冲冲地跑过来，大声批评道："你们怎么跑的，跑成这个样子，一点儿都没有重点班的样子。都说了，横竖排队要整齐，每排要对齐到自己这条排头兵来，看看前面同学的后脑勺，跑步时不要跑得太快，要跑得整齐，不是比赛跑，冲那么快有什么用？横排竖排尽量靠近点，用小碎步跑，跑步时要用自己余光看看自己这一排，看看有没有对齐。喊口令要把声音喊出来，嘘个口号有什么好笑的。跑步时不要三心二意，要一心一意……"在老师的教导之下，我们一圈比一圈跑得更整齐，口号一圈比一圈喊得响亮，最后在老师的表扬下结束了第一次跑操。

刘老师的话让我受益匪浅。的确，无论是什么事情都要一心一意，不要三心二意，心里只想着这件事情，这样才能够把事情做好。

首先，这篇文章的作者不注意用字的规范，"炎热"写成了"严热"，不是"争先恐后的站"，而是要用"地"。然后是整篇文章语言乏味无力，具体表现在第二段和第三段，第二段当中同学们"跑得乱"，作者只是将同学们"跑快""跑慢"和"走路"的状态罗列了一下，然后简单地交代了一下后面那个班的声音洪亮，并没有对整个队伍"散乱""有气无力"的状态有更加形象细致地描写；第三段中作者把刘老师的一段话全部复述了一遍，这并没有体现同学们是怎样在刘老师一步一步地指引下怎样跑得整齐，最后还获得了表扬。这段让读者感到很冗长、很无趣，而且有凑字数的嫌疑。最后，在文章结尾，作者并不知道怎样表达刘老师的教导对自己的启示，就接着上一段刘老师说"要一心一意"的话做文章，只言片语就草草结尾，而从刘老师的话可以得知，刘老师是要让大家明白一个班级的所有人要朝着一个方向一心一意努力的道理。

思想感情要有语言作为载体传达出来，要将它们用有条有理的语言组织完密，零零碎碎的思想感情片段是朦胧的，不加思考、不加修饰的直接表达不仅不是显示一个人写作时洋洋洒洒的特点，反而这是纵容自己，任由自己马马虎虎。上面的案例反映了写作语言存在的一部分问题，但由此可见在考试中有话想写却无力表达，这类学生在平日语言没有得到应有的锤炼，有以下原因：

（一）忽视良好语言习惯的养成

语言的表达首先讲究正确规范，在此基础上再谈用得精妙，其中包括文字、词语、语法和标点符号的运用。写文章就是把所思所想用文字的形式表现出来，写作的时候，马虎一定程度上反映一个人在思考的时候就很随意、少有花心思，久而久之养成了不好的习惯。

叶圣陶先生在《谈文章的修改》一文中提到："一字一句的错误就表示你的思想没有想好，或者虽然想好了，可是偷懒，没有找着那相当的语言文字：这样说来，其实也不能称上'小节'。说毛病也一样，毛病就是毛病，语言文字上的毛病就是思想上的毛病，无所谓'小毛病'。"

不在语言"小节"上下功夫，虽然文章也可以明确基本意思，但是会缺少活力和生气，不够细腻和缺少画面感。很多情况下学生也有意无意地忽略这些"小节"，更甚者不知道自己错在哪里，发现不对的地方也懒得进行修改，或是与同学老师沟通交流。究其原因，许多学生觉得没有时间和精力去追求语言的严谨性，觉得差不多能表达就可以；而教师针对不同水平的学生出现的各种各样的问题，也没有时间和精力进行有效的指导；还有关键的一点，就是社会语言的大环境，以学生接触最多的网络语言为例，心智处于关键发展阶段的学生受这类语言粗俗性、随意性的影响，写作中总是有意无意地出现网络用语等不规范语言。这些都导致了学生主观上不愿意去重视一字一语的小节，不能养成良好的语言习惯。

（二）缺少语言材料的积累和语感的培养

学生写作中要描写一个事物时感觉不知道有什么词语来说，绞尽脑汁也找不到合适的语言去表达，这就是大脑中语料库缺失的表现。但是若有一定的积累，就不会出现"词穷"的尴尬，就好比一个人背诵了许多有关于描写山川河流的诗词句，面对大好河山的时候，纵使不会吟诗作赋，但有能力借用或是化用他人的语句去抒发自己内心强烈喜爱之情。

语料的积累是语感培养的重要基础。语感是比较直接、迅速地感悟语言文字的能力，是语文水平的重要组成部分。它是对语言文字分析、理解、体会、吸收全过程的高度浓缩。如果语感处在较高的水平，在实际应用中就表现为一接触语言文字，马上产生多方位的、丰富的直觉。语感不强的学生很难发现自己文章之中的错误，也就无法进行课标中所要求的"修改自己的文章"。

但是，语言材料的积累和语感的培养是一个无法立竿见影的过程，从语言积累到语感的提升是一个从量变到质变的螺旋向上式的过程。而没有足够多的语言积累作为基础，则很难实现对语言更深层次的揣摩和体会，也就无法更新自己的语言材料库，语感则会逐渐减退。

第二节　基于以读促写的语文阅读教学训练

一个人的写作水平与其阅读质量有着紧密的联系。教师在平日的阅读课教学中，就需对教材文本、对学生的阅读状况有细致的认识，并采用正确的教学方式，有针对性地丰富学生的情感体验，强化学生的思维能力和提高学生语言鉴赏水平。长此以往，将给学生的写作思维品质的提高和学生的写作能力的强化打下坚实的基础。

一、加强情感体验，陶冶高尚情操

美学家朱光潜说过："写作是由于一种表现的需要，必须在自己有了某一种思想情绪需要表现时，才能写，才有创作，作品完成后，会发生一种创造的快感。""表现思想情绪"就是人萌发了情感，积蓄了情感力量，才能有喷涌而出的欲望和灵感。此刻，作者明白了自己的需求，要为了什么去写作。但对于现在大多数学生来说，写作只是完成作业、增加考试分数的任务，变成了心灵上沉重的负担，根本没有强烈的欲望去吐露真心。那么，教师通过课堂上文本阅读给学生心灵"解绑"，从而让学生明白真正的好作品是要用"心"打造，这需要通过实实在在的体悟去形成情感的积蓄。"夫缀文者情动而辞发，观文者披文以入情，沿波讨源，虽幽必显。"

写作是源于一个人表现自己独特思想情感的需要，所以读者要善于去感受优质美文中的真情实感和强大的精神力量。所以，在阅读教学中，教师要带领学生去挖掘文辞背后所饱含的思想感情，从中去寻找美、发现美。这就要求老师去了解学生的情感需要，采用合适的教学方法，利用好各种资源，引导学生体会文本，让学生在课堂上获得丰富而愉快的情感体验。

（一）创设情境，让学生身临其境

所谓"境非独谓景物也，喜怒哀乐亦人心中之境界"，由"境"入"情"，给学生在情感上的启发，学生在"入境"的过程中，将自己的情感放入文本之中，消除作品与学生心理上的隔阂。那么，怎么样设境以入情呢？这里主要分析两种方法：

1. 多媒体辅助教学

随着教学科技的发展，多媒体成为现代课堂不可或缺的教学硬件，教师要学会充分利用多媒体，由它创造的教学环境，可以有效调动学生的视觉、听觉，给学生带来不一样的感受，特别是那些学生生活中不常见的情境创设，可以激发学生的学习兴趣，促进学生对所学内容的理解。

《背影》中作者父亲买橘子的背影堪称经典，当教师告诉这个背影里浓缩了父亲满满的、无声的爱，但是很多学生不明白不就是买橘子吗，有需要特写吗？另外，父亲买橘子时"两手一攀""两脚向上缩""身体微倾"，肥胖的身躯在高高的月台上攀爬，有些学生觉得这个背影还有些滑稽搞笑，这就是学生与文本情感之间的矛盾。此时教师没有多说什么，只是播放在网络上找到的以《背影》改编的电影，播放了"父亲买橘"的一个小片段，在充满沧桑感的画面感染下，学生仿佛被带到作者所在的火车上，亲眼看到父亲艰难的背影，不再七嘴八舌地讨论，都沉浸其中，影片片段结束后，同学们立马回顾课本，去体会这些艰难动作背后的动人之处。

再如《太空一日》，这篇文章出自杨利伟《天地九重》，在这篇文章中描写了杨利伟在太空 14 圈的飞行中看到的太空奇景，讲述了他在太空遇到的危险。但是这种非凡的经历不是每个人都有，尤其对于现在初一的同学来说，"神舟一号"发射时他们年纪小，再加上奇异的太空景象在我们的生活周围也不存在。所以，光靠读文章是无法深入体验。比如第一部分"我以为自己要牺牲了"，很多学生还是存在疑惑，"在经过严谨的科学实验后，为什么他还身处险境？"此时执教教师就综合利用当时火箭发射时的珍贵材料、《感动中国》中有关"神舟一号"的片段和有关神奇太空景象的图片视频，在课堂上创设一种情景，让学生靠近杨利伟的视角，来感受其中强大的精神力量。

2. 课本剧再现文本情节

把记叙性强的文本读活，读得有趣，有一个最直接的方式就是课本剧的使用。课本剧是在教师的指导下，通过文本情节的再现让学生主动参与到课本之中，在课堂上形成有效的互动。课本剧一般有两种形式的展现：

（1）直接利用课文原话进行表演。比如《阿长与〈山海经〉》中阿长要"我"说吉祥话和逼"我"吃"福橘"的场景，执教老师利用三五分钟的时间请同学分别扮演"阿长"和"我"，将"阿长"郑重而又欢喜的感觉和"我"的大吃一惊，组织学生对语言和动作进行演绎，可以让学生带着感情地体验作者的描写。

（2）将课文故事情节改写成剧本。比如《皇帝的新装》，执教老师在课后发动全班同学，对这个童话重新进行编写，选出导演和演员，根据剧本进行准备和排练，最后进行汇报演出。在整个过程中，激发了全体学生的参与热情，这篇文章最重要的情感价值在于让学生理解皇帝如此荒诞滑稽的言行源于他的虚荣心，而爱慕虚荣的人最终会被大家耻笑。学生通过这样有趣的剧本，对其中所蕴含的哲理也会有真切的体验。

（二）平等对话，沟通情感交流

任何作品都会有属于自己的独特意图和风格，这都和作者的情感价值观和社会背景是紧密联系的。而每个学生对同一个作品也会从不同的视角，进行各种各样的解读，正所谓"一千个人眼中有一千个哈姆雷特"，这"一千个哈姆雷特"有自己的知识储备和人生经历，教师需要尊重学生内心的真实感受，鼓励学生各抒己见，营造一个平等民主的阅读氛围，引导学生学会"说真话"，而不是"垄断"解读，"模式化"解读。

在初中生的课本里，具有时代性的经典文章比较难去理解，但是教师不能直截了当地告诉学生这篇文章有什么深层含义，而是要建立平等的对话，引导学生主动地、循序渐进地探寻与思考文本，对话经典，直面作者，疏通情感上的障碍。

1. 对话经典文章，减少与时代的隔阂

学生不喜欢、读不懂阅读经典是十分正常的现象，最主要的原因是学生和经典作品所处的时代有较大的历史距离。在课堂上，建立和谐的师生与文本之间的对话是对文本的尊重，也是对学生自主性的尊重。比如在下面的课堂教师就没有做到与平等的对话。

有位新老师在上完《木兰诗》一课时，有学生问："老师，古代女子不是都要缠足吗？花木兰若是'三寸金莲'，连走路都是小步的，怎么驰骋沙场，英勇杀敌，还能成为威风凛凛的大将军呢？"老师首先是一惊，下面的同学开始议论纷纷，为了尽快结束尴尬，老师便敷衍地回答，"书上说她参军打仗那就肯定是有这样一个人物形象，可能她没有缠足，或者她小脚也跑得很快。"学生继续追问："木兰替父从军，她应该是一个不会忤逆父母的孩子，怎么会违背传统，不去缠足呢？"此时老师很不耐烦说："我们只要能理解文章意思，知道她爱家爱国的精神就好，没必要知道其他的事情了，不要扯别的！"

这个课例中，老师并没有用正确的方式与学生进行沟通，压抑了学生探索求知的心理。其实，执教老师可就这个问题引导学生课后收集相关故事背景可得出以下三点：

首先，有资料显示，花木兰可能是真实存在，也可能是民间虚拟的艺术人物，暂时还没具体考证；其次，花木兰骨子里就有不同于其他女性的坚强无畏，加上当时国家危难，更加激发了花木兰"巾帼不让须眉"的个性；最后，"缠足"始于北宋，而花木兰处在魏晋南北朝，并无"缠足"一说。

而这三点是课文对人物形象背景更深层次的知识探究，若是教师善于"疏通"，以探究式的方式循序渐进地引导学生和课本内容进行对话，不仅激发了学生的学习兴趣，更有助于学生对文本的理解，同时也促进了师生之间的情感交流，使课堂成为一种平等和谐的课堂。

2. 对话作者心灵，产生情感共鸣

许多文质兼美、发人深省的文章往往深藏着作者对人生独有的情感态度，有些文章学生虽然能读懂字面意思，但却是似懂非懂，并不知道作者为什么会有如此的人生感悟。若要解开字里行间的情感"秘密"，教师则要带领学生叩开作者"心扉",与作者进行心灵上的对话。总而言之,"知人论世"是极其关键的一步。

比如学生在读完《紫藤萝瀑布》之后,对于文中为什么会提到"生死迷""手足情"到后来作者为什么又会想到"生命的长河"很是不解,许多学生不明白为什么一次普通的赏花,就会让作者陷入对生命永恒价值的思考之中。其实,学生有这样的问题很正常,因为对于学生来说,若是他们看到一片花海,一定会兴奋无比,想到的是如何自由自在地在其中玩耍,这是学生们的天性,是一种童真。而要他们看美丽鲜艳的花就立刻反思人生的意义是不太可能的,所以教师关键要带着学生一步步走进作者的内心世界。

而就《紫藤萝瀑布》来谈,教师可以抓住时间线索,查找相关资料,可知道当时许多知识分子深受"文化大革命"的迫害,而宗璞一家人就是其中的一例。宗璞当时感到十分迷茫和无奈,而且当时作者的弟弟身患绝症,对这个家庭来说,无疑是雪上加霜。终日沉浸在悲痛中的作者在看到了一大片盛开的紫藤萝如瀑布一样"泛起点点银光"时,则感觉一股生命的力量流进心中,进而释怀,大步向前。

所以在阅读此类文章的时候,要读懂优美细腻的语言,关键的一步就是引导学生与文章里的作者进行交流,力图读懂文章里的作者,走进作者的内心世界,尽可能让学生与作者之间产生情感上的共鸣。

二、理清作者思路,进行思维训练

在朱自清先生在《写作杂谈》中谈到"文脉"("思路"表现在文字里的形式)时说:"思想,谈话,演说,作文,这四步一步比一步难,一步比一步需要更多的条理;思想可以独自随心所向,谈话和演说就得顾到少数与多数的听者,作文更是顾到不见面的听者,所以越来越需要条理。"文章清晰的写作思路可以正确引导读者找到文章发展的方向,全面接收信息。

阅读是发展和训练思维的重要途径。而现在许多学生热衷于文字感情上的浅阅读,甚至喜欢阅读无拘无束的网络言论、粗浅的"无厘头"的作品,对意义深远的作品,学生常常懒于思考、害怕思索。所以语文教师要注重学生的思维训练,培养学生好的思考习惯。在平日的课堂教学里要遵循文本作者的思想脉络,对学生进行点拨、指引和训练,帮助学生提高思维逻辑性和获得整理思路的能力。

(一)揭示框架,把握文章脉络

在思路清晰的文章中,隐藏着作者联系紧密的思路框架。提纲的构建是为了展现文章各部分之间的关系，比如初中常见的记叙文、议论文和说明文，记叙文以故事情节每个阶段为单位，议论文可以以论据论点为单位，说明文则可以以事物和事理的特点部分为单位，按照一定的发展顺序，以图画表格等形式展现出来。

（二）巧设疑点，引发学生思辨

在语文阅读教学中，为了引导学生的自主探究，教师一般都会在学生阅读前后设置一些问题让学生进行思考，有三种类型的问题会让大大降低课堂效率：过于细碎的问题，过于浅显的问题，还有与文章联系不紧密的问题。这都不利于对学生的思维进行有效训练。

首先，巧设问题的重点可以在标题设置上或者重点词句等等方面。比如有老师教《孔乙己》一文，常常要求学生找出以下问题的答案：孔乙己是一个怎样的人？身份是什么？周围的人如何看待孔乙己？孔乙己最后的命运是什么？整堂课下来学生很积极地回到原文找答案，但是该理解的人物形象和社会背景，学生们还是没有一个明确的认识。这样的问题设置确实是在尊重原文结构上提出的，但是没有一个正确的切入点引导教学主线的方向，学生思维依旧得不到锻炼。而另外一个有经验的老师提出了一个很关键的问题："为什么孔乙己是站着喝酒而穿长衫的唯一的人？"让学生回归课本，抓住"穿长衫""喝酒"和"唯一"三个关键词，站在整篇文章的时代高度上，通过自主学习或合作学习的方式对问题进行探讨。

再比如，在《斑羚飞渡》一文中，大家都会被斑羚在危急时刻不凡的智慧和勇气所深深打动。但是有一个老师补充了一句话让全班同学陷入沉思："我们人类其实是没有资格感动的！"这句话首先让学生心里为之一颤，让学生领悟到鲜活的生命是不容许人类随意侵犯，大自然的所有生物都是平等的。这样一来，让学生的思维扩展到了自然环境保护的层面，更深层次地引发了学生人文精神方面的思考。

（三）"变式"训练，激发学生思考

学生在阅读文章相关内容后，让他们换一种方式去阐述文章内容，可以有效地锻炼他们的思维。

1.用复述发展聚合思维

阅读中的聚合思维是将文中广阔的信息进行整合，聚集在一个焦点之上，找出一条有方向、有条理的思路线索，最后得出结论。在课堂将要结束之际，老师常会要求同学们对文章进行复述，就是考查学生三个方面：①对文章是否有全面

的了解；②对文章的内容是否进行了筛选和分析；③是否能把握文章的中心，得出相应的结论。

比如学完课文《台阶》，老师要求学生用一段简单话写出作者父亲的故事。这篇文章的语言较为口语化，且故事篇幅较长，通过"台阶"这一事物可以包含着当时的社会信仰和父亲毕生的追求，要用书面化的语言高度概括父亲的一生，对学生思维整合的能力是一个不错的考验。

2. 用扩写、改写发展发散思维

发散思维也称放射思维或是求异思维，在读写之中则表现为"一事多写"，阅读后对文章内容进行扩编，可以通过类比、跨域转化、触类旁通等方式进行变通，按照新的方向丰富思维，开辟新的思维领域。可以"顺势而为"，在原有基础上进行扩展；也可"反其道而思之"，引导学生站在事物的相对面进行思考。这都有利于学生思辨、创新能力的提高。

比如在《最后一课》这篇文章中最后一句"放学了，你们走吧"让人觉得意犹未尽，虽然"下课"是必然的，但是这是"最后一课"，停止得还是很突然，心里也为之一颤，此刻的师生都是难以接受的。而老师利用故事中这一惊，让学生展开合理的联想，续写学生"放学"以后的故事。学生要遵循原文的思路，做到不改变中心事件，不改变叙述人称，对原文进行预判，作出延伸。

再如，把《石壕吏》改写成一篇记叙文或一幕短剧，其中就要学生发挥自己的想象力来细化主要人物的动作、语言和神态；同时，还要根据文章提供的线索，对隐性的故事情节要进行适当的扩充，这样一来，对学生的思维品质又有了更高的要求。

三、加强语言鉴赏，培养良好语感

现在许多学生往往沉不下心来"咬文嚼字"，渐渐地在写作中就表现得随意，语言不规范、连贯，表达缺少感染力等等。阅读教学中其中的一个重要目标就是帮助学生提高词语鉴赏水平，培养学生对语言的敏感度，在此过程中给予学生源源不断的语言灵感。

自古以来，经典佳作就深藏文人大家的语言智慧。比如，"苦吟派"（可以为了一个字的使用费尽心血的流派）诗人贾岛的诗句"鸟宿池边树，僧敲（推）月下门"，描绘一个月光皎洁、万籁俱寂的夜晚，其中的"推敲"二字用意深远，而且诗人反复琢磨的故事还流传为了一段经典佳话；还有王安石的"春风又绿江南岸,明月何时照我还",在此之前王安石用过"到""过""入""满"等等,经过作者反复吟诵,最后敲定用"绿"字等等。这些事例中"字眼"都是文人大家作品里极具精华的部分。在语文教学中,虽然不要求学生达到文人大家的遣词造句的高境界、高水平,但是教师要重视教材中出现的经典语句,带领学生体悟其中的精妙之处,帮助学生提高词语鉴赏水平,培养学生对语言的敏感度,在此过程中给予学生源源不断的语言灵感。

(一)词语锤炼,学会精准表达

词语锤炼,需要仔细地思考,反复地琢磨。其产生的效果就是让文字更加贴近所写的人和事,符合写作的背景、作者的情感,不仅让文字的表达更加准确规范,更起到"画龙点睛"之效,所以教师要带领学生学习体会小文字背后的巨大力量。而初中生要学习的"炼字"方法主要有两种:

1. 细致观察事物,精挑细选

对事物有仔细的观察,把小细节刻画到位,就可以给人一种"眼前一亮"的感觉。比如下面从课文中截取的语句:

(1)他用两手攀着上面,两脚再向上缩;他肥胖的身子向左微倾,显出努力的样子。(朱自清《背影》)

作者透过窗户凝望着父亲"买橘子"的背影,"攀、缩、倾"可能对其他人来说并不难,但是对于上了年纪、肥胖的父亲来说要上高高的月台,是很困难的,这三个动词浓缩了父亲深沉的爱。

(2)……开门看见老王直僵僵地镶嵌在门框里。(杨绛《老王》)

作者用"镶嵌"一词写出来老王身体十分僵硬,给人一种没有其他物品支撑就要顺势倒下的感觉,突出了他病入膏肓的身体状况。

(3)我疑心这是极好的文章,因为读到这里,他总是微笑起来,而且将头仰起,摇着,向后面拗过去,拗过去。(鲁迅《从百草园到三味书屋》)

作者只对表情和动作进行描写,尤其是头部的"仰""摇""拗"的动作,表现出寿镜吾老先生读书时特别入神,一个可爱的"宿儒"形象就活灵活现地呈现在读者的眼前。

2. 活用拟人化的手法,寓静于动

为了使文字更具画面感,作者往往会发挥想象力,将动词生动化、拟人化,给事物赋予生命,进而达到独特的修饰效果。比如:

(1)小草偷偷地从土里钻出来,嫩嫩的,绿绿的。(朱自清《春》)

"钻",而且还是"偷偷地",把小草比喻成了一个活泼的孩子,从而表现春天给小草带来勃勃的生机。

(2)古老的济南,城内那么狭窄,城外又那么宽敞,山坡上卧着些小村庄。一个老城,有山有水,全在天底下晒着阳光,暖和安适地睡着,只等春风来把他们唤醒,这是不是个理想的境界?(老舍《济南的冬天》)

"卧""晒""睡"这三个词不禁让人联想到一个睡得很香甜的巨人。

(3)事实上许多"生物入侵者"正是搭乘跨国贸易的"便车"达到"偷渡"的目的。(梅涛《生物入侵者》)

这是一篇事理说明文,作者把入侵的生物写得和人一样会"搭便车""偷渡",充分表现了这些生物的狡猾。

(二)模仿例句,汲取表达智慧

仿写是在模仿具有代表性的典型语句,教师要从教材中摘取适合现阶段学生模仿的语句,引导学生从名家的作品中体会精妙之处,穿插适当的模仿训练,引导学生逐渐地形成自己的语言风格,而不是简单地教会学生套用。这相当于是站在巨人的肩膀上,带领学生一起探寻语言规律。

1. 感悟句式的表达

句式的巧妙运用往往可以更加表现出情感的跌宕起伏。比如:

不必说碧绿的菜畦,光滑的石井栏,高大的皂荚树,紫红的桑椹;也不必说鸣蝉在树叶里长吟,肥胖的黄蜂伏在菜花上,轻捷的叫天子(云雀)忽然从草间直窜向云霄里去了。单是周围的短短的泥墙根一带,就有无限趣味。(鲁迅《从百草园到三味书屋》)

在这段话教师要点出该句的基本格式是"不必说……也不必说……单是……",引起学生的自主思考前面两个"不必说"有什么意义?若是改成"院子里有碧绿的菜畦……树间长吟的蝉……,我最喜欢的是……",情感表达上又有什么不同?通过分析可知院子里的乐趣,仅仅是"泥墙根一带",作者就已经深深地沉浸其中,普通的语句是不足以表达作者内心的欢喜,"不必说……也不必说……单是……"这个句式表现了作者对院子深切的热爱,说明了这是一个充满"宝藏"的院子。

2. 体会修辞的精妙

巧用修辞,可以对句子起到装饰的作用,让语言富有文采,给读者不一样的阅读体验。仍然以朱自清的经典散文《春》的片段为例:

（1）"野花遍地是：……像眼睛，像星星，还眨呀眨的。"

（2）"春天像小姑娘，花枝招展的，笑着，走着。"

这两个句子蕴含了无限童趣，用比喻和拟人表现了富有诗意的感情，迎面一种清新活泼的感觉，让人印象深刻。教师在赏析这两个句子时，要注重点出修辞手法在其中的作用和如何正确使用修辞，可利用几分钟的时间，让学生即兴运用修辞手法描写自己喜爱的景物，引发学生表达兴趣。

在阅读教学中，教师要善于让他们在细微之处也可以感受到文字的力量，在不断的阅读鉴赏中，激发他们的学习天赋，提高学生的审美情趣。同时，这也为学生课外的自主阅读奠定良好的能力基础。

第三节 基于以读促写的语文课外阅读训练

课堂阅读毕竟是有限的，语文的学习更要在课外下功夫，而课外阅读在帮助学生充实自己知识库、陶冶性情和提升思维能力的方面有着重要作用。所以教师要鼓励学生多读书、读好书，不断充实内心世界，提高思想境界。

一、倡导广泛阅读，充实自我

在义务教育语文课标中有提到："要重视培养学生广泛的阅读兴趣，扩大阅读面，增加阅读量，提高阅读品味。"阅读对于人的影响是极其深远的，这关系到一个人的视野高度、思维广度和思想深度。语文教学中，注重学生阅读兴趣的培养将会促进学生一生的发展。因为丰富的课外阅读充实了学生语文生活的世界，创建了一个良好的自主学习与探索求知的环境，满足学生的成长需求，让学生的语文素养与能力得到全面的提高。

近年来，有不少研究专门针对中小学生阅读状况进行了调查，发现在学生的学习生活中有个最大的问题就是"不读书、少读书"，不少学生把"多读书"看成是巨大的负担，而不能明白读书的意义何在。所以一提到阅读课外书，学生要么选择逃避，要么敷衍了事。课堂阅读所带给学生的往往有局限，而课外阅读是学生阅读体验中不可或缺的重要补充，教师要在平时的语文学习中要主动引导学生接触各种各样的知识文化领域。比如阅读《苏东坡传》《居里夫人传》等人物传记类的书，身临其境地感受一次名人们传奇的一生；阅读《可怕的科学》《万物简史》等科普类书籍，让他们对这个世界充满无限的好奇；阅读《苏菲的世界》《庄子说》等哲学类书籍，提升他们对人类真理的认识高度。小至一个虫子，大到整个人类，都有许多未知的世界需要学生去发掘。这些知识涉及领域之广泛，其中所蕴含的自然美、人文美、社会美、科学美可以激发学生天生的好奇心和求知欲，让学生有兴趣去观察、去认识世间万物，当阅读和他们自己的心灵不断产生共鸣，将又会指引他们去拓展更加广阔的知识领域，去获得更多的经验和知识，这样一来，学生的认知广度也得到不断的扩展。

阅读带来的知识面的增加，也随之让学生的生命厚度增加，加深学生对这个世界的体验和感悟，学会在成长道路上不断沉淀自己、丰富内心。因为每一次好的阅读对学生来说都是一次不一样的生命体验，比如阅读《西游记》，学生定会被师徒四人在取经路上降妖除魔的各种惊心动魄的故事所深深吸引，若是他们更震撼于师徒四人不畏艰难险阻的强大精神力量，感受到了那种永恒的意志力和战胜一切困难的坚定信心，那么学生在今后的成长道路上遭遇困难的时候，就会提醒自己勿忘理想，牢记初心，不管怎样都要以一种积极向上的心态去奋斗。这样的阅读可以让他们体验到世间百态，让自己的内心逐渐变得强大起来，懂得要不断努力去追求自己的生命价值。如此的生命力量，可以在持续的、广泛的阅读之中不断积累，内化成为自己的精神力量。而学生在阅读时，大多是以自主阅读为主导的，若是学生能沉浸在于此，也将带给学生一份"平和"，带着这样一份心平气和的心态才能去展开对事物的深入思考。而且锻炼了学生自主学习的能力，学会"自律"，这种"自律"精神将会让学生不受流俗文化的干扰，将来不管遇到了什么，都不容易迷失自我。

教师要积极鼓励学生多阅读文章书籍，让学生在大量的阅读中，养成良好的学习习惯，促进学生主动去探索各种各样的知识领域，同时在与大师们进行精神上的沟通交流中，磨炼自己的性子，沉淀自己思想，陶冶情操。这些点点滴滴的经验、知识的积累和生活触动让情感不断丰富饱满，就像是一块一块的地砖，将学生阅读体验道路越铺越长、越铺越宽，而且给人踏实之感。广泛阅读对学生的好处是潜移默化的，学生见识多，懂得多，站得更高也看得更远，心胸也随之开阔，以此打好的知识与精神的底子，将变成一个人一生的宝贵财富。学生拥有如此十分愉快的阅读体验，自然是"不虚此行"的。

二、拒绝功利心态，寻回真心

在义务教育语文课标中有也提到："提倡少做题，多读书，好读书，读好书，读整本的书。"这就要求学生阅读不能急功近利，为了短时间内提高成绩而忽视读书的重要性。

而在这个纷繁复杂的社会中，就有一种十分严重的心态主导人的思想——功利心理。很多人觉读书若不能及时地带来实用价值，那么读书就是无用的。许多学生无法体会一本好书带来的人生价值，若一本书不能带来分数上的明显提高，那就是可以被忽略的，所以现在学生阅读的书籍大多是辅导书、作文书等等一类训练考试技巧的书。而且读书时浮光掠影，随心所欲。适当的消遣性阅读确实可以帮助学生得到精神上的放松，调节一下紧张的学习生活。然而只顾着读书休闲，会让思维逐渐变得破碎，而大脑得不到有益的知识滋养，人会变得没有生机与活力。

但一本好书，一本经典之作往往是会改变人的一生，而读好书时没有融入"真心"会使学生的思想逐渐变得麻木。

从学生读书后的摘抄作业和读后感中可发现，阅读后的摘抄作业，只是很机械地摘抄名言警句，这些大体分为人生哲理类、励志类和友情类等等，以及"心灵鸡汤"文中辞藻华丽的语句等等。在写作中，遇到什么主题就拼命往上塞什么主题的句子。读后感从作品作者简介到主人公故事概述再到获得的启示，写作套路化模式严重，读者从文字中基本感受不到学生得到的精神启示。

而且，不少学生认为阅读"经典"，阅读"美文"就只是为了给文章添加更多的经典素材，至于素材中所包含的真情实感很少人会去发掘，大多数学生是为了考试中的"增光添彩"而积累、死记硬背。

教师要适当地、有针对性地帮助学生深挖文本背后所隐藏的内涵。要从学生实际出发，有选择性的点拨对他们阅读情感体验有所帮助，而不是当学生出现了走马观花、浅尝辄止的阅读现象时，也一概不管不问。

比如，有学生课外阅读了《昆虫记》，从中他只读到了各种各样的昆虫的习性和法布尔不怕困难的精神。但是被誉为描写昆虫世界的"荷马史诗"的《昆虫记》还有许多经典的地方值得我们去发掘和领悟。

其中对所包含的生态哲学的领悟——举一个例子，"隧蜂守护者"深沉的母爱，"也许在三个月前，那时候它还很年轻的时候，她曾经为了自己和后代们在这里单枪匹马地辛勤工作，每天都干得精疲力尽，一直到现在才得以休息。不，它仍然没有停下劳动，它还在用微薄的余力守卫着这个家……"教师则可以引导学生以虫性反照人性，让同学们想想生活中父母是不是也是这样呵护着自己。从中让学生们体会到自然界每个物种都是有灵性的，人作为自然界最强大、最会思考的物种，更要学会将心比心，不去打扰他们的生活，伤害他们的生命。同时反观自己的生活，去感受父母养育自己的不易，体会他们的辛劳，从而学会感恩父母，感恩生命。

还有对书中语言的生动美妙之处的发掘，如书中作者跟小毛虫的对话："你这贪吃的小毛虫，不是我不客气，而是你太放肆了。如果我不赶走你，你就要喧宾夺主了。我将再也听不到满载着针叶的松树林中的低声谈话了。不过，我对你产生了兴趣，所以，我要和你签一个合同，我要你把你一生的传奇故事告诉我。"在这段话中，作者把小虫子拟人化，把它看成是自己亲密的伙伴。原本只是普通的，甚至有些让人讨厌的小虫子，在作者的笔下变得活泼可爱，充满无限的童趣。这样一来，激发了读者，尤其是孩子，与作者一起冒险、一起探寻昆虫世界奥秘的无限兴趣。

关于读书，统编版语文教材的总编温儒敏先生有一个十分形象的比喻，他把"培养读书兴趣"比作是语文教学的"牛鼻子"，意思是说，学生有兴趣、有意愿读书，则会促进语文教学质量的提升。但是，作为教育工作者首先要克服功利心理，需注重培养学生阅读的兴趣，少一些针对考试中各类问答的专项训练，多读一些书，丰富学生的知识库，活跃学生思维，不要把"考试"和"读书"看出是不可兼容的两个部分，"考试"要注重和学生的成长结合起来，不是为了"考试"而"读书"，是为了成长而读书。

其实，爱读书、会读书的学生，内心的潜能会在阅读中得到激发，学生知识的完善、素养的提升、能力的提高自然会让他们考试得分也不在话下。如此一来，学生又何必苦苦沉浸在"题海战术"呢？教师作为学生成长道路上的引路人，更懂得要"以心换心"，遵循语文教育的规律，了解现阶段学生的阅读需求，以激发学生的读书兴趣，放手让学生在浩瀚的书海里畅游，唤醒学生读书的真心。

三、构建知识体系，为我所用

学生阅读获得的知识信息，用什么样的结构存储在他们的头脑中，这种思路的整理关系到学生的在日后的表达与运用时能否有效地提取所积累的知识。许多学生也阅读了许多书籍，但是这些知识随着阅读数量的增多，在大脑里形成的却是一个一个的信息的碎片，毫不相干。到了写作运用的关键时刻，学生在自身的知识库中找不到与主题内容相关的信息点，由于输入的信息和要输出的信息产生不了必要的联系，这种思路的"脱节"很不利于学生知识运用能力的提高。

不过有些内容阅读起来确实困难重重，确实需要学生有耐心去探究分析；而有些深入浅出的作品，仅读懂字面意思又是远远不够的。但是学生要么畏惧去读懂深奥的作品，要么满足于对作品的一知半解，这些毛病都是学生思维能力的培养路上的"绊脚石"。教师要引导学生构建自己的知识体系。

具体来说，很关键的一步，就是引导学生将阅读所获得的知识进行思辨、归类、拓展，并最终记忆，形成自己的独有的知识体系存储在大脑中。长此以往，大脑的思路越来越清晰，思维得到拓展和深入，这种在阅读时锻炼出来的信息提炼、思维整合及主题升华的能力，对学生的知识内化起到了十分关键的作用。

比如提到有关于"秋天"诗词的积累，关键词大多离不开画面悲凉、情感忧伤二字，比如"枯藤老树昏鸦，小桥流水人家"，"秋风起兮白云飞，草木黄落兮雁南飞"，等等，"悲"已经成为学生脑海中形成了对秋天主要的印象。但是通过归纳整理，不难发现除了"悲秋"，还有励志的"暖秋"，比如苏轼的《赠刘文景》："荷尽已无擎雨盖，菊残犹有傲霜枝。一年好景君需记，正是橙黄橘绿时。"在这首诗中荷花的凋零和菊花的傲霜抗寒形成鲜明的对比，说明深秋虽然萧瑟凋敝，但是也有顽强生存的物种，以此鼓励朋友要以饱满的精神状态面对困难，切勿消极处世。而且告诫朋友此刻是一年之中最美好、最应该奋勇向前的时光。还有毛泽东的《沁园春·长沙》这虽然是高中课本里的，但教师可作为课外补充阅读材料，因为词中的秋景十分壮丽，让人看过后觉得热血沸腾。"看万山红遍，层林尽染；漫江碧透，百舸争流。鹰击长空，鱼翔浅底，万类霜天竞自由"，这里作者所描绘的是一幅绚丽多彩的秋天，"万山红遍"正是象征着火热的革命情怀，世间万物都在这灿烂无比的秋光中自由自在的生活，表现了作者无限的豪情壮志。

教师以"秋"为话题，作为群文阅读的连接点，指导学生发现其中的异同，让学生知道在秋天有消极处世的，也有奋发向上的，也有激昂悲壮的等等感情的萌发，其中有许多不一样的人生智慧和境界。再提到"秋"的时候，学生就会有其他的感悟理解，而不是仅限于对"悲秋"的理解上。

以此类推，语言素材的有效积累在写作遣词造句时的作用也是较为明显的。

教师可以引导学生在储备语言材料时，将所需积累的言语材料分门别类。这些类型可以是语言的格调类型、感情基调、使用范畴等等方面，学生通过对这些言语素材进行感悟、思考，对它们进行二次加工后再进行记忆，完成积累的过程。如此坚持不断地构建自己的知识体系，学生将学会用丰富多变的思维去考虑问题，用多样的语言准确流畅地表达自己的真情实感，减少"人云亦云"和"词穷"的尴尬，真正做到所积累知识的"为我所用"。

温儒敏先生说："让学生多读'闲书'（即课外书），以此促进阅读兴趣，形成读书习惯，将大为获益。"其中的"益"，则是语文素养与能力的提升，伴随着读书所带来的开阔的视野和健全的思维，学生也会在"下笔有神"的道路上慢慢成长。

第四节 "读"到"写"的转换途径

"读书破万卷，下笔如有神"，在日常的作文指导课上，要实现"读书"到"下笔"之间的有效转换，教师在写作前引导学生对范本进行模仿和在写作后加强与范本的对比是十分有必要的。

一、从模仿阅读材料入手，内化写作能力

写作前的阅读是指在老师的指引下，学生在下笔之前自主阅读与写作主题相关的文本素材，而后学生自主探寻所获得的规律，这对学生的写作思路开拓大有好处。需要注意的是，老师扮演的角色是学习方向的"指路人"，并不是写作知识的"讲授者"，要起到"润物细无声"的作用。

而模仿文质兼美的范本就是写作创造中的关键一步，学生需要通过不断地实践才能获得写作的真谛，形成自己的能力。比如，要求学生学会叙述一个亲情故事，教师可以以莫怀戚的《散步》为例，让学生模仿其中的思路进行写作。课前，学生先找出一张生活照片，像作者一样在开头简明扼要地概括事件，点明时间、人物、地点。

生1：昨晚，整个小区停电断煤气，我和爸爸妈妈决定自制烧烤。

生2：上个周末我独自一人在家给还在襁褓中的弟弟换尿布。

接着，细化事件经过，找出事件的起因、经过和结果，比如《散步》是按照"矛盾产生→思考办法→解决问题"的线索来的，由学生进行思考扩充"一家人散步在路口产生分歧→作者作为一家之主寻找办法，决定委屈儿子→作者母亲心疼孙儿做出让步解决了问题→作者背着母亲，妻子背着儿子"，并且由学生思考自己所要讲述故事的起因、经过和结果，理清每一环节需要讲述的事情。

生1：小区系统故障—全家人饿肚子—爸爸提出烧烤—大家分头准备—大饱口福

生2：爸妈不在家—弟弟大哭—发现弟弟尿湿—翻箱倒柜找尿裤—上网百度换纸过程—哄弟弟睡觉

再如，在学习《背影》后，要求学生写也描述一个"背影"。此时除了让学生重温"父亲的背影"，还可以引导他们跳出关于"人"的背影的思维圈，从余光中《乡愁》里，遥望着祖国母亲的"背影"。学生有了感悟以后，再让他们回归到生活之中，仔细地观察周边的任何人或物的"背影"。此时有学生提出想写自己喜爱的宠物狗的可爱的"背影"，教室窗台上多肉植物的"背影"等等。教师放手让学生自己联系生活中的事物，以激发他们对生活触动。

具体而言，提供相关阅读范本，让学生进行模仿训练可以定位在提高知识积累效率、提升学生写作自信、帮助学生思维辩证能力这三个方面的目标。

第一，毫无疑问，范本的提前介入对学生而言，是一次目的性强、有较高效率的知识积累。这些范本中的立意中心、结构形式和手法修辞都是学生写作所能汲取的营养成分，这种有意识的积累是学生感觉大脑干涸时及时供应的"活水"，不仅对学生在写作中有较实在的作用，而且知识的储备会更加长久、牢固，为能力的内化提供了有力的保障。

第二，模仿可以让学生在写作道路上不断成长，有了进步会更加促使学生写作自信的提高。学生畏惧写作，反感写作是当前语文教学中令老师十分头疼的问题。通过对范文的自主学习的实践体验，可以让学生从单纯地听老师讲解写作知识，转变成对写作各个方面有直观的感受，激发了他们在写作道路上的求知欲。

第三，提升思辨能力，这是较高的一个层次。写作时给学生介入的范本，学生可以根据实际情况，选择接受吸收，当然也可以反对，提出自己不同的见解。由于学生和作者所处的时代背景、社会环境的不同，追求的价值观、人生观和世界观定会有所差异。一味地追求范文，处处紧跟范文的步伐走，难免会使学生觉得范文高不可攀，反而会降低学生的兴趣与自信，此时范文就失去了做榜样的价值。教师需适当提醒学生要不断思考，阅读材料用在自己的写作当中是否合适恰当，而不是为了追求高境界、好文采而生搬硬套，要有培养个性思维能力的意识。

总而言之，对范本的模仿是帮助学生内在的隐形语言知识转为显性语言知识的沟通桥梁。现在很多学生有自己的个性化的观点见解，常常能说会道、滔滔不绝，但是一到写作大脑一片空白，这些思想又难以发掘。而要将潜在学生脑子里的隐形语言知识显现出来，才能真正地把思想感情表达得清晰明白。学生模仿好的范本就是帮助学生理顺自己的情感、思路和语言。

二、加强与阅读材料对比，优化写作成果

学生写作完成后，还不能停止阅读范本和写作的步伐。学生在写作过程中和写作成果里所暴露出来的问题正好是需要老师指导的最新切入点。由于每个学生的领悟和模仿能力的不同，在审题时对题目的理解，对参考文本的解读和所呈现的写作效果都有或大或小的差异。有些学生在范本的引导下豁然开朗，写作时感觉畅通无阻；但有些学生依然会有些困惑之处，无法解开。老师要基于在学生个性理解和写作的尊重上，对学生重点暴露出来的问题进行再次点拨，通过范本与学生作品之间的对比和范本之间的对比，让教师指导更具针对性，同时也推进学生对自己作品进行修改，取得不断的进步，并且强化学生写作时的读者意识。

以主题为"写清楚自己的一次经历"为例，学生在阅读了相关范本后，寻找到了自己写作的方向，并且也完成了写作。但是通过反复地查看文章后，还是觉得缺少了一些"味道"。比如故事的叙述缺少一点波澜起伏，很难吸引读者的目光；故事的铺垫过长，久久不能引入正题，而进入正题之后，却没有篇幅来讲述重点事件，导致头重脚轻；还有就是故事的环境描写要么过多，喧宾夺主；要么不够，缺少烘托等等，这些都是在学生写作中难以察觉的细微之处，所以教师在学生写作后进行问题的归纳总结，同时再回归到范本，加强对比，进行针对性的提炼。

以某学生在图书馆的一次经历为例：

看书

今天中午上课，我来得特别地早，不是因为老师要求，也不是因为我精力充沛，而是我特意早早地吃了饭想去图书馆看课外书。

一进图书馆，迎面飘来的书香令我心旷神怡。但是我定睛一看，图书馆里人

山人海，一大片全是学生，不仅大厅里坐满了人，阅览走廊上坐满了人，所能坐的，除了桌子，都坐满了人。我马上去找今天语文课上老师要求的课外阅读书籍，可惜全部被人拿走了。我重新找了一本书，发现有人坐地上，我索性也坐在地板上看书。正沉浸在书中的我突然听到有人的脚步声，原来有人走了，我马上坐上去，我仔细看了看我周围的人，竟然有许多人已经睡着了。

突然，铃声响了，我又开始了我的上课之旅。

这个学生首先开头不够精练，说了一些和看书不是特别紧密的话语，如"老师要求""精力充沛"等。在开头，最好是要概述事件，点到为止后直入主题。比较《背影》《台阶》和《紫藤萝瀑布》等文章的开头，都是有简明扼要地概括内容。《背影》的开头交代"我与父亲不相见已有二年余了，我最不能忘记的是他的背影"，《台阶》开头讲到"父亲总觉得我们家的台阶低"，还有《紫藤萝瀑布》的开头"我不由停住了脚步"。开头只需轻微地交代一下是什么事情，避免冗长乏味，要留更多的笔墨在重点的经历体验上。

然后环境渲染不够，从表述中读者不能感受这是一个书香四溢的图书馆，没有写出知识对读者具有强大吸引力的特点。而比较《散步》里对田野里景物的描写——"新绿""嫩芽"和"冬水"，而且这些景物都指向了"生命"二字，隐隐之中让人感觉到温情。虽然环境不是重点写作对象，但是必要的交代还是十分重要的。

再是这个学生把在图书馆里的经历写得很平淡，有流水账的味道，说明这个故事经历在波澜设置、引人入胜还不够。对此，不妨参照《社戏》《散步》和《背影》，可发现作者都是在十分平淡的生活经历中加入一些小分歧、小矛盾。《社戏》的波折在于作者看社戏前后一些不愉快的经历；《散步》中描写了在很普通的一天，很普通的一次散步，母亲要走大路而儿子要走小路的分歧；《背影》中的波折在爸爸前后的变化，本来说是不送"我"，可后来坚持要送。要找出打破平静生活经历中的一点矛盾之处，有了矛盾，下面就是分析、解决矛盾，以此展现故事中主人公的特点，抒发要表达的情感。

最后作者没有挑选故事最重要的故事详细讲述，"对没有拿到书""抢到座位"只是泛泛而谈，并没有做到把故事叙说清楚、生动。再看《老王》和《背影》，《老王》中叙述了作者和老王之间的多个故事，但是重点写老王病入膏肓之际给作者送来香油和鸡蛋，其他的几件事作为铺垫；而《背影》四次提到父亲的背影，只详写父亲艰难买橘子的背影。而要描写得生动，则又要在抓住人物当时突出的神态、动作或是语言进行细微刻画，以达到丰富画面的效果，而这些细微之处则需要学生多读多体会。

在老师的点评和同学的帮助下，大家一起帮该同学在开头结尾、故事叙述上修改了文章。

看书

今天中午我特意早早地吃完了饭，想尽快去图书馆看课外书。

一进图书馆，迎面飘来的书香令我心旷神怡，从窗外钻进来的阳光照在书架上，像一双双温柔的手小心地抚摸着、呵护着每一本书。图书馆里全是人，不仅大厅里坐满了人，阅览走廊上都是了人，每一个可以利用的地方都有专心致志的读书人。有站着高举《唐诗三百首》，摇头晃脑默默诵读的人；有低着头双手捧着《昆虫记》来回踱步的人，那人嘴巴里还不时发出"咝咝"的轻笑声；还有靠坐在书架边拿着《世界未解之谜》抓耳挠腮的人。

我蹑手蹑脚地穿梭在书架之间，生怕打搅到他们。我想找到今天语文课上老师要求的课外阅读书籍，到了指定的书架前，我时而轻轻地踮着脚看看书架上面，用手指尖一本本数着，时而弯着腰，双手扒着看，竟然没找到一本。估计是我还是晚来了一步，被其他同学借走了。无奈，我重新找了一本书，索性也像旁边的人坐在地板上看书。突然，我听见旁边有人离开的脚步声，我立马过去，找了位置坐下来。我随意瞥了瞥这个桌上的人，有一个人一手撑着快要耷拉下来的脑袋，一手扶着厚厚的书，嘴里还流出了哈喇子。我在心里偷偷地笑着，这精神食粮该是有多么美味！

过了好一会儿，上课铃响了，我依依不舍地离开了图书馆。

学习优质范本中显露出来的言语知识，是学生提高写作能力的基石。再有，学生在与范本对比的过程中不断创建新的认知结构，因为范本中的知识往往是超过学生原有的认知结构的，范本的精确介入打破了学生原有结构的平衡，在学习范本的实践中不断促进学生去学习思考，以达到内心的动态平衡。而重构平衡的过程中，学生将获得真实的体验和新的认知。

通过这些作品的精细对比，结合自己的写作体会，学生更能发现优质范本的规律所在，从而反观自己的作文，精确定位自己的不足之处并加以修改。并且在此过程中，学生站在一个读者而不是作者的角度，去读去体验自己的文章和经典范本，会促进他们明白读者的需求所在，增强他们的读者意识，使他们"读"与

"写"的实践体验更加完善，并且在今后的写作中加以注意，从而不断写出更多更好的文章。

纵观整个写作过程中的阅读介入，不难发现阅读的积累体会对学生写作起到了十分关键的作用，读书和写作的过程其实就是人养性和锻炼思维的过程。如果学生缺少有效的阅读的体验，又硬要学生吐露心声，学生多半会不知所措，写作时不受拘束，随意表达。长此以往，会挫伤学生的兴趣和信心，而内心和思维的不断麻木和僵化，不仅会对阅读和写作方面产生不利影响，而且在学生整体素养的提高方面也会产生巨大的阻碍。

"以读促写"教学策略在语文教学中有十分重要的研究价值和实践意义。针对初中生写作中的常见问题，探索出提高学生作文水平的途径。有效的"以读促写"教学策略既能帮助初中生解决实际的写作困难，也可以为教师提供可参考借鉴的教学方法与途径。

第五章 初中古诗词阅读教学促进写作训练的实践研究

第一节 初中古诗词阅读教学促进写作训练的依据

千百年来，中国的古代经典意蕴深刻，以其独特的精神力量，在每一个中国人心中种下信念的种子，像烛火般指引着后人前进的方向。随着时代的发展、社会的进步，中国传统文化日益受到广泛重视。语文学科随即处于越来越重要的地位，加之语文核心素养的提出，人们逐渐发现语文学科在提升学生的思想境界、丰富学生的情感体验上有不可替代的作用。在当前的语文教学中，虽然绝大多数教师都对语文学科作用高度重视，但是仍有部分教师在教学中"以读促写"意识薄弱，没有真正地利用阅读资源。

古诗词教学与写作教学一直是语文学科公认的两大难关，是许多教育工作者研究的重要领域。但在个别学者的研究中，忽视了阅读教学是一个培养学生以读促写的重要载体，尤其是古诗词阅读教学部分更是实现"以读促写"的必要途径，部分教师将古诗词阅读教学与写作教学的研究割裂开来，破坏了语文的整体性、割裂了读与写的有机融合。

一、核心概念界定

（一）以读促写

我国著名教育家叶圣陶在《论写作教学》中对阅读与写作关系作出解释："阅读是吸收，写作是倾吐，倾吐能否合法度，显然与吸收有密切的关系。"所以，读与写之间存在着必然的联系。"以读促写"成为提升学生语文素养的重要途径，本文所研究的"以读促写"特指初中古诗词阅读教学对写作训练的促进作用。旨在引导教师充分利用阅读资源，引导学生探索以读促写的切入点的写作练习途径。目的是在语文教学中通过以读促写激发学生创作兴趣、拓展学生文思、提升其审美情趣，使"以读促写"结合点从古诗词阅读中来，到写作训练中去。

（二）古诗词

古诗词是中国古代的一种常用文体，依据一定的音节、韵律的规范，通过短小精悍的语言表达饱满的情感和发挥丰富想象，充分彰显我国古代文人的思想境界和精神追求。古诗词按音律分为古体诗、近体诗两大类，常以"赋、比、兴"作为表现手法。本文所研究的古诗词特指语文版七至九年级教材中所包含的古诗词。在新时期，学生学习古诗词有利于受到文化熏染、传承传统文化、提升语文素养、增强民族认同感，应在语文教学中被足够地重视。

二、"以读促写"的必要性研究

（一）"以读促写"的理论基础

1. 学习迁移理论

现代认知学派的相同要素说理论提出：学习情境和迁移情境是存在共同成分并且能够迁移的，且相对一般原理更加容易迁移。有学习迁移理论推理可知，阅读与写作之间存在着一定的关联性，两者中相关联的结合点是可以实现迁移的。以初中古诗词阅读教学中写作手法——借景抒情为例，诗歌中的写作手法适用的情境、表达的效果、使用的方法，在写作教学中也同样适用。古诗词中借景抒情的手法运用在写作中，借助情景交融的写作手法将叙事与抒情相结合不仅渲染了文章的氛围、营造出更好的意境还使文章更具审美趣味等。所以，学习迁移理论不仅为"以读促写"提供理论依据，同时也肯定了以读促写的实施效果。

2. "异质同构说"

"异质同构说"认为在阅读中，读者在对文本的解读的过程中形成自己的独特思想，并通过文辞修饰后方输出成文字。同时，在写作中也存在这样的转化过程——将现实世界中的客观事物中加入自己主观意识色彩，而后输出成文字的形式的客观描述。"异质同构说"论证了读与写这两种活动在实质上都经历了双重转化。"异质同构说"理论的提出证明了阅读与写作之间存在着相互促进的关系。所以在语文教学中，教师可以引导学生在阅读的过程中吸收借鉴有意义的部分，并通过写作的媒介将其表达出来。这样的迁移形式不仅促进了学生对阅读内容的理解，而且促使学生将内化的东西通过写作的途径表达出来。所以，"异质同构说"证明了读与写之间的转化是具有存在意义的。

3. 班杜拉观察学习理论

"以读促写"在心理学中同样具有理论依据。心理学家在对儿童心理发育状况的研究中，发现儿童天生具有模仿的特性。特别是在儿童语言学习的前期阶段，就是通过模仿来逐渐过渡到高级的语言阶段的。从某种程度上说，写作也是一个模仿的过程，通过多次模仿将所习得的知识技能加以内化，从而提升写作能力。所以说，教师要在语文教学中，充分发挥教材的示范作用，选择教材中具有典型性的阅读素材进行群文阅读，在充分理解一种表达形式后，引导学生进行仿写、续写等写作训练活动。以此来达到提升学生的语言表达水平、丰富学生的思想文化内涵、增加学生的书写创作文采，从而实现"以读促写"的根本目的。

所以，在以上几个领域的研究中，都为"以读促写"提供了一定的理论依据，充分论述了"以读促写"在语文教学中实施的必要性，肯定了"以读促写"促进学生全面发展、提升学生语文素养的重要作用。

（二）"以读促写"的实践意义

通过以上对"读写结合"理论基础的阐述。在语文教学中"读写结合"是具有科学理论支撑的教学方式。同时，在实际教学中，初中古诗词阅读教学促进写作教学也是具有实践意义的。

1. "以读促写"是落实课标要求的有效教学法

义务教育阶段课标中明确指出，要重视语文学科各模块之间的联系，善于将读写模块有机结合，实现彼此间的相互促进。新课改之后，教师在教学中开始有意识地利用教材中的经典篇目，向学生引导、渗透读写结合的技巧训练。要求学生将阅读与写作结合起来，把经典篇目当作范文来模仿，要求学生多读、多写、多练，充分突出了语文的整体性特点。要求在综合性学习中将"听说读写"有机结合，做到整体运用、全面提升。这样的指导思想，也为我们一线教学提供了一个方向——在语文教学中，教师不妨在古诗词阅读教学中精心设计教学环节，不再孤立地进行古诗词阅读，将"读"的范围延伸到"写"的模块中，让学生在一个视野更加广阔、内容更加丰富的资源中，汲取传统文化的精髓、感受传统文化魅力。实现在多种形式下激发学生的创作热情、拓展学生的文思，不断培养学生的发散思维。所以，在语文教学中运用"以读促写"的方式是落实课标要求的有效教学方法，有利于激发学生的创作热情、提升学生的语文素养。

2. "以读促写"是有效促进学生发展的途径

随着国家对弘扬传统文化、提升学生语文素养的大力倡导。语文教学也随之越来越重视对学生道德情操的熏陶和高尚人格的感染。所以，这样的时代背景要求语文教学要成为促进学生综合全面的发展的有效途径，而非传统教育模式下的应试机器。通过上面的分析可以知道"读写结合"理念是具有理论和实践基础的，是新时代赋予教育的新使命所要求的，是新理念下培养全面发展的接班人的必由之路。所以，在语文教学中，教师应充分重视发挥语文学科的整体性，促进学生多方面的发展。在写作中以阅读为基础，在阅读中以写作为途径，不断促进两者的和谐共生，既要落实语文对于基础字词积累的要求，又要发挥语文对文学素养的提升、审美情操的陶冶的重要作用。所以，在新形势下，"读写结合"有着重要的实践意义。

叶圣陶先生曾说：阅读与写作是吸收和吐纳的关系。叶老的话形象地阐述了两者之间存在的关系，并为语文教学提出了有效的意见。经过我们本章的研究，系统论述了"读写结合"的理论基础以及结合教学实践中的实践意义，为我们下面的研究提供依据。

三、初中古诗词阅读教学促进写作教学的可行性研究

在教学研究中，笔者发现古诗词阅读教学与写作训练有许多结合点，有效地利用古诗词阅读中的教学成果可以有效促进写作训练。有效的古诗词阅读可以使学生在文本中反复咀嚼、品悟表现手法运用的语言环境、使用效果。长此以往，可以在学生脑海中形成一种思维模式，从而在语文的习作中加以运用。在长期教学实践中的观察和研究，发现古诗词阅读教学可以在诸多方面实现对写作教学的促进作用，本书选取了教学中最常用的四种写作手法，来具体分析"以读促写"的可行性。

（一）细节描写——抓住人物特点写作

在初中古诗词阅读教学中，细节描写往往起着画龙点睛的表达效果。作者通过对人物细微之处的细致刻画，易于将描写对象的特征淋漓尽致地展现在学生面前。让学生可以通过细节描写分析人物形象，体会古诗词在表现效果上的艺术魅力，这种表达手法的学习对于提升学生品味古诗词主要内容、鉴赏古诗词思想境界有着重要的作用。比如在《观刈麦》的教学中，白居易对农民的细节描写是充满意味的。比如"背"和"脚"的细节描写，生动形象地写出了农民在炎热的天气下却依旧繁忙地做农活的情景，除了细致刻画了务农的农民，诗人还细致地刻画了一个贫苦妇人，在诗中白居易并没有对妇女整体进行详细的描写，而是着

重描写了她左臂上挂着的一个破筐和及右手中拿的穗谷,通过一个破筐的描写,形象地反映出了当时农民生活的贫苦,字里行间充满了作者对这些背负繁重税赋的农民的深切同情。同样的一种表达手法在白居易的《卖炭翁》中也有体现,作者对卖炭翁的人物形象并没有从头到脚全部描写,而是选取了最能体现人物特点的细节进行描写——黑灰满面却两鬓斑白十指黑,诗人运用特写镜头抓住了卖炭翁的身份特征进行细致描写,既交代了人物身份又生动形象地突出了人物特点。

正因为细节描写在刻画人物形象、表现人物心理、突出人物特点上的突出表达效果,所以在阅读教学中,教师可以适时指导学生品味细节描写在人物描写中的独特魅力,体会这种画龙点睛的表达效果。同时,及时引导学生进行对人物细节描写的小练笔,将这种表达手法内化后运用在自己的文章中,起到烘托故事氛围、突出人物性格特点、推动故事情节的作用,增强文章的艺术性和表达效果。比如在初中教材七年级上册第三单元的写作训练中明确要求:不要泛泛地进行叙述和描写,写人要抓住具体特点,在此基础上再对其特点进行具体描写。结合教材中的写作要求,充分印证了"以读促写"的可行性,在写作中可以引导学生使用细节描写来细致刻画人物形象,促进学生写作能力的提升。

习作展示:

她的眼中闪着泪光,泪珠悄然从脸上滑落,映出她的无奈。她轻声呜咽着,还不时用手擦拭着脸颊。似乎是在掩饰着哭泣的事实。我不明白,那样坚毅的张老师,为什么会哭泣。后来,我听同学们说,张老师那天本来要和儿子坐火车去北京,却因为堵车,没赶上火车。车上本来在说话的同学都沉默了,车上只有张老师轻轻的哭声。一声电话铃打破了沉寂。"喂,还没到学校呢……没事,我明天再坐火车也没关系,我不能抛下这群孩子……"

(二)虚实结合——发挥联想激趣写作

因为诗歌的篇幅、字数的限制,诗人在创作中多采用虚实结合的方法,增添诗词的韵味和艺术性,实现拓宽诗歌原有的内涵、易于读者展开联想和想象的目的。虚实结合在诗歌鉴赏层面来说,"实"是指人类客观世界中真实存在的具体事物、情境,是人可以通过自身的听、闻、看,真切感受到的存在;而"虚"是与"实"相对应的存在。比如在《夜雨寄北》中前两句描写了诗人在夜雨涟涟、涨满秋池的夜晚中,对家人的殷切思念。作者通过身处眼前"巴山夜雨"的实景,不由得想起了远在他乡的妻子,而更加渴望来日与妻子一同剪烛的美好幸福。作者在诗中以眼前景,想象未来情境。虚实结合抒发了自己对妻子的思念之情,化实为虚增添了诗歌的意境美。同样运用这种写作手法的还有杜甫的《闻官军收河南河北》。杜甫作此诗时已是他背井离乡在外漂泊的第五个年头，这期间作者饱经丧乱、颠沛流离，却依旧不忘初心，一心向着自己的祖国。全诗感情激昂，对自己的喜悦之情的表达精妙之处在于后两句的虚写。在后两联中，作者并未继续写真实生活情境，而是描写自己内心已经喜悦得穿过了巴峡、巫峡，经由襄阳到达了家乡洛阳，在家乡"放歌""纵酒"了！这两联虚写淋漓尽致地写出了作者对家乡的无尽思念，表现了虚实结合手法激发读者想象和联想的作用，在这样的虚写与实写之间增强了文章的艺术性。

可见，如果在古诗词中只对实物进行描写，就会使诗词的表述过于直白，缺少一些浪漫主义的艺术色彩，读起来也索然无味。同时，虚实结合的表达手法在写作教学中也被广泛地运用，有效地增加了文本的审美趣味和艺术表现力。而且在实物的基础上拓宽思路进行虚写，也易于激发读者的想象与联想。在初中语文七上第六单元的写作训练中，要求学生发挥自己的联想和想象，打开思路激发灵感进行创作。在单元说明中也明确强调超越自身局限体验更广阔的世界。所以此写作要求，为虚实结合的手法在写作中进行有效的运用提供了可能。

习作展示：

"当当当"叩门的声音扰乱了我的思绪。我打开了门，皎洁的月光下站着一个人。原来是我的挚友苏轼啊，他也和我一样，也是因为反对王安石变法被贬官的人。"怀民，今晚的月色这样的好，不如我们一同去赏月吧。"他高兴地走进来，月光洒在他的脸上，映出他的笑脸。"好，我也正有此意。"我爽快地答应了。

我们一起走到承天寺的庭院中，月光洒向大地，庭院好像积着水，清澈透明。月色之下，庭院中竹子、松柏的影子交在一起，形成了一幅月色之下的画卷。清澈透明的月光充满了庭院，好像是水中藻荇交在一起。月光下的世界映入我们的眼帘，我们的眼帘，我们也沉醉在月光的世界了……

"月光如水水如天！怀民，我们虽然被贬官，却还能寄情山水，这岂不是人生的幸运！"苏轼说着，眼中还是那空明的月色，他仿佛陶醉其中，不知是对我说，还是在对自己说。

（三）借景抒情——景中有情意蕴写作

借景抒情又称寓情于景，是指作者在景物描写中抒发自己的主观情感，将自己的哀思寄托于所写的景物之中。王国维也曾说："一切景语皆情语。"所以这种手法善于将主观感情融入进景物描写中，丰富诗歌中的意蕴、使文本中的感情抒发具有深刻性，从而易于激发读者情感上的共鸣。如曹操的《观沧海》中多处写景——山、海、岛、树、草等，作者虽然描写的是萧瑟的秋天，但是却无一点儿萧条悲凉之感，而是在波澜壮阔的壮美海景中，抒发了自己积极乐观的进取精神、一统天下的雄心壮志！这样的写作手法处理，使诗歌更有情感意蕴和表达艺术。成功运用这种手法的还有范仲淹的《渔家傲·秋思》，本诗上篇着重描写了边塞南飞的大雁、号角声、群山中的缕缕白烟以及夕阳余晖下的古城等景色，为我们呈现了一幅凄凉的边塞风景图。借景抒发在边关战士壮志未酬、思念故乡的愁情。通过借景抒情的手法将自己的愁绪融入边塞景色的描绘中，使感情的表达有所依附，更容易引起读者的情感共鸣。

借景抒情不仅在古诗词阅读教学中有这样独特的与艺术表达效果，而且在写景作文中也可以通过这种手法的运用使作文情感更加饱满生动、以真情实感打动人，从而有效解决了个别学生写作中存在的描写空洞、没有感染力的问题。在初中语文八年级上第一单元的单元说明中提出：要仔细品味语言中蕴含的情景之美，体会作者渗透在景物描写中的思想感情。并且在单元写作中强调在写景作文中的景物描写中，要融入自己的主观情感体验，力求实现情景交融。结合此单元写作要求，便可以借助"借景抒情"的写作手法促进学生的写作能力的提升，使学生在写景作文的创作中自然地借助景物描写抒发自己的情感，使文章中蕴含的情感真挚而富有感染力。

习作展示：

沮丧

夜，深了，月亮被远处的大楼挡住，不留一点儿痕迹。我站在阳台上，远处吹来刺骨的寒风，虽然穿着厚厚的衣服，但我也不时感到彻骨冰凉。

不久前的月考成绩已经公布了，我们班相比以前，相比其他班级，都退步了很多。我望着前方无尽的黑夜，不禁脱口而出："为什么？"我呆呆地愣在那里，脑中一片空白。面对这惨不忍睹的月考成绩，我在痛苦中努力地挣扎着，可是心中遗憾的空间还是无法填满。我的心仿佛被蒙上了一层灰纱，我渴望光明，却总是冲不破那无尽的黑暗……

（四）托物言志——运用象征含蓄写作

在中国古代经典诗词中，有许多诗人善于运用托物言志的手法，通过找寻象征物与被象征物之间存在着的关联点进行创作，来丰富读者已有认知、引发读者的想象联想。在教材的古诗词中有，也很多经典的"以物征事"的意象，如杜鹃鸟象征着悲凉哀伤、龙象征着最高的权力、仙鹤象征永生、柳通"留"象征挽留等等。在教学中,教师可以引导学生分析具有"象征"意义的事物,体会这种手法在表达情感意蕴、含蓄抒发自己的志向上的效果。比如《行路难》中诗人李白因生不逢时,唐玄宗并未重用李白,甚至被排挤被迫离开了长安城。而后李白有感而发创作了行路难。生活中仕途多舛的李白常借酒浇愁,所以"酒"的意象也自然多出现在李白的诗歌中。李白常借"酒"抒发自己内心的豪情壮志,以及壮志难酬、郁郁不得志的苦闷心境。古代其他诗人也多借用"酒"的象征意义抒发感情。如范仲淹《渔家傲》中借酒抒发自己悲壮的英雄气概。苏轼《江城子·密州出猎》中借酒抒发自己渴望战场杀敌舍身报国的感情壮志等等。又如在唐朝的边塞诗中经常提到"羌笛",在《渔家傲》中通过引用羌笛的意象加以渲染氛围,更加烘托出边关战士心中的思乡孤寂之情。此外,岑参《白雪歌送武判官归京》借用羌笛的意象抒发了诗人塞外送别的离别之苦、思念之情。王之涣的《凉州词》中用羌笛的象征意义抒发了边疆战士的凄怨、悲壮的情感。以上只是举出"酒"和"羌笛"两个意象在诗歌中的象征意义,其实具有象征意义的典型事物还有很多,诗人将每种事物又赋予了新的意义。

　　古诗词中托物言志的写作手法对于含蓄地抒发作者的思想感情有着重要的作用。要求在状物类作文中运用托物言志的手法融入自己的想象与情感,使文章充满想象力和创造力。在初中语文九上第一单元的写作要求中明确提出:采用象征的手法,托物言志,借物抒情。所以,教师要引导学生在了解托物言志手法基础上,在状物写作中善于借助特定事物来寄托自己的志向,表达自己的情感。

　　习作展示:

　　只是,无论你我,还是那些被贬官的忠良,谁又想得到这样的清闲呢?罢了罢了,若不是被贬官,我们怎能如此悠闲,寄情山水;我们又怎能成为知音呢?今宵月色如水,把握当下,活出现在的精彩就够了!

　　我听了,没有说话。月光洒在我们的身上,把两个"闲人"的背影逐渐拉长。做人,就应该像月亮一样,不管有没有人欣赏,也要放射出最皎洁的光芒;做人,就该像苏轼一样,不管是顺境还是逆境,我们都要活出最精彩的人生。这样一种人生的态度,就是闲淡,淡泊名利、淡泊明志!

第二节　初中古诗词阅读教学中的问题分析

当前初中语文教学仍局限在"应试"的指挥棒下，虽然大部分教师对于阅读与写作的教学十分重视，但是"以读促写"的教学意识还相对淡薄、文本解读浮于表层、过分重视应试技巧。

一、初中古诗词阅读教学中存在的问题

（一）教学环节单一，浪费阅读资源

在当前的初中语文教学中，古代诗歌阅读以较高的分值比重成为老师、学生们的"必争之地"。课标指出，初中阶段的诗歌阅读教学要在理解字词句的基础上，实现学生在阅读中陶冶精神境界、提升语文素养的目标。但是，在当前初中阅读教学中却存在这个突出问题：个别教师对"读写意识"缺乏指导。学生孤立地进行阅读，没有实现阅读资源在写作训练中的充分利用，造成了阅读资源的极大浪费。而且在阅读教学后，并没有重视学生进行阅读后的迁移提升练习。换而言之，就是忽视了"读"后的拓展练习、迁移练习。仅仅将古诗词阅读教学停留在"读"的层面，成了单纯的为阅读而阅读的一种教学活动。实际上，阅读学习的意义并非单纯记住其中的写作手法、表达技巧这么简单，而在于通过阅读将有益的写作手法、表达技巧内化吸收、为我所用，使学生可以在诗歌阅读学习后，将通过诗歌阅读受到了哪些精神熏陶通过写作的媒介表达出来，以真正发挥语文学科在培养人方面的价值和意义。所以，孤立的阅读、将读写割裂开而进行的教学，违背了提升学生语文素养的初衷，是对教学资源的极大浪费。

（二）止于内容分析，未及文人情怀

目前的古诗词阅读教学中，部分教师忽视了语文学科区别于其他学科的独特之处。课堂中，教师对于古诗词阅读教学更多侧重于字词的积累、段落全文的翻译以及古诗词中的中心思想，禁锢在传统的"死记硬背"的模式下。其实，中国的古诗词中蕴含着诗人高尚的道德情操和远大的精神追求，不仅要让学生体会诗词的魅力，更要让学生结合时代历史背景知人论世，结合诗人的其他作品体会其隐含的思想感情。所以古诗词教学的真正意义在于让学生领会在简洁精悍的诗词背后所蕴含的中国古代文人的情怀，从而产生情感共鸣、激发创作热情，在写作中抒发自己的真情实感。

比如在一次公开课中的授课篇目《小石潭记》，这是一篇游记散文。大多数教师在讲授此课时，都侧重于字词、语法句式之后，引导学生在小石潭优美的环境和幽深凄凉的气氛中体会作者被贬后，无法排遣的忧伤和凄苦之情。按照原有的模式，学生对小石潭记的认知可能就停在了这里。但是这位授课教师并没有就此结束对文章的解读，而是结合史实资料让学生思考：为什么被贬之人却带领群众种树种草、开垦荒地、释放奴婢……于是，通过这样的学习让大家知人论世重新走进柳宗元，结合柳宗元的其他作品让学生自己体会出柳宗元心中的凄凉与忧愁，是源于他内心对信义的坚守、源于"利安元元"的济世情怀。这样的讲授不仅让学生切身理解了柳宗元的精神追求更让学生体会到了中国古代文人的文人情怀，在内心升起一种强烈的民族认同感。本课的课后作业，也落实了以读促写的要求。以读促思、以读促写，让同学们学习本文后以《我心中的柳宗元》或者《柳宗元我想对你说……》为题，写一篇 200 字的小短文。有上述教学案例可知，在教学中充分利用古诗词阅读的资源，可以实现阅读对写作的促进作用。

所以，当前语文古诗词阅读教学中存在忽视了语文人文性，在教授古诗词中缺乏情感、文化熏陶。所以，笔者认为尤其是语文中的古诗词教学更应该重视人文性，让学生真正地感受到中华民族文化的精神熏陶，让学生真正走进"一个人，一段文"，让古典诗词温润学生的内心。

（三）重视应试技巧，弱化审美教育

虽然目前学校中大多强调素质教育，但是在实际的教学中，应试教育的压力还是不言而喻的。目前仍有一部分老师善于搞题海战术，将古诗词题中出现的类型题纷纷归纳整理，让学生逐个题型攻破。这样的题海战术使学生精疲力尽而且效果较差。

在今年《开学第一课》中，许渊冲老师在讲中国古典诗词中提到，中国诗词有三美：一是意美，二是形美，三是音美。古诗词中蕴含的意境美、形式美、音韵美恰恰是教师在指导学生鉴赏品味古诗词中应该把握的三个维度。让学生不再困于答题技巧的练习，而是真正用心去感知古诗词的魅力，在读中激发创作热情、提升写作能力。其实，初中教材中古诗词作品大都意境深远，具有很高的审美价值。比如柳宗元的《小石潭记》以幽景抒忧情，境幽情悄怆。王勃《滕王阁序》（骈文）中情景交融，恢宏大气。苏轼《蝶恋花》中暮春之景，婉转含蓄。王维《山居秋暝》中动静结合，让读者身临其境般感受到清新的雨后风光。温庭筠《梦江南》中情深景真，饱含作者的思念之情。在教材中诸如此类的古诗词还有很多。

都可以让学生在品味诗词中提升学生的审美能力,让学生从感知美到会欣赏美、鉴赏美。

二、初中古诗词阅读教学中的问题归因

(一)"以读促写"意识薄弱

对于"教学环节单一,浪费阅读资源"的问题可以归因于在当前初中阅读教学中,部分教师在阅读教学中"以读促写"意识薄弱。没有鼓励学生进行阅读后的提升练习、发挥阅读资源对写作训练的促进作用,造成了阅读资源的极大浪费。同时,忽视了"读"后的拓展、迁移练习。仅仅将诗歌阅读教学停留在"读"的层面,成了单纯的为阅读而进行的一种教学活动。课标指出,初中阶段的诗歌阅读教学要在理解字词句的基础上,实现学生在阅读中精神的陶冶、素养的提升的价值意义。所以,在阅读教学中教师必须有意识地引导和启发学生,培养学生在阅读中发现结合点的意识,自主学习积累写作素材,充分利用阅读的教学成果。这样才能真正发挥诗歌阅读在培养人方面的价值和意义。所以,随着语文教育的不断进步和发展,教师必须积极主动吸收新的思想和理念,不断更新自己的教学观。在语文教学中积极践行"立德树人"的理念,促进学生的全面和谐的发展。

(二)文本解读程度不够

在当前的初中古诗词阅读教学中,存在着阅读课内容单一、讲解流于表层、教学形式枯燥等问题。究其根本,这些问题的产生源于教师对文本解读能力的欠缺。教师在阅读教学中只是单纯机械地带领学生进行阅读训练,流于表面,缺乏对文本本身的解读,一些教学活动没有实际意义。学生在阅读教学中没有有所感、有所悟,没有生成能力、素养。

针对语文阅读教学,叶圣陶老师曾说:"阅读课要讲得透,叫讲得透,无非是把词句讲清楚,把全篇讲清楚,作者的思路是怎样发展的,感情是怎样表达的,诸如此类……根本之点还是透彻理解课文,所以靠拿来不行,要自己下功夫钻研。"由此可以看出,叶老认为阅读课的真正意义在于从字词句到篇章的细致深解,教师的文本解读能力在某种程度上制约了学生阅读课的学习效果,也限制了学生的发展空间。

(三)教师观念错位,教学舍本逐末

目前,初中语文古诗词阅读教学仍处于应试教育的大背景下,部分学校中的教师仍旧在传统理念指导下进行语文教学。选择将阅读视为一种训练环节,反复

在阅读中强调考试中的答题技巧、解题策略而对阅读理解和鉴赏本身避而不谈。本可以在在阅读课中通过不断引导和启发能获得的知识技能，却试图"走捷径"忽视学生的主体地位、忽略学生在阅读中的主观体验，这种形式的阅读教学是舍本逐末的。

我们在古诗词的审美价值研究中不难发现，一些教师所谓的方法技巧，其实在真正的有效的教学中是可以通过对情感的鉴赏体验、对文本的深层解读、对手法的拓展迁移中实现解读分析古诗文阅读考点的能力的。古诗词的审美价值就在于让学生在读中体会古诗词传统文化的魅力，增强民族认同感；在鉴赏中形成发现美、鉴赏美、创造美的能力；在学习中"以读促写"实现内化知识的迁移。但是，由于部分教师在教学中依旧存在观念错位的问题，语文古诗词阅读教学并未在实践中发挥它的真正意义。是教师在阅读教学中的舍本逐末，扭曲了语文古诗词阅读教学的实践意义。

第三节　初中古诗词阅读教学促进写作训练的实践研究

叶圣陶先生在谈及读写关系时谈道："阅读与写作是一贯的，阅读得其法，阅读程度提高了，写作程度没有不提高的。"巴金先生回忆道，自己是在反复研读《古文观止》后，慢慢地便摸索到了文章的调子。在两位著名作家的话语中都印证了阅读是写作的基础，"以读促写"的教学方式是实现语文多模块之间融会贯通、相互促进的有效途径。

在实现"以读促写"目标的过程中，可以引导学生充分运用教材中的优秀篇目为写作提供素材和写法示范，充分发挥语文教材在教学中的作用。顾黄初先生曾说："要在语文教学中，充分发挥语文教科书中范文的示例作用。"叶老也曾表示，教育工作者要利用好教材这个媒介，在文本中进行读写的迁移和深化加工，充分利用现有资源触类旁通、举一反三。特别是教材中的古诗词，它们的形式短小却意蕴丰富，其中蕴含的写作手法、表达手法更是促进学生写作的有效途径。所以，在当前的语文教学中，应该充分发挥教材的示范作用，在古诗词阅读教学中找到促进写作的结合点，通过多种形式实现"以读促悟""以读促写"，进而全面提升学生的语文素养。

在上文明确了"读写结合"的必要性与可行性之后，本书将结合教学实践具体研究通过哪些途径来实现古诗词阅读教学促进学生写作训练的作用，并积极努力在实践中不断摸索，找到行之有效的实践方式。

一、深度解析文本，强化"以读促写"

通过前文对"以读促写"的必要性以及可行性的研究，充分地论证了初中古诗词阅读教学是可以促进学生写作训练的。通过初中古诗词阅读现状中的问题及原因分析，结合在实践中的观察和反思，在"以读促写"理念引导的初期阶段，提出了以下实践探索：

（一）体味留白艺术，增强写作意境

"留白"这一词语最早属于我国艺术创作中一种比较常见的手法，在构图时作者会有意地预留出一处空白，在虚实结合、黑白融合中与着墨处形成鲜明的对比，以渲染、烘托出书画作品中美的意境。后来这种创作手法被应用到话剧、书法、音乐和文学创作中，成为中国美学的重要特征。在我国古代，便有诗人将这种手法运用到诗歌创作中，在情感呼之欲出之时戛然而止，营造出独特意境，呈现一种空灵之美，引发读者无限遐想。在语文教学中，教师要善于引导学生在诗歌留白处发散思维、积极畅想，用丰富的想象力去体悟"留白"处的意境。让学生在这种意境氛围中深刻地理解诗歌的中心内容，引发学生和作者的精神共鸣。而且要引导学生在习作中自己设计"留白"增强文章表达效果，不仅会分析"留白"的表达效果而且会为我所用。

所以，笔者认为在古诗词阅读中研读"留白"的价值在于引导学生在真正理解后将这种方法熟练运用到写作创作中去。同时要注意，教师在讲解"留白"过程中不要将课讲得太满，要给学生留下发挥想象的空间，以激发学生的探索欲和求知欲。比如一位青年教师在《饮酒》中这样设问：在《饮酒》的整体感知中，诗人陶渊明沉醉在美妙的南山美景中并在这些景色中体会到了人生的真谛，但是诗人在诗中最后为什么想说却没说出口呢？你能发挥想象试着说一下陶渊明在诗中没有说出来的真谛是什么吗？这位教师在此处"留白"的精心设计，激发学生想象联想，在这美丽的景色中找寻作者体会到的人生真谛。

在诸如上述描述的课堂情境中，教师对"留白"处的精心设计，引导学生在"留白"处展开想象、积极发现文中的跳跃之处，品味诗人在创作中的弦外之音、诗歌中暗藏的深刻意蕴，体味"留白"艺术下独特的空灵之美。这种方法不仅能

提升学生充分解读文本的能力，体会其中包含的思想感情和精神追求，而且易于达成以读促写的写作训练目标，提升学生的文学素养。

习作展示：

曾经的我也贪恋王权富贵，一度以为那才是我想要的生活。然而，今天在大自然的美景中，才终于明白：原来我呀，也只是这自然界中小小的一部分呢！如今想来莫不如在这山水中寻找生活的乐趣，就让所有烦恼都抛在脑后吧！与这花花草草共享大自然的恩赐，这种释然真是只可意会不可言传呐！

教师评价：你的想象力很丰富，充分发挥自己的想象力写下了自己的见解，看来你真是理解了陶渊明的精神追求啦！

（二）开展群文阅读，增加学生体验

群文阅读是目前新兴的一种阅读模式。相对于传统的主题阅读、单篇阅读而言，群文阅读的篇目更丰富、形式更加灵活。一般来说，提供阅读的篇目大约在4—7篇左右。与单篇阅读的精读精讲形式不同，这种形式的阅读方法采用略读、跳读等方式，在同样的时间内让学生阅读更多的篇目。对于学生来讲，这样的形式最直接的作用便是大幅度增加了学生的阅读量，使学生在无形中积累了写作素材，利于日后的作文创作。以说明爱国精神的群文阅读为例，可以给学生提供文天祥的《过零丁洋》、陆游的《示儿》、龚自珍的《落花》来进行群文阅读，引导学生通过文天祥五坡岭被俘，却依然心系宋朝，虽然沦落为囚但依旧以诗明志视死如归，借诗抒发自己誓不投降、效忠旧朝的坚定信念和爱国情怀的事迹；陆游虽被贬谪他乡却心中装满了对中原人民的思念，盼望着有朝一日能够看到国家的统一，哪怕到了生命的最后一刻也不忘借诗作《示儿》号召大家积极抗战的事迹；借落花的特性，暗喻自己也将像落花一样即便离京，却依然心系国家、报效祖国的奉献精神的龚自珍的事迹，让学生整体感知文本。体会爱国精神的伟大，然后将他们的事迹作为论据运用在写作中，使论述的观点更加鲜明，具有说服力。

同时，群文阅读符合新课标中提出的：在教学中要充分发挥学生的主体作用，增加学生的语言的积累与运用，发挥古诗词阅读对于增强学生文字的感悟能力、审美体验的作用。因为在群文阅读在议题选择的过程中，十分突出学生的主体地位，学生可以根据自己的兴趣爱好，设计研讨的议题。学生在此种阅读教学形式中有着较强的存在感，更愿意在阅读中发挥自己的主观性，所以这样的心理认同有利于提升学生的阅读品味，而且能够丰富学生的情感体验、易于促进学生在生活中用心去感悟世界，促使学生在体验中获得写作素材，促进写作能力的提升。

（三）促进意象迁移，拓展学生文思

诗歌中的意象多融入了作者的主观情感，成为主观情感和客观事物的有机融合。对于诗歌中的一些经典意象，我们既要引导学生仔细研读、品味意象的象征意义以及作者在意象中隐含的思想感情，又要引导学生在写作中结合自己的生活经历，拓展和创新意象新的象征意义。对初中阶段诗词中出现的经典意象进行了详细概括分析，并从意象种类的角度——细举。

表 5-3-1：初中语文教材古诗词的意象汇总

经典意象	诗词篇目	数量	意蕴内涵
酒	《行路难》《江城子·密州出猎》	2	豪情壮志 英雄气概
柳	《送元二使安西》	1	惜别之情
猿声	《登高》《三峡》	2	孤寂凄凉 哀伤愁怨
月亮	《闻王昌龄左迁龙标遥有此寄》《无题》	2	离愁别绪 忧愁思归
归雁	《次北固山下》《秋思》	2	思乡之情

上表的归纳总结，有利于对一些常用意象的系统把握，不仅可以将同一意象横向相接进行拓展练习，还可以在学生的日常的写作训练中，继承经典意象的象征意义。同时，结合自己独特的生活体验和思想情感在写景作文中将意象赋予新的意蕴，实现"以读促写"物为我用，赋予景物以独特意蕴，营造情境氛围。如此一来，既让学生在"读"中悟出经典意象的审美意味，又激发了学生的创作思路，提升学生的写作能力。比如在学过《无题》后，引导学生理解了"月亮"的意蕴内涵，可以在课堂中让同学们在写作中运用这种手法发挥想象力，赋予事物新的意蕴，增加文章的表现力。

习作展示：

小时候，每次去姥姥家玩，姥姥总爱给我做面条再加一个圆圆的荷包蛋。可是，调皮的我非但不吃姥姥煮的面还吵着要她带我去吃肯德基。每当这时，姥姥总是用充满疼爱的眼神看着我说："好好，姥姥带你去。"随后轻轻地叹口气便转身放下热气腾腾的面条。上初中后，姥姥身体不好只能在家里静养，但是每次只要我去还是会亲手给我煮面，看着姥姥渐渐佝偻的背影、昏花的眼睛，心中一阵酸楚。想起自己曾经是多么不懂事，那不是一碗简单的面，而是姥姥对我沉甸甸的爱。

教师评价：结合自己的亲身经历，描写了一个生活中的小镜头，将一碗普通的面赋予了祖孙之情的新内涵，增加了文章的表现力和审美意蕴。

二、丰富训练形式，激发创作热情

在传统古诗词阅读教学中的活动，教师大多局限于传统的教学方式。对于喜欢新事物的初中生来说过于乏味无趣，对阅读提不起兴趣来。长此以往，一些学生便会丧失求知欲和进取心，甚至有的同学因表现欲望得不到满足、没有展示平台而苦恼、抑郁。所以，教育者要在新课程理念的指引下，促进古诗词阅读教学形式的更新。思考什么样的方式是学生喜欢的、能够调动起学生学习积极性的。这样才能够真正通过古诗词阅读的教学激发学生创作热情，实现学生写作能力的提升。所以经实践研究，主要对迁移过程中的训练形式进行了以下实践探索：

（一）生生同题异法

在大量实践研究中发现，古诗词阅读教学中的写作手法与写作教学有结合点，善加利用便可以提升学生的写作能力。那么，如何在教学中真正实践呢？笔者探索到了生生"同题异法"。就是同一个作文题目，用不同的诗歌写作手法去创作。比如全班同学选择的题目是《我的母亲》，这是一个非常普通的记叙文题目，甚至有的同学在小学就开始写母亲。但是不同的是，每个组被分到一个写作手法，在作文的创作中必须充分运用这种写作手法来表现母亲的特点。如第一组用"借景抒情"的方法写《我的母亲》；第二组用"直抒胸臆"的手法写《我的母亲》；第三组用"动静结合"的手法写《我的母亲》；第四组用"烘托"的手法写《我的母亲》……以此类推。然后，各组同学让其他同学猜一猜自己用的什么手法，展示效果不好的同学继续修改再提交，再提交的作文要在班级中全班共同评改、讨论。用这种全新的方式提高同学们踊跃参与的积极性，促使学生在写作训练中熟练运用写作手法。

习作展示：

第一组用"借景抒情"手法写《我的母亲》

盛夏，午间的阳光炙烤着大地，茂盛翠绿的草木仿佛一瞬间萎蔫，一阵阵的热浪袭来，躺在床上昏昏欲睡的我感到烦躁不安，忽然间阵阵凉风接连传来，伴着我进入梦乡，安然度过了格外香甜的午觉时光。一觉醒来，我一边伸展着懒腰，一边沉醉于梦中的美好。转身，便看见了手拿扇子睡在一边的妈妈，望着那被摩擦得没有往日光彩的折扇和她额头上密密的汗珠，我瞬间明白了那午间温柔的凉风，不禁热泪盈眶。

第二组用"直抒胸臆"手法写《我的母亲》

五、六年级时的我懵懂心动，让我十分困惑。那时的我，狂热地喜欢着一个邻班男生，整天心神不宁，成绩直线下滑。妈妈似乎发现了一些什么，我胆怯地讲出了自己的小心思。本以为妈妈会痛骂我一顿，可是妈妈却说："这个年纪会有特别喜欢一个人的想法很正常，但是不能影响到学习，一个优秀的男生会喜欢整天无所事事、成绩不好的女生吗？"母亲的话如同一缕阳光瞬间拨开掩在我心间的云雾。直到今天，虽然那个他已经走远，但妈妈的句句箴言，仍是我学习的动力，陪伴我成长。

成长路上有了母亲，我才有了这些美丽的故事和美好的感受。爱与时间同行，爱与成长相伴，我的成长因母爱而灿烂！

第三组用"动静结合"的手法写《我的母亲》

愉快的野餐时间结束了，我和弟弟嘻嘻哈哈地跑去一边玩了，追逐打闹中，不经意地回头，眼前的一幕让我们都一下子安静了下来。妈妈正手里拿着一个塑料袋，弯着腰走到我们丢弃的一个个垃圾面前，捡起来并慢慢地放进袋子里，她不时地擦拭着额头上的汗水，那些被捡起的罐头瓶、糖纸、包装袋、纸等垃圾已经快要填满了她手里的袋子。春日暖暖的阳光，透过树叶的间隙，柔柔地洒在妈妈的身上和手上，给她镀上一层浅浅的光晕，在脚下青青的草地和那澄澈悠远的天空下。那画面，是那样的美丽祥和，这一刻的风景定格在我的心中。

第四组用"烘托"的手法写《我的母亲》

坐着无聊地发呆，眼前路过一个和我年龄相仿的女孩儿，挽着妈妈的胳膊，女孩儿神情低落地说着什么，妈妈充满关切地注视着女儿，说道："乖女儿，不管到什么时候，你要记着，妈妈永远都是爱你的。"这句话远远地飘了过来，重重地落在我的心里，眼泪抑制不住地流了出来。是啊，一路走来，我怎会忘了这重要的一点，忘了只有您始终在倾听着我的故事，用自己的双耳，贴近我冷漠的心，用自己的双手，呵护我的一切，用自己的坚强，在我的心海中，寻找一条阳光的路，给予我爱和包容。这一切的一切，我却因为习以为常，对此视而不见，甚至用我的冷漠和倔强与你对抗，却不知，我的无知深深地伤害了一颗爱我的心。我快速地跑到家里，扑到妈妈怀里，含着泪对妈妈说："妈妈，我错了，我不该和您争吵。"妈妈紧紧地抱住了我。远处忽然传来动听的歌声，曲调悠扬，直抵心房。

（二）师生同题异构

这种想法来源于，教师技能大赛中教师"同课异构"的启发。李登强老师曾说："阅读课的本质上应该是读写结合的，教师在阅读教学中内容上实现读写，在教学方法的选择上应该是突出训练的，这样的形式才会真正促进学生的发展。"所以，李老师倡导教师可以参与到学生的学习中，与学生同题创作。师生同题异构，让教师的作品也上传到校园网络写作交流平台，学生家长自由评价，这个过程既让教师在一点一滴的进步，也让学生在教师的作品中找到自己可以借鉴的内容和方法，成为学生的优秀范文。这样新鲜训练形式来激发学生的学习兴趣，有教师参与也会充分调动起学生的好奇心。如此便可以达到较好的习作效果。

比如在大连的李登强老师的教学实录中设计多个微型课题作为读写结合点，一步一步引导学生在理解文本基础上，各抒己见进行写作训练。与此同时，教师也加入创作中，选择一个议题进行自己的创作。李老师在教学反思中说道，教师在教学中具有示范作用，教师的示范写作可以很好的带动学生，教师与学生的"同题异构"更是在潜移默化中影响着学生。笔者认为，训练是手段、熏陶靠氛围，在愉悦的氛围之中运用恰当的训练手段，那么呈现的学习效果一定是事半功倍的。在李登强老师的教学实录中获得灵感，开展了微型话题式品读《江城子·密州出猎》的课程设计，以下是教学片段展示：

微型话题式品读《江城子·密州出猎》

师：每一个话题都是一个解读文本的小切入口，都能通过这样的途径让你走进文本、拥抱文本。同时，它又是一个拓展文思的线索，让你在理解古诗词内容的基础上进行自主创作。所以，今天就请同学们结合《江城子·密州出猎》的基本内容，提出几个小的话题尽情发挥你的想象力，选择其中一个话题进行创作，一会我们交流研讨。

微型话题：

1. 苏轼的文人精神

2. 苏轼的豪放壮志

3. 苏轼我想对你说……

4. 《江城子·密州出猎》中的用典艺术

5. 别具一格的豪放词风

6. 表达方式上的艺术特点

学生习作展示：

苏轼我想对你说

你心怀国家，却被他人迫害贬官。你本该是朝廷重臣，却因不合时宜的仗义执言，你不断被贬官。可是，你面对风雨，笑着说："谁怕？一蓑烟雨任平生。"你从没害怕过人生的风雨，无论面对怎样的逆境，都只是淡然处之。你心在朝廷，心系国家，却不能为国家尽力。你是多么渴望为祖国征战沙场，可惜被贬后你没有施展抱负的舞台，你虽无奈，却豁达，无论顺境还是逆境，不管有没有欣赏，活出自己的精彩就够了！

教师习作展示：

苏轼的文人精神

目光跨越历史长河，无论时光怎样流转，岁月怎样变迁，每一次回首和凝望，在清晰的记忆里，总是他荡气回肠的诗篇。他与陶渊明相隔百年，却将陶渊明视为自己的师长。在苏轼的眼中，他终究是不及陶渊明的，虽然他有超脱的隐士情怀，但是他与陶渊明相比更多的是豪情万丈的壮志雄心，更多体现的是乐观与旷达的文人性格和文人精神。古来圣贤皆寂寞，因为他们不随波逐流、不趋炎附势，独享一份清高。苏轼的寂寞源于他的不甘寂寞，苏轼的乐观源自内心对本真的坚守，更加重要的是无论"贫"或"达"都能倔强的坚守儒家济世思想，也是他们撑起了中华民族精神的脊梁！

（三）阶段性写作训练

美国史密斯的阅读层级理论，把阅读与言语表现结合在一起，把阅读学习分为字面的理解、解释、评价性阅读、创造性阅读四个层级。那么，根据阅读学习的四个层级分类理论，以教材中的古诗词阅读范文为研究样本，针对不同的阅读目的提出了以下实施策略：

首先，阅读学习的积累阶段。就是对文本的基础掌握，比如文章中的遣词造句、句型句式、表达方式等等。这个阶段不要求对文本中心思想的深层次挖掘，而是将重点放在字、词、句的积累上。所以在此阶段对应的写作训练中，教师应指导学生在阅读中摘录优美辞藻、名家名句、经典事例等等。在日积月累中增加学生的写作素材，利于学生在日后的写作中旁征博引，增加文章的说服力和文学底蕴。

其次，阅读学习的理解阶段。在这个阶段中阅读学习的重点则是在扫清字词障碍后，对文本基本故事情节和内容的梳理和把握。那么，此阶段的写作训练则重点培养学生在阅读中学习行文结构。选择结构形式具有代表性的诗歌，带领学生反复品读、反复研究，再进行仿写、改写、扩写训练。比如在《沁园春·雪》的教学设计中，在课后可以让同学们发挥自己的想象，模仿其行文结构描写一下你家乡的雪景图，与同学们交流分享。

再次，阅读学习的评价阶段。这一阶段的阅读的学习要引导学生对文本的遣词造句、文体特征、结构形式、描写手法等多角度地进行评价鉴赏。这一阶段的写作训练也可以称为评价性写作，将自己在阅读中的产生的一些意见、看法以文字的形式记录下来。属于对文本的深层次的思想意蕴解读。同时，对于文本中的感兴趣的写作特点，可以查阅相关的理论资料并结合一些权威性评价，进行自己鉴赏性的评价创作。比如在讲授《醉翁亭记》时，不妨引入黄庭坚改写版，说说两者之间不同在何处，你更喜欢哪个版本说出理由。

最后，阅读学习的创造阶段。这一阶段是阅读学习的最后阶段。达到此阶段的学生，不仅在基本的字、词、句阶段扫清了障碍，同时对文本情节思想有了深刻的理解，并可以进行简单的仿写、评价性写作训练。那么，在此基础上学生在本阶段的阅读、写作学习重点便在于培养学生创新思维、发散思维，从多个不同角度，再次解读文本，以寻求新的领悟、独到见解。比如学习完《归园田居》后，用绘画的形式将诗中的景象描绘出来，并在画作后描写感受。在《小石潭记》的教学设计中，可以跳出柳宗元北边情境下的"小我"，试着从"利安元元"的济世情怀或者其"隐忍旷达"的文人情怀等角度分析，并且写一篇小短文。

三、体会结构布局，进行写作训练

我国经典诗文大都遵循着一定的章法，尤其是古诗词由于字数和篇幅的限制，为了能够更好的抒情达意，在起承转折上探索出了许多的结构形式。经研究发现一些诗歌中的结构特色可以迁移到学生的写作中，实现写作能力的提升。比如常见的首尾呼应式、开门见山式、画龙点睛式等等，以下就每种结构形式如何迁移到写作中，进行详细分析：

（一）首尾照应式

不论是在绝句中还是律诗中，所描写的内容都存在一定的内在联系的。所以，运用首尾呼应的结构形式，不仅利于诗歌的内容表达、情感抒发，而且前后照应、结构紧凑。将这种手法运用在写作中，便会使文章结构更加清晰完整、自然明快。要强调的是：在初中阶段这种手法的运用不要停留于简单的语言呼应，而是应该引导学生真正内化理解这一种"回环"的写作手法，进行复现式呼应、递进式呼应、对举式呼应的练习。

以杜甫《月夜忆舍弟》为例，诗人在前两联中着重写景，通过对归雁的描写渲染出了边塞秋日的无限凄凉。尾联在此情景的烘托下与首联呼应，交代了首联蕴含无限凄凉之意的原因——安史之乱下百姓民不聊生、战事频频的情景，在古楼钟声和孤雁悲鸣的衬托下，对兄弟的思念更加急迫、深沉。纵观全诗，首尾呼应、层次鲜明、结构紧凑，将诗中蕴含的深深思念之情淋漓尽致地表达了出来。在写作中也可以将这种首尾呼应的结构形式充分运用，使作文结构层次明晰、中心思想突出。

习作展示：

（开头）"咔嚓"，伴着照相机拍照声，一幅清晰的画面停留在杜老师的手机上，时光也仿佛定格在那一瞬间……那是七月盛夏的一天，天空中没有一丝云彩，火热的太阳炙烤着大地。

（结尾）如今已是杜老师来我们班的第二个月了，他作为代理班主任，却像真正的班主任一样尽职尽责。杜老师的责任心隐藏在生活的点滴之中，在不经意间在我们的心中留下一阵暖意。"咔嚓""咔嚓"是杜老师又在给我们拍照了吗？

教师评语："咔嚓""咔嚓"引发的是一段段难忘的回忆，文章以一声"咔嚓"陷入美丽的回忆中，结尾又是在一声声"咔嚓"中让你感受到了老师的责任与担当。全文结构紧凑、中心思想突出，很好地运用了首尾呼应的方法，再多加练习你会写得更棒！

（二）开门见山式

运用"开门见山式"的诗歌大多开篇点题、直奔中心，思想情感鲜明易于带动读者的情感体验。比如诗人李白在《行路难》其二中，开篇便将心中积压多年的愤懑、焦灼的情感，开门见山，直截了当地交代出诗歌想要表达的内容。一下子喷发出来，给读者很强的语言冲击和情感带动。让读者仿佛一下子置身于李白生活的情境中，与诗人李白产生了情感共鸣。同样，在学生的写作创作中，"开门见山"的结构形式同样适用。以作文《让我难忘的人》为例，既然要求学生在创作的过程中记叙的是让自己难忘的人，这个可以是你身边的人，也可以是生活中萍水相逢而结缘的人。开门见山的形式一直明确地交代出记叙主体，使文章表述更加清晰。

习作展示：

军训，一个磨练意志的时刻，人生中的短暂旅程。它使你成长，使你蜕变，从一只展翅欲飞的雏鹰变成一只翱翔天际的苍枭。虽然军训已经过去一个月了，但是我依然忘不了陈教官在烈日下的谆谆教诲，是他教我们坚持和忍耐，是他让我们从一个稚嫩的小学生蜕变成有思考、有抱负的青少年！

在最后的阅兵式上，我们踏着音乐的节拍，齐迈着正步，每个人的心中都只有一个目标——拿第一。脚抬不高的努力把脚抬高，节拍踏不齐的努力把节拍踏齐。这时的我们就像一块坚硬的铁板，毫无缝隙。团结就是力量。第一名和第三名的成绩见证了这个道理。

军训结束了，回到家的我并没有抱怨军训艰苦的生活，相反，还有些怀念大家那一起喊着口号，走着正步的情景。它虽然使我们痛苦过，劳累过。但正因为这样，我们的心才逐渐变的坚定、成熟、稳重。不要沉浸风和日丽的美好，不要畏惧暴风骤雨的来袭，在猛烈的风暴中锻炼成长才是我们的真谛！

教师评语：不慌不忙是心之所向！愿你带着军训留下的启示，在学生和生活中继续努力拼搏，美好的明天属于你。

（三）画龙点睛式

诗人多在诗歌中的结尾"言志"，将感情抒发得淋漓尽致、精神追求表达得坚定有力。著名诗人白居易曾说：首句标其目，卒彰显其志。所以，后人多在言志诗中使用这种结构方式，在诗词结尾处"言志"使诗歌的情感表达更加深刻、富有感染力。例如诗人李白用《行路难》中尾句抒发自己乐观豪迈的人生态度；文天祥在《过零丁洋》中表达自己誓死报效祖国的一片丹心。范仲淹在《岳阳楼记》中抒发自己以天下苍生百姓为重的政治抱负等等这样的鲜明的志向、饱满的情感都可以引起读者情感的高度共鸣，营造一种"余音绕梁"之感，让人回味无穷。所以教师在古诗词阅读教学中可以引导学生运用这样的结构形式增强文章的表达效果。特别是在写景作文中或者是言志作文中，这种"卒章显志"的结构形式更是可以使文章情感鲜明富有感染力。

习作展示：

皎洁的月光照进屋中，我不由自主地走到窗前，望向窗外，在这个不眠长夜中，突然萌生了外出游览夜景的冲动。

……

月光将我等闲人的影子逐渐拉长。其实做人就像月亮一样，不管有没有人欣赏，也要放射出最皎洁的光芒；做人，就像苏轼一样，不管是顺境还是逆境，我们都要活出最精彩的人生。这样一种人生的态度，就是淡泊名利、宁静致远！

教师评价：文章结尾"卒章显志"抒发了你的志向，愿你在生活中学习中如他般悠然闲适，成为一个内心喜悦的人！

四、利用网络教学促进学生写作

如今信息技术发展迅速，微信、微博、腾讯 QQ 等网络媒体正不知不觉融入人们的生活，影响着人们的行为方式，逐渐成为生活中不可替代的一部分。新课标（2011 年版）指出：要顺应时代发展潮流，积极合理运用现代信息技术与网络优势，丰富写作形式，使学生在多重信息交叉中渗透中开阔视野，初步形成语文素养。所以，教学方式也应顺应信息技术发展的大潮，不断更新变革。尤其对于目前的初中生来说，他们渴望在更广阔的平台展示自己、获得更多人的赞扬。这同样符合皮格马利翁效应——他人的期待可以成为很好的学习动因。同时，他们对新鲜事物有较强的好奇心，并且在网络中甚至"无师自通""游刃有余"，渴望在网络获取更多的信息。这种趋势对于教育工作者来说既是机遇也是挑战，更重要的是引发教育者的思考——如何利用信息技术服务于语文教学，以改变传统写作教学中存在的教学形式枯燥无味、教学评价单一滞后、时间空间的限制等弊端。

与此同时，我们仍然要意识到，互联网大数据环境下网络信息良莠不齐、可控性差的现状。所以，我们选择的是校园网络来作为交流的平台。校园网络不仅具备互联网实时性、开放性、高效性，而且相对互联网还具有以下优势：

首先，校园网络更加安全。因为我们面对的是十五六岁的青少年，此学段的学生心智尚未完全成熟，对于不良信息的诱惑没有足够的抵制能力。校园网络相对于微博、微信等公共性的社会社交网络而言，参与的人员更加纯粹，无非是老师、学生、教务管理者。这样相对独立的网络系统平台就从根本上扫除了家长的后顾之忧。而且独立的校园网络有专业的管理者，在信息筛选过程中完全可以避免一些不良网站的垃圾信息、手游等网络游戏等不健康信息对学生的影响，让学生在独立、健康、安全的网络平台中充分的展示自己的佳作，激发学生的创作热情。

其次，校园网络更加具有针对性。在大的互联网环境下，初中生可能是多类人群中的一种，甚至可以说是所占比例十分小的一部分。互联网更注重的是传播成年人所喜闻乐见的热点新闻和消息，以此增加浏览量获得利润。在国内普通的初中生大多数时间在学校中度过，并没有大量时间浏览互联网。所以，初中生并不是互联网的主要面向群体。而校园网络平台与互联网的不同便在于它人群的针对性——学生。常见的校园网络平台多由校园信息、教务信息、党员活动、学生成长园地、网络教室等部分构成。在教育教学过程中可以利用校园网络平台，开设专门的写作版块。将一些古诗词中运用的写作技巧上传到资源共享区，并展示运用得好的同学作品。还可以根据本学段学生身心发展特点和个体差异性合理安排一些写作专栏，比如写作资料专栏、优秀作品展示专栏、征文活动专栏等等。这样的平台鼓励机制更易于调动学生学习的积极性、激发学生创作的兴趣，从而实现写作水平的稳步提升。

最后，校园网络的评价机制更加完善。在互联网中个别群体在一些帖子或者微博下恶意评论，使作者饱受网络水军的人身攻击。而在校园网络这样独立安全的平台里。对于发表文章的小作者，教师多以激励性、鼓舞性语言为主。可以说更加具有积极的作用，哪怕是个别问题的点拨，也会充分尊重学生的隐私权、人格权，不会恶意伤害学生的自尊心。在校园网络的平台下，评价机制更加人性化、多元化。

在充分论述利用校园网络促进学生写作的可行性后，根据笔者实践经历提出以下实践策略：

（一）创设写作展示平台，评价主体多元化

校园网络平台中，专门设置写作交流专栏。以年级和班级进行分类，根据创作的命题方向，不限体裁自由创作，在自己多次评改后方可自行将作文上传至写作交流展示群。因为网络平台的高效性、实时性、公开性，在学生自主上传作品的同时便可以在短时间内得全部初中部各个年级学生、各年级组各科老师、优秀学期刊编辑、甚至于家长的实时交流点评。此时，学生的一篇作文不再像之前传统写作教学中，只会得到本班任课教师的评价，或者极个别优秀的作文会当作范文在班级再展示一番得到同学的建议。而是同样一篇作文，可以得到多年级不同任课教师的评语，每一个人在同一事物中都有自己独特的看法，"有一千个读者就有一千个哈姆雷特"。不同学科的指导教师、不同年段的语文教师都会从不同角度为学生提供意见和建议。如此一来日积月累，学生的收益是最大的。

对于家长来说，这样一个开放的校园网络交流平台，让他们更加贴近孩子们的真实生活、真实想法与感受。让一些平日在家长和学生之间难以解开的问题得

到有效的沟通，让家长走进孩子的心灵，尝试着理解孩子。这样的平台设置不仅利于提高学生写作兴趣，同时在学生的交流互动中也促进了老师与学生、家长与学生的联系，成为这三方合力的纽带。最后的环节就是，发表作文的同学根据与老师、与同学的交流和修改意见，自我反思后再呈上一篇修改后的作文，将两者比较，真正让学生在交流中有收获、把有益的意见内化，为我所用。所以，真正的获益人是我们的学生。

（二）巧设半命题情境，培养学生创新思维

在传统的写作教学中将单元作文训练单独成体，并没有真正落实课程标准中提到的"综合性学习"。所以，我们在完成写作的教学时，应该是归回教材在古诗词阅读教学中探求与写作的结合点，实现"读写并重"共同发展。例如在语文八年级上册柳宗元《小石潭记》的学习中，教师在课堂中带领学生充分品读完作者柳宗元的文人情怀、济世思想之后，在课堂的后半部分抛出了这样一个问题：如果你是柳宗元你会怎样做？同学们在课堂上完全被调动起来，你一言他一语各抒己见。下课后部分学生还是意犹未尽与同学探讨沟通，这位老师见状便在校园网络写作平台中发布了这样一个征文——以《柳宗元，我想对你说____》或《我心中的柳宗元》为题，自由撰稿。在课堂中了解完柳宗元生平经历和他伟大的精神境界后，同学们都大受震撼，而老师发布的征文更像"及时雨"，让同学们满腹言语有了挥洒的平台。而这次征文的效果非常好，多位学生又从不同角度表达了自己对柳宗元的看法，还有一些学生另辟蹊径将相似经历的文人在文章中相遇，彼此一番争论更加体现柳宗元精神的弥足珍贵。在一次次的实践中，发现半命题作文可以充分调动学生的创作思维，激发了学生的创作热情。同时，在校园网络平台的交流互评中，思维碰撞出了更多的火花。

习作展示：

我心中的柳宗元

曾几何时，我心中的柳宗元是一直是郁郁寡欢的。而今天在《小石潭记》中我重新认识了他。你不是为功名利禄而苦闷的青年，而是一个心中兼济天下的文人，亲人的相继离世、仕途的波折动荡、人生的颠沛流离都没有将你击垮，因为你心中怀揣的是对国家的期望、对百姓疾苦的担忧。我心中的柳宗元是那样的高大，你的文人情怀深深地触动了我。从此你便成了我的榜样，心怀祖国、兼济天下！

教师评价：十分欣慰，能够在本课的学习中带给了你这么多的感悟。实际上要真正了解一个作者一位诗人，要有知人论世的思想，通过他的人生经历和同一

时期的其他作品中找寻答案。如此，才算是真正认识了他。

（三）运用多种教学手段，营造写作氛围

在信息技术高度发展的今天，我们可以充分利用互联网提供的各种素材促进学生发展，比如简单的图片、音乐、视频，还有一些有技术含量的沙画视频、三维立体动画等等，也可以分享名人的解读和评论，多角度积累写作素材。比如以课文《观沧海》为例，教师号召学生积极收集《观沧海》中"借景抒情"的资料，在分享群中便会出现多种形式的素材——有经典诗歌中借景抒情的文字分析、有沙画创作描绘诗中的美景、更有三维动画资源让学生真切感受到曹操当时所处碣石山顶看到的浩浩汤汤的壮阔景象。然后，同学们通过在资料分享群的资源共享，再结合教师上课时所分析的曹操人物生平，便自然而然有着身临其境之感，便不难体会诗人曹操的豪情壮志了！这样多种资源的整合，相较传统的语言教学中，单纯通过听觉接受，更加的生动具体。更容易将学生代入诗歌中的情境中体会"借景抒情"的写作手法使用的精妙之处。最后，可以开设一个交流会，让同学思考：曹操在诗中描绘了哪些景象？这些景象是在什么情境中描绘的？曹操是如何通过这些景物抒发自己的感情？这样深入的交流后，为学生再提供一个小练笔，在多元教学手段中提升对文本的感悟的基础上，鼓励学生在写作中抒发真情实感。

第六章 初中语文阅读教学中的写作训练研究

第一节 核心概念界定和理论依据

写作和阅读是语文教学的两大支柱，是语文教学最重要的两部分，二者相辅相成，缺一不可。在语文阅读教学中进行写作训练，可以提高学生的阅读和写作能力，可以为阅读和写作搭起一座桥梁。纵观近几年的中考题，写作比例在增大，分值也在增加；加之目前作文教学一直被人们所诟病，提高学生的写作能力理所当然地成为现今语文教学任务中的重中之重。

一、阅读与写作的研究

（一）阅读与写作的关系研究

一线教师及学者们虽对阅读与写作关系研究的侧重点不一样，但研究的结论基本是一致的，都认为两者相互促进。叶圣陶先生认为："阅读是写作的基础。"张志公先生对二者的关系也有过相似的看法："作文教学也是需要改进的，主要的原则应密切地结合阅读教学，因为只有把语言的运用（写作）建筑在语言的吸收（阅读）的基础上，才能收到最大效果。"可见，在语文教学中，阅读和写作的关系紧密相连，阅读是写作的基础，是写作内容的重要来源。

（二）语文阅读教学中的写作研究

1. 阅读教学中的读写结合点策略研究

袁刚在《阅读教学中的"读写结合"新探》一文中提到，在阅读教学中寻找读写结合点主要是根据每个单元的要求、学生的实际情况以及每篇课文的特点，把这三者有机地结合起来确定读写结合点。曾齐圣的《初中语文读写结合系列训练实验结题报告》一文认为，要根据文体找读写结合点。这位学者按记叙文、议论文、应用文、说明文 4 种文体共研究出 36 个读写结合点。刘燕青在《读导写，以写导读——"初中语文读写结合有效策略的研究课题"结题报告》一文中提到，从单元主题、文本特点两种方法去构建读写结合点策略。高瑞丽在《初中语文阅读教学"以读促写"策略探究》一文中提到三个策略：第一个策略是要立足文章形式，这个策略主要是模仿，模仿句子结构、篇章结构及段落结构；第二个策略是立足文章内容，根据文章内容变换文体，在文章的动情之处触发写作灵感；最后一个策略是立足文章空白，这个策略主要是通过增加段落、段落补充、重点词语扩展来分别丰富篇章内容、文段内容、语句内容。孙明芝在《语文教学读写结合策略探讨》一文中的观点是，要模仿练笔，模仿句子、顺序、结构；要拓展练笔，在课文的简略处和精彩处拓展练笔；对小说的结尾进行续写。

综上所述，在阅读教学中寻找读写结合点的方法很多，但最主要的方法是在学生对课文的感兴趣之处寻找两者的结合点；把单元主题、学生情况、课文特点三者相结合在一起来寻找读写结合点以及立足文章形式、内容、空白处来寻找读写结合点。

2. 阅读教学中学生写作能力提高途径研究

刘明在《如何在初中阅读教学中提高学生的写作能力》一文中提到，在阅读教学中提升学生的写作能力主要有三种方法。方法之一是通过填补课文的空白方式来提升学生的写作能力；方法之二是通过模仿来提高学生的写作能力，主要从谋篇布局、表达方式、表现手法这三个方面进行模仿；方法之三通过创新的习作来提高学生的写作能力，创新的习作主要有，写读后感、续写文章、进行一些比较训练。华娟在她的硕士论文提到，在阅读教学中提高学生写作能力的途径有三个。途径之一是在教学设计的时候要深入挖掘课文，这一途径主要是研究学生的言语规律特点、探究传统语文教育中的读写点以及在所学的课文中挖掘写作资源。途径之二是要深度剖析课文，这一途径旨在加强教师分析分本的意识以及让阅读教学成为写作的源头活水（为写作提高写作布局、为写作积累素材、为写作润色语言）。途径之三是在写作教学的时候再次利用课文，这一途径旨在整合语文教材中的写作资源，不同年级不同学期规定相应的写作训练内容，制定素日的小作文训练内容，另外就是在阅读教学中学到的写作方法（立意、选材、语言、谋篇布局等）在作文教学中学会运用，进而提高学生的写作能力。邵岩在硕士论文中提到，在阅读教学中提升学生的写作能力，首先要认识到读写结合的重要性；其次要思考学生在写作过程中存在哪些问题；最后在阅读教学中各个击破学生在写作中所存在的问题。

总的来说，在阅读教学中提高学生写作能力的途径和方法很多，但最主要的途径是挖掘课文的写作方法，把课文中学到的写作技巧运用到自己的写作当中。

3.阅读教学中的写作训练形式研究

袁刚认为"读写结合"的训练形式有8种："延伸式、仿写式、整容式、拓展式、铺陈式、移接式、感想式、逆向式。"刘永斋的《读写结合训练的三种类型》一文认为，写作训练类型有三种，即仿写型、评论型、感触型。周双清在《阅读教学中的"读写结合"新探》一文中提到，根据课文内容进行续写、补写、改写等写作训练形式。于漪等人还提到了一些写作训练的其他方式，如，补说续接、话题短文、变体改写等形式。从学者们对写作训练方式的研究中发现，阅读教学中的写作训练形式主要有仿写、读后感、改写、续写。

综上所述，学者们在阅读和写作方面的研究比较多。笔者对他们的研究成果进行归纳与总结，发现在这些研究当中有很多地方可供我们学习与借鉴。在寻找阅读和写作的结合点时需考虑学生特点和教学的实际情况，以阅读文本为底本来创造性地在阅读教学中进行形式多样的写作训练。这些学者的研究可以为现今以及将来研究的学者提供一定的借鉴，同时，这方面的研究可以丰富一线教师的阅读和写作理论，可以对教师的教学实践提供一定的帮助。

二、核心概念界定

（一）阅读教学

关于阅读教学的定义，不同的学者有不同的认识，李海龙在《阅读教学论》一书中谈道："语文教学与学生共同参与文本交流对话而获取意义的一种语文教育活动。"在《义务教育语文课程标准》中也对阅读教学作了界定："阅读教学是学生、教师、教科书编者、文本之间对话的过程。"而本文研究的"阅读教学"主要是指语文课堂内的阅读教学。这一教学活动包括教师的教和学生的学两个方面，即依托所用教材，教师解读教材课文、根据学生的实际情况制定教学计划，学生在教师的指导下深层次地理解课文，把所学知识运用到实际生活当中。

（二）写作训练

写作训练既包括通常我们所说的作文教学中的写作训练，也包括教师在阅读教学当中为了巩固阅读教学成果，切实提高学生写作水平而进行的随机式微型写作训练。而本文所要研究的写作训练是指在阅读教学当中进行的随机式写作训练。

1. 作文教学中的写作训练

很多学者都研究写作训练，但对写作训练这一概念并没有一个确切的描述，笔者根据自己的理解界定为，在作文课上，教师为了提高学生的写作能力，而对学生进行有针对性的训练。这种写作训练强调学生写作能力的综合性。如，如何训练谋篇布局、审题、选取材料、遣词造句等。

2. 阅读教学中的写作训练

纵观国内的研究，还没有学者对阅读教学中的写作训练这一概念进行界定，鉴于阅读教学和写作训练这两个概念，本书将阅读教学中的写作训练概念界定为：在语文课堂阅读教学中教师利用课文这个载体，从课文本身的内容出发，设计与课文有血缘联系的内容来进行相关的写作练习。它的形式可以是多种多样的，但是内容必须与课文内容相关联，通常这样的训练时间比较灵活，在课堂中的可操作性也比较强。比如，余映潮老师在讲《说"屏"》时，从课文中选取了四组词，让学生从这四组词中任选一组写一篇微型美文；有的教师在讲《石壕吏》时，让学生把这首诗改编成一个话剧；在学《我的叔叔于勒》时，让学生把于勒的心理活动补写出来。

3. 阅读教学中的写作训练与作文教学中的写作训练之间的联系与区别

阅读教学中的写作训练和作文教学中的写作训练联系密切，相辅相成，相互促进。在阅读教学中进行单项写作训练，能为作文教学中的写作训练奠定坚实的基础，同时有利于促进学生综合写作能力的培养，高效实现作文教学的目标。作文教学中的写作训练是系统地训练学生写作能力的过程，如果学生的写作能力在这个过程中得到了有效的训练，那学生在阅读教学的写作训练过程中就能更加得心应手。

三、理论依据

（一）学习迁移理论

学习迁移，是指"在一种情境中技能、知识和理解的获得或态度的形成对另一种情境中的技能、知识和理解的获得或态度的形成的影响。"通俗地说就是，在一种环境中的学习对另一种环境中学习的影响。学习迁移理论在发展中又分为两个阶段，分别是早期学习迁移理论和现代学习迁移理论。早期的学习迁移理论主要代表人物有詹姆士、桑代克、贾德等人，现代学习迁移理论的代表人物主要有奥苏伯尔和安德森。而在整个迁移理论中，奥苏伯尔的认知迁移理论更加系统完善。奥苏伯尔强调"一切有意义的学习都是在原有学习的基础上产生"。

从迁移的性质角度分类，分为正迁移和负迁移。正迁移主要是指积极作用，负迁移主要指消极作用。在语文阅读教学中进行写作训练，对学生的写作能力和阅读能力有较大的提升，这属于正向迁移。另外，阅读和写作有许多共同的因素，比如，选材、立意、谋篇布局、遣词造句等因素，这些因素在阅读教学中和写作训练都共同存在，学生可以把在阅读教学中学到的写作方法迁移到自己的写作中。所以，在阅读教学中，教师应该利用正向迁移的作用来优化阅读教学中的写作训练。

（二）建构主义学习理论

建构主义，又作结构主义，其最早是由皮亚杰提出来的。建构主义认为，知识并非教师传授而得，而是学习者在一定的情境中，根据自己头脑中已有的知识经验通过意义的建构方式而获得的。对于建构主义理论我们可以从两方面对它进行阐释与说明，一方面是学习的含义，另一方面是学习方法的含义。

所谓学习的含义，其实就是指："知识并非都是通过老师传授得到，而是学习者在一定的情境下，借助他人的帮助，利用必要的学习资料，通过语言讨论、人际协作等活动而实现意义建构的过程。"建构主义学习理论主要包括四个要素，即"情境""协作""会话"和"意义建构"。

情境，主要指学习环境中的情境，它的创设不是盲目的，而是必须有益于学生对自己所要掌握知识的意义建构。教师在进行教学设计中必须考虑这一要素，并把它看作是教学设计中重要环节之一。在教学中，教师为了高效达到教学目标，必须创设有利于学生发展的情境，帮助学生对所学知识进行意义建构。比如，读后感或心得体会，这种写作训练形式学生并不是在任何时候、任何情境下都会有写的欲望，他们只有对文本中的人物命运产生情感共鸣时才能激起学生表达的欲望。所以在语文阅读教学中进行写作训练，教师应该创设有助于学生写的情境。

协作，作为一个学习条件，它除了有利于学生搜集学习资料和评价学习成果外，对整个学习过程也起着重要的作用。

会话，既有助于小组成员协商并确定学习内容，也可以帮助学生互相分享学习经验，增加彼此之间的了解，有助于学习的开展。因此，会话也是达到建构意义的不可缺少的要素之一。学生在互评写作成果时，他们彼此之间可以分享写作经验，也有助于他们写作能力的提升。

从以上解释可以得知，知识是学生在原有经验的基础上，借助教师的帮助获得的，并非全部来自教师的传授。

对于学习方法，建构主义认为是"以学生为中心的"做法。这一观点旨在强调学生是学习的主体、是学习知识的主动建构者，而不是被动接受者。在阅读教学中进行的每次写作训练，都需要充分发挥他们的主观能动性来完成每次写作训练任务。而教师应成为学生学习活动中的支持者和引导者，而不是传递者。这里需要注意的一点是这一做法并非否定教师的作用，教师仍起着重要的作用。在阅读教学中进行写作训练时，教师引导学生如何去写以及引导学生如何把阅读教学中学到的谋篇布局、立意、表达方式、写作思路等写作知识运用到他们的写作中。这些都是教师以学生的原有写作经验为基础，创造新的学习条件，帮助学生建构新的写作方法与思路。可见，教师和学生在教学过程当中，学生是主体，教师是引导，学生要成为意义的主动建构者，而教师成为学生建构意义的帮助者。

第二节　初中语文阅读教学中的写作训练应遵循的原则

一、联系性原则

所谓联系性原则，就是指阅读教学中的写作训练要与在课堂教学中所学课文内容相关联。换句话说，阅读教学与写作训练他们二者有许多共通的地方，可以相互补充，不可进行单打一的教学。具体讲，阅读教学主要是从解读文本开始，引导学生领会作者的写作意图，感受作品的魅力。学生将在阅读教学中学到的写作方法，运用到写作训练中，把课文中的精华通过练习内化成自己的东西。比如，八年级上册第二单元，这个单元就以"爱"为主题，几篇课文都是写的对普通人的关爱，那么在阅读教学中所进行的写作训练就应该围绕所学主题，这样学生就可以把在课文中学到的写作精华运用到自己的写作当中，这种有针对性的训练不仅起到训练的效果，而且也益于学生写作素养的提升。

二、有序性原则

所谓有序性原则，就是指在阅读教学中进行写作训练时，教师一定要有计划有安排地进行，由易到难，克服其盲目性。但是，当前阅读教学中的写作训练情况不尽如人意，很多教师在进行写作训练时，并不是根据课堂的实际情况和学生的实际水平来有计划地进行每次训练，而是今天写个读后感，明天写个仿写。这样无计划地进行写作训练，训练成效会大打折扣。另外，在有计划地进行写作训练时，写作训练也应该遵循由易到难的规律。因为初中三年，每个年级所学的内容和要求是不一样的，所学知识也是呈阶梯状的，由易到难。初一学的主要是记叙性的记叙文，初二上半学期、下半学期分别主要学的是说明文、描写性的记叙文，初三主要学习议论文和记叙文。在进行写作训练时，教师宜根据学生的实际情况和该学段的学习内容和要求来制定写作训练方案，扭转这种无序状态，让阅读教学中的写作训练有序进行。

三、多样性原则

多样性原则主要指形式多样化的写作训练形式和评改方式的多样性。阅读教学中的写作训练形式太过单一，学生期望能进行形式多样的写作训练。因此，在阅读教学中进行写作训练时，教师应根据学生的喜好和实际特点来设计写作训练形式，尽量满足学生的写作需求，为学生营造一个良好的写作氛围。多样化的写作训练形式，可以激发起学生的表达欲望与写作兴趣。比如，余映潮老师讲《说屏》时，从课文中抽取了四组词（词语如下：诗意、情境、向往、微妙；擅长、功能、美感、称道；造型、轻巧、绘画、得体；帷幕、装饰、书斋、休憩），让学生从四组词中任选一组词写一篇微型美文；学《芦花荡》时，训练学生进行补写与仿写；学《老王》后，进行改写训练；学习《喂，出来》这篇小说时，进行续写训练；学习《亲爱的爸爸妈妈》这篇小说时，训练学生写感想或评论。

评改方式的多样性主要指，在阅读教学中，教师对学生的写作成果进行评价时应该采用多样的评改方式。比如，当堂评改、学生自改、学生互评、选择评改等。多样的评改方式有助于提高学生的写作积极性。

总之，在阅读教学中进行写作训练时，教师应从学生的需要出发，改变单一的写作训练形式，用多样化的写作训练形式和评改方式激发学生的写作热情，进而让学生的写作能力得到较大的提升。

四、适时性原则

适时性原则主要指在阅读教学中进行写作训练时要把握好训练时机和训练密度。具体而言：第一，时间安排要适当。这一点主要体现在教师训练学生写作文的时间要恰当、对学生写作成果评价的时间也要合适。比如，仿写词句、写读后感等写作训练形式，教师一经分析文本后，就应该紧接着对学生进行相应的写作训练。阅读教学中的写作训练结束后，教师应该及时评改学生的写作成果。第二，阅读教学中的写作训练次数要适度。并不是每节课或每学一篇课文后，就要进行一次写作训练，这样无疑会给师生增加负担，不同类型的课文有着不同的特点，要根据文本的特点灵活地决定写作训练的次数。比如，学习散文和小说时进行的写作训练次数就多，而学习诗歌和文言文时进行的写作训练次数就较少。所以在阅读教学中进行写作训练，不能强加写作训练的任务，应该因文而异，这样最好不过。

阅读教学中写作训练需遵循以上四个原则，训练才有可能起到一定的成效。

五、写作训练存在的问题

（一）写作训练与阅读教学缺乏有机联系

在阅读教学中进行写作训练存在的问题是阅读教学与写作训练不能有机地融合在一起，二者脱节。可见，在阅读教学中进行写作训练，教师不能很好地找到读写结合点。教师在阅读教学中进行写作训练时缺乏计划，有时候想起什么就让学生写什么，与文本内容没有真正地建立起血肉联系，这种写作训练看似进行了，但起不到应有的训练效果。出现一种现象，就是由于阅读教学中没有真正的写作训练，写作训练处于一种无效状态。

这种问题出现的原因是：部分教师对阅读教学中的写作训练意识较薄弱，导致在课堂教学中，有些教师在进行课文讲解时只讲解课文内容，认为在阅读课上把课文讲清楚就行。而有些教师在阅读教学中进行写作训练，但他们对课文研读不到位，没有结合课文内容、课文的写作技巧以及单元主题来进行相应的写作训练，同时也没有充分考虑学生的特点，导致二者相脱节。

（二）写作训练形式单一

在阅读教学中，教师经常训练学生写读后感、心得体会、读书笔记。可以看出，日常阅读教学中的写作训练形式比较单一。

而造成写作训练形式单一的原因主要有：教师对这方面的研究相对薄弱，在他们自己的教学实践活动中对课文的研究也有所欠缺，进行他们自己比较擅长的写作训练形式，不愿意或不想尝试其他的写作训练形式。还有一个原因就是学生水平不一，部分教师担心其他的写作训练形式有些学生难以完成，就进行读后感、心得体会等相对容易的写作训练。

（三）写作训练时机不当

大多数学生，在进行仿写词句的写作训练时，教师分析完课文中的句子时，并不是紧接着就让学生仿句练习，而是等课堂上空下时间才进行仿写训练，这使得教师没有抓住学生写作的最佳时机。造成问题的原因是，在语文阅读教学中，课堂上的时间是有限的，教师们害怕影响阅读课的进度，等课堂上有空余时间才会进行写作训练。

（四）写作评改效率低下

在阅读教学中的写作训练结束后，教师对学生的写作成果评改存在一些问题，就是不能及时评改学生的写作成果，并且在评改学生的成果时评改角度和方式太过单一。

1. 评改不及时

对于教师而言，评改学生的写作成果是一项艰巨的任务，需要花费较多时间。而语文教学中阅读课的时间是有限的，有些老师会选择课后评改学生的作文。此种情况下，学生拿到自己的作文至少也需一天的时间，而随着时间的间隔，学生对自己当时的写作感受慢慢淡漠，这种情形下，学生再看老师对自己写作成果的评价，那种切肤之感早已悄然消逝。而学生刚写完作文时，他们沉浸在自己的写作中，对自己当时的写作感触都特别强烈，对构思过程都记忆清晰，并对自己的作文存在着新鲜感，此时学生若能得到教师的反馈，就能知道自己写作成果的精彩之处与不足之处。

总之，不及时反馈学生写作成果中所存在的问题，时间一长，学生的写作热情会慢慢消退，再加上学生本身对作文就缺乏兴趣，教师不及时反馈更会使评改效果大打折扣。

2. 评改角度和方式单一

教师评价学生的写作成果，一般是看学生的最终成果，往往忽视过程和情感方面的评价。这种评价方式会挫伤学生的写作热情。其实在我们的语文教学中教师应该丰富评改角度，可以从学生的写作习惯（比如书写规范等）和学生创意之处以及学生的写作成果比以前有进步处都应该给予肯定，以此调动学生写作的积极性。

在作文教学当中进行的写作训练，教师会评改学生的写作成果，并且会采用多种评改方式，而阅读教学中的写作训练，大多数教师很少对学生的写作成果进行评改，有时候有些教师虽对学生的写作成果进行评改，但评改方式比较单一，不是教师全批全改就是学生互评，很少采用其他评改方式。其实阅读教学中的写作训练，字数相对少，篇幅比较短小，教师可以考虑适合它的评价方式。在课堂上让学生自愿展示自己的写作成果，教师和学生给予口头评价。这种评改方式不仅及时，而且效果也好。

造成评改效率低下的原因是，评改学生写作成果本身就费时，再加上课堂上的时间很短，部分教师由于担心当堂评改会影响到阅读教学任务的完成，因而不愿意课堂上留时间对学生的写作成果进行及时评改与反馈；另外一点原因是在考试时学生的作文分数拉不开差距，导致部分教师不愿意钻研写作评改知识，导致评改低效。

第三节　初中语文阅读教学中的写作训练策略

一、寻找写作训练与阅读教学的结合点

在语文阅读教学中进行写作训练，关键是要找到二者的结合点。要想找到二者的结合点，最主要的是要认真研读不同类型的文本，同时也要结合"研讨与练习"中的写作训练题和单元主题来确定文本的写作亮点，在此基础上，针对该年龄段学生的思维发展和心理发展特点，创造性地确定读写结合点。

（一）认真研读不同类型的文本

初中人教版教材中主要有小说、散文、说明文、议论文、诗歌及文言文，每种类型的文本都有不同的特点。在语文阅读教学中，要认真研读各种类型的文本，根据文本的特点来寻找写作训练与阅读教学的结合点。

1.根据文本寻找写作训练的训练点

（1）小说

在研读小说文本时，可以从小说的人物、环境、情节三要素来寻找写作训练的训练点。但需要注意一点是，教材中的每篇小说都有着独特之处，因此，在小说阅读教学中寻找写作训练的训练点时，把每篇小说的写作亮点作为切入点来寻找训练点。比如，孙犁的《芦花荡》，这篇小说中有很多环境描写，大多数教师

就抓住"环境"这个要素来设计写作训练,让学生仿写句子,描写家乡的景物。鲁迅的《孔乙己》,这篇小说中最突出的就是"人物"和"故事情节",有的教师就抓住"人物"这个要素设计写作训练的训练点,让学生写一个刻画人物的片段,而有的教师抓住"情节"这个要素来设计写作训练的训练点,让学生发挥自己的想象对故事进行续写,设想"孔乙己"最后的结局是活下来了,还是离开了人世。

（2）散文

散文教学是语文教学的重要组成部分。我们在研读散文文本时,应着重注意它的特点。首先,在散文的题材方面,它较广泛,既可写人、写景,也可记事、抒情。其次,散文行文比较自由灵活,即形散而神不散,不像戏剧、小说、诗歌等要受到格式所限。最后,在语言方面,散文不同于小说那样以故事情节发展为切入点,去吸引读者的眼球,亦不像追求戏剧以剧中人物的矛盾冲突去获得观众的一致好评,而它的艺术魅力之处主要依靠于语言的朴实清新或典雅优美来赢得读者的喜爱。

在初中教材中选入的每篇散文大多是一些名家的经典文章,每篇散文都有其独特的价值与特色。在分析散文文本时,一定要重点研读散文的语言,品位不同语言的魅力。有的文章语言朴实却耐人寻味;有的文章语言口语化色彩浓厚但读起来特别亲切、舒服;有的文章语言典雅优美却易于理解,不同类型的散文语言风格在教材几乎都可以见到。

总之,在散文阅读教学中,只要认真研读每篇散文,就可以很好地找到文本的写作训练点。比如《春》,这是一篇抒情散文,文字很优美,朱自清先生用了很多修辞手法来赞美春,有的教师在教学中就抓住修辞这一亮点来设计写作的训练点,让学生发挥想象,用比喻的修辞手法来描绘自己心目中的春天。

（3）说明文

在研读说明文文本时,主要从五个方面入手,即说明对象、说明顺序、说明方法、说明文的结构、说明语言。说明方法相对比较简单,学生也容易理解,在写说明文的时候学生会运用就行,而说明顺序与说明文的结构是学习说明文的一大难点,学生理解起来相对有点难度,在研读说明文文本的时候需要重点研读这两方面。这样在找说明文文本的写作训练的训练点时就有目标。

但需要注意的一点是,与记叙文、议论文相比较,学生对说明文的兴趣不浓厚,因此在确定说明文文本的写作亮点时还需要认真研读课文,精心设计写作训练的训练点，设计的训练点能够激发起学生的写作兴趣。比如，余映潮老师在讲《说"屏"》时，从文中选了四组词让学生任选一组词写一篇对"屏"的评价的微型美文。这种教学设计不仅使学生对说明对象（屏）有了更好的评价，还让课堂变得丰富多彩。

（4）议论文

在研读议论文文本时，主要关注议论文文本的论题、论据、论点以及论证方法。由于初中阶段学的议论文没有高中阶段学的复杂，关注"议论"这种表达方式以及论点就行。在确定议论文文本中的写作训练点时可以把"议论"这个表达方式和"论点"作为一个训练点。

议论文的学习有助于培养学生的逻辑和抽象思维能力，有助于学生发表自己的看法和见解，对学生人生价值观的引导起着重要的作用。另外在平时和考试中，发现大多数学生比较擅长写夹叙夹议的文章。可见，在语文教学中训练学生写议论文显得尤为重要。但在议论文阅读教学中，需要注意的是，虽然同样都是议论文，但每一篇议论文的侧重点和亮点并非一样，有的议论文有可能是议题方面有特色，有的议论文有可能是论点和论据方面比较突出，这就要抓住每篇议论文中最亮的一个点或把几个亮点融合在一起来精心设计写作训练的训练点。比如，培根写的《谈读书》，这篇文章中的论点比较突出，有的教师在讲这一课时就让学生把文中的警句摘录下来，选自己喜欢的一条警句作为论点，让学生配论据，写一篇微型议论文。

（5）诗歌、文言文

在研读诗歌时，我们要着重从诗歌的"意象""诗歌精炼的语言"来寻找写作训练的训练点。比如，大多数教师在诗歌教学中进行的写作训练是让学生对意象进行扩写。在研读文言文时，可以抓住"语体"这个亮点寻找写作训练的训练点，这是它与说明文、议论文、小说的最大不同之处。比如，有的老师在讲《与朱元思书》这一篇课文时，寻找的写作训练点就是"语体"，让学生把这篇文言文改写成一篇现代文；学《记承天寺夜游》时，让学生把仅仅84个字的短文扩写成一篇抒情散文。

总之，文本类型不同，写作训练的侧重点也就有所不一样。在教学中，教师要认真研读不同类型的文本，这样更有利于发现文本的写作亮点，同时学生也要真正读"破"文本，才有利于自己的写作。

2. 结合单元主题和"研讨与练习"创造性地确定写作训练的训练点

人教版教材中几乎每篇课文后的"研讨与练习"都设计一道写作练习题,教师在确定写作训练点时需要把它考虑进去。但需要注意的是,教师不应该生搬硬套地运用课后写作练习题,在必要的时候应该根据实际教学情况对它适当地进行改变。

除考虑"研讨与练习"中的写作练习题外,还需考虑单元主题。初中人教版教材有一个特点,一个单元中的课文都是围绕同一个主题展开的,在确定写作训练和阅读教学的结合点时尽量做到与主题一致。比如,八年级上册中第二单元以"爱"为主题,这个单元中的五篇课文都是写的对弱者、普通人的关爱,可以围绕这个主题来寻找写作训练的训练点。

(二)充分考虑学生的特点

在阅读教学中进行写作训练,光找到不同文本的写作训练的训练点是远远不够的,还需充分考虑学生的年龄特点和心理认知特点。初中生正处于青春期,各个年龄段的学生心理发展是不一样的。初一的学生,刚从小学过来,身上多多少少会留有一些小学生的特点,他们对事物的认识一般停留在表面上,语言结构简单,对于这个年龄段的学生,应该进行简单地仿写词句训练。初二、初三的学生,不论在身体上还是在心理上都出现了一些较大的变化,自尊心变强、开始关注自我,同时他们的学习能力也变强以及对事物的认识有了自己的看法,对于这个年龄段的学生,应该适当加大写作难度,比如,续写、篇章结构的仿写、评论等。

阅读教学中的写作训练,教师需要考虑学生的年龄和心理特点,抓住学生对课文的兴趣点和动情点,思考在阅读教学中所确定的写作训练内容是否与学生的生活相近,确定的写作训练内容该年龄段的学生是否有能力完成,所确定的亮点是否值得学生在写作文时学习与借鉴。

总之,寻找写作训练和阅读教学的结合点,一方面教师要认真研读不同类型的文本,另一方面还需充分考虑学生的特点,结合这个两方面来寻找写作训练与阅读教学的结合点。

二、以阅读文本为底本,进行形式多样的写作训练

在初中语文阅读教学中可以设计形式多样的写作训练,比如,课文收尾处需要发挥学生想象力的地方,可以进行续写训练;在课文空白处可以进行空白补写训练;可以把文言文改写成白话文;可以把一些诗、童话改写成课本剧等。形式

多样的写作训练，对于教师而言，可以优化教学设计和提高自身研读课文的能力；对于学生，有助于激发他们的写作兴趣。

在这里，笔者把初中语文人教版教材中"研讨与练习"中的写作训练题做了整理，发现主要有仿写句子、话题短文、写评论、写读后感、改写、续写、缩写、补写、写专栏、写人物速写、写一首诗、写一封信等多种写作训练形式，而在本文中，笔者研究的写作训练形式主要是仿写、评论以及课文内容创生型的写作训练形式（改写、续写、缩写）。

（一）仿写型写作训练

仿写型写作训练，虽然有点古老，但在阅读教学中进行仿写训练无疑是一种行之有效的好方法。因为教材中所选的课文都是一些文质兼美的文章，无论从遣词造句、文章的选材还是到文章的立意以及文章的谋篇布局都是最好的材料，这些文章是学生写作最好的样本，是学生学习写作时最好的模仿范文。另外，对于初中生而言，他们正处于青春期，具有较强的模仿能力，在模仿写的时候可以领会作者写作的良苦用心，对学生学习写作有良好的导向作用。在进行仿写型写作训练时需要注意的是，仿写并非机械地照搬照抄，而是要在模仿的基础上不断地创造。

1. 仿写词句

文章是由段落构成的，段落是由句子组成的，要想写出一篇好的文章，就不开好的词句，好词句的重要性也就不言而喻了。关键点在于学生在自己的作文中如何能写出好的词句呢？对于初中生而言，最好的方法莫过于仿写。它是一种比较实用、易操作和有效的方法。吕叔湘先生也曾说过："语言只有通过不断的模仿和反复的实践才能够养成。"

可见，语言需不断操练与模仿，这样学生在写的时候才能把自己的所想与所思用优美简洁的文字准确地表达出来。阅读教学中所讲的每篇课文都是一些文质兼美的文章，如，《背影》《老王》《藤野先生》《春》《济南的冬天》等文章，这些都是学生学习语言最好的范文。老师在分析这些课文的时候，一定会对课文中的经典语句、重点词语进行揣摩与分析，这不仅会让学生赏析到语言的魅力之处，更重要的是让学生在分析课文时领会作者的语言表达意图，以致在自己的写作中慢慢模仿着用。如：《春》中的句子"春天像小姑娘，花枝招展的"；《芦花荡》一文中的句子"弯弯下垂的月亮，浮在水一样的天上"，文中类似这样的句子还很多。笔者在讲《芦花荡》时，设计了一个仿写训练。让学生仿写几句，写自己家乡的景物。在这里，笔者摘录了三个学生仿写的句子。

缓缓漂浮的荷花，映在画一样的水上；轻轻飘舞的蝴蝶，舞在海一样的空中。

悬挂于高空的洁白云彩，像是鸟儿身上的羽毛，质轻而韧，随风飘扬。

婀娜的柳树，随风摇曳着它的枝条，仿佛美丽的少女在轻轻舞蹈；勤奋的小鸟早出晚归，衔着树枝为它的幼鸟建筑爱巢。

在阅读教学中能进行仿词句的课文还很多，尤其在散文和小说中，很多地方能进行仿词句训练。比如，《从百草园到三味书屋》，让学生根据所给出的句型进行句子仿写；《祖国啊，我亲爱的祖国》，让学生写一些有诗意的话。

2. 仿写段落

一篇好的文章，离不开一些精彩的段落，可见，写好段落对一篇文章来说是至关重要的。在阅读教学中，所讲课文都是经典篇目，有些课文不论首段、尾段还是中间某一段都写得特别精彩，特别适合学生在写作时学习与借鉴。比如，《背影》，文中第6段主要写父亲爬月台为儿子买橘子的背影，这次背影写的特别精彩。在这次背影当中，作者用了一系列动词，如，蹒跚、探、攀等词语，同时还用了细节描写来刻画父子间真挚的感情和父亲的高大形象。笔者在讲朱自清的《背影》时设计了一个写作训练，让学生模仿文章中刻画父亲的手法，写一个相似的场景来表现他人对自己的爱。

下面是一个学生的写作成果。

那个身影，一直都在

家到学校的路上，有那么一段路。路两旁是山，因此没有几户人家居住，昏黄的路灯也使这条路显得阴森。我并不胆小，只是每每走到那里，心里总有些发毛，特别是冬天，寒风的凛冽更使人心中生了几丝寒意。

一次餐桌上的偶然提起，我并没在意。而母亲却将此放在心上，当晚便站在路上等我。我清晰地记得那天晚上，我回去的时候远远看到路口有个人，走进才发现是母亲的身影，母亲个子不算高，显得又瘦弱，寒风吹过显得弱不禁风。我欣喜地跑过去，母亲那张冻得通红的脸映衬着时空雕刻着的痕迹，更显苍老。我鼻子一酸，想起母亲对我的种种关爱，眼泪夺眶而出。风虽依旧凛冽，路虽依旧阴森，有母亲的陪伴，我早已战胜我的胆怯恶魔。

我知道，那个身影，一直都在。

分析：这位学生选取的角度非常独特，通过母亲的"那个身影"就把母亲对他的关爱展现着淋漓尽致。

3. 仿写文章的篇章结构

仿写文章的篇章结构主要是指，教师在阅读教学过程中，把课文当作写作的范文，引导学生学习课文的篇章结构，以期提高学生的写作能力。本文研究的仿写篇章结构主要是针对说明文的。说明文在学生的眼里看似不甚重要，但它是一种非常实用的文体，与人们的生活联系密切。初中的说明文主要集中在八年级上册第三、四两个单元里，这两个单元的说明文，在文章结构方面有一个特点，就是总—分—总结构。比如《苏州园林》，这一篇说明文就用了总—分—总的结构，文章一开始总地介绍苏州园林，然后从四个角度对苏州园林的特征进行描写，最后在文章结尾处对苏州园林做了一个总的评价，最后学生以自己熟悉的事物写一篇微型说明文。

下面是一位学生的写作成果。

牙刷自语

我是一把再寻常不过的牙刷了，可是在你们的日常生活中，谁又能离开我呢？所以你们别小看我才对。

古代人寿命较短，尚体会不到拥有一副好牙刷的重要价值。现代人，健康长寿，以免到老年时因牙齿脱落带来不方便，不雅观，人们非常重视自己牙齿的健康问题。怎样才能拥有一口洁白又健康的牙齿呢？那请您每天用我刷牙吧！早晚各一次，必须坚持每天都照做哦！我的有效服务期是三个月，随后您应换新的小伙伴来为您贴身服务了。特此说明，千万不要为了节约而让我服务一年半载，我们家族和您的健康不提倡这种做法。历经数百年的努力与坚持，我们牙刷家族克服重重障碍，以至使用它的人日益剧增。

当然，不论形状、颜色、还是结构怎样，我们的出发点很简单，让您方便使用，让您的牙齿更健康、更漂亮哦！

（二）创生型写作训练

所谓创生型写作，就是指在课文内容的基础上所进行的改写、补写等写作练习。本文的创生型写作训练主要指改写、续写、缩写三种形式。创生型写作训练，需要学生对课文有深入的理解。

1. 改写

简单地说，改写就是对课文的内容几乎不做变动，只是对课文的形式做一些改动。本文涉及到的改写有三种。

（1）体裁改写

体裁改写，简单地说，就是把一种体裁改变为另一种体裁。比如，《石壕吏》这首诗，有的教师在讲它时，就让学生把这首诗改成一篇记叙文；有的教师《愚公移山》时改写成一篇寓言故事；有的教师在讲《变色龙》时，让学生把这篇小说改写成话剧。

（2）语体改写

所谓语体改写，就是把文言文变成白话文。它一般适合在文言文阅读教学中进行。但在语体改写时，需要注意一点，并不是简单地翻译。比如，在八年级上册中，有一篇文言文《三峡》，有的教师在讲这篇文言文时进行的写作训练就是让学生把这篇文言文改成一篇现代文。

（3）人称改写

人称改写就是人称与人称间的相互切换。比如，在九年级上册《智取生辰纲》这一篇课文中，让学生以晁盖的视角进行故事改写。

2. 续写

续写，通俗地说，就是必须在文本的基础上，按照文本的思路不作大的变动，发挥自己的想象，对文本做出一些延伸。这种写作训练形式主要是针对篇章而言的。在阅读教学中进行续写训练，可以培养学生的想象力和创新力。但进行续写之前，师生要对课文相当熟悉，尤其是对课文中的故事情节和主人公的命运必须理解到位，这样才有助于完成续写。比如，在《于勒叔叔》这篇课文中，可以要求学生发挥自己的想象进行对小说的结尾进行续写。

3. 缩写

简单地说，缩写就是在忠实于原文内容的基础上，把篇幅较长的文章缩写成篇幅较短的文章。在阅读教学中进行缩写训练，学生不仅对要课文内容特别熟悉，而且要有较强的概括能力。在阅读教学中，经常进行缩写训练有利于提高学生的概括能力和培养学生的凝练的语言表达能力。比如，有的教师在讲《心声》时，让学生把这篇小说缩写成三百字的一个故事。学生要想把这篇缩写写成功，就必须对课文的主要内容及主题思想掌握地非常通透。

(三)评论型写作训练

顾名思义,评论型写作训练是指学生学习完课文后,把自己的感受和想法用文字表述出来。在阅读教学中能引发人们思考或能发表自己看法和感想的文章都适宜进行评论性写作训练。评论型写作训练品种丰富,读后感、心得体会、发表自己的看法等均属于评论型写作。在阅读教学中进行评论性写作训练,有助于学生的思想高度和辩证思维能力的提高。不过在进行评论型写作训练时需要注意一点,评论型写作虽可以发表自己的看法,但必须对课文内容有准确的理解,要依据客观事实,不能想当然地发表自己的看法和感想。许多课文都可以进行评论性写作训练。

下面是一位学生对日本作家言论所写的评论。

听了日本作家的言论,对此我感到非常气愤,因为他们不仅不对侵华这一事实进行反省,还找各种理由来掩盖这一事实,更令我们气愤的是,甚至有的日本官员否定曾经侵略过中国。中国人民对日本侵略中国这一行为不会记仇,但我们一定不会忘记,我们想告诉他们"历史不能改变",血红的历史是最好的证明。

三、抓住写作训练时机

阅读教学中的写作训练,还有一个写作训练时机把握问题。如果写作训练时机把握不当,也会影响到训练的成效。那么在课堂阅读教学中,何时进行写作训练的效果较好呢?对这个问题大家的看法不太一致。就这个问题笔者在对教师进行访谈时,有的老师就谈到写作训练形式不同,选择训练的时间点也是有所不一样的,这需根据写作训练形式来决定写作训练的时间点。

其实这个问题不应该一概而论,什么时间进行写作训练比较合适,这要根据实际教学情况和写作训练的内容和形式来决定。比如本文所研究的仿写词句、评论型的写作训练意在对文本一经分析后,紧接着就应该对学生进行写作训练,因为此时学生沉浸在阅读文本当中,对文本有着较强的热情高度,同时对课文中的人物命运或人格魅力产生了情感共鸣。趁学生的热情和共鸣未消退时当堂进行评论或心得体会的练习是训练的最佳时机。对于续写和补写这类型的写作训练,学生需要发挥自己的想象以及需要一定的时间去构思,而在课堂上学生的思维和想法有时会被课文的某些方面所影响与束缚,类似此类型的写作训练在课下让学生完成,这样学生就有更充裕的时间去思考与想象,有利于他们写出高质量的写作成果。

四、丰富评改方式

在作文教学中，教师常用的评改方式主要有三种，即自改、小组互批、教师全评全改。而阅读教学中的写作训练跟作文教学中的写作训练不甚相同，那么所采用的评改方式也应有所不同。

阅读教学中的写作训练篇幅比较短小、字数也相对少，写作内容也大多与课文有着骨肉血缘关系，同时评改起来花费时间较少并且相对容易些，针对阅读教学中的这种写作训练，要根据它的特点来选择合适的评改方式。笔者认为选择评改、口头评改、学生互评是一些不错的评改方式。

（一）选择评改

平时在阅读课上进行的随堂小练习以及写作课上进行的写作训练，教师若对所有学生的写作成果进行精批细改，这无疑会增加教师的负担，同时也会使部分语文教师厌倦自己的职业，这对教师是没有益处的。对于阅读教学中的写作训练，教师可以采用选择评改的方式，就是把全班的写作成果都看一遍，教师选出几篇有代表性的，精批细改，然后放到多媒体上，公开讲评。通过评改有代表性的写作成果，全班受益。至于其他学生的写作成果，教师只需在评改中点明学生写作成果的优点与不足，即可。这种选择评改的方式既对学生的写作成果进行了评改，又减轻了教师的负担。

（二）口头评改

课堂上的时间是有限的，对学生的写作成果进行文字的评改太费时，有时候甚至是不切实际的，而口头评改不失为一种较好的评改方式，不仅省时，而且效果也比较好。

选择口头评改，这主要是基于阅读教学中的大多数写作训练是在课堂上进行的，教师要求学生当堂完成写作任务，等学生写完写作成果后，教师可以让学生自愿展示自己的写作成果，每当学生展示完后，同学或教师这两者当中任选一个人对所展示的写作成果进行口头评改。这样学生就能及时知道自己写作成果中的精彩之处与不足之处。这种当堂写，当堂评，学生会对自己的写作成果有一种切肤之感，非常有利于激发学生的写作热情。

不过，口头评改也有一些不足，虽然不会对所有学生的写作成果进行评改，但通过对一些学生的写作成果进行评改，其他同学也会跟着受益，他们可以根据刚才的评改标准自己对自己的写作成果进行评改。

(三)学生互评

阅读课上进行的部分写作训练会让学生在课后完成,比如,续写、补写等写作训练形式。此类型的写作训练需要学生发挥想象力并且花费一定的时间才能完成。对于这种课后完成的写作练习,教师可以让学生在课后互评写作成果。

互评这种评改方式,学生可以吸取他人身上的闪光点,彼此之间可以相互切磋、分享写作精髓、取长补短、共同进步。因为有时候有些学生明知道自己的写作成果中有问题,但不愿意跟教师交流,担心教师会骂他们,选择跟同龄人沟通与探讨自己遇到的问题,更有利于问题的解决。在某种意义上,生生相互交流胜过师生间的交流。但需要注意的是学生互评难免会有一些地方做的不到位,教师要大概浏览一下评改情况,总结学生写作成果中所存在的共性问题,等下次上语文课时,抽几分钟时间,对上次的写作训练进行简单讲评。

总之,阅读教学中的写作训练,教师要根据它的特点来选择合适的评改方式,而口头评改、选择评改以及学生互评是一些不错的评改方式。在语文阅读教学中,交叉使用这些评改方式,效果会更好。

第七章 微写作在初中语文教学中的应用研究

第一节 概念内涵及理论基础

　　语文教学的两大重点模块包含写作和阅读,二者同时是语文教学和学业水平考试中的重要考查部分。鉴于写作教学在语文教学中所占据的重要地位,与之相关的研究一直在不断开展和进行,然而,写作教学受到较多来自师生和方法层面的制约,到目前为止仍存在一些较为明显的问题。例如:学生对写作兴趣低,课外阅读量少,对写作要求不理解等。究其原因,在一定程度上是教师在写作教学中只专注课本内容,重训练而轻总结,导致学生无法及时获取结果反馈和改进意见,严重制约了学生写作能力的发展。基于微型课程理论的微写作教学,是对现有写作教学方法的一种补充,它既能够积极调动学生的写作热情,也能够减轻教师批阅的负担,所以微写作能够被广大师生们接受。

　　微写作作为一种新的写作形式已经逐渐被广大师生所接受,并且在日常生活和课堂写作练习中多有运用,取得了很好的教学效果、实践结果和研究成果。在进行微写作相关的研究中,对其概念内涵进行深度探求是必不可少的,先知其然,再知其所以然,进而对微写作进行精准定义,助力微写作研究的后续开展。教育活动是严谨且有迹可循的,寻找和应用正确的理论依据,能够更透彻地应用微写作教学方法,进而获得更好的教学效果,所以我们应先了解其概念内涵和理论基础。

一、概念内涵

　　在我国,"微写作"这个名词2011年首次出现,且一经出现学术界就在其起源和概念界定上出现了分歧。有人认为微写作发源于微博网络平台,在百度百科中也注明"微写作"发端于微博。石远剑也在其研究中将微写作定义为"利用微博进行的训练"。但也有人认为微写作命名虽然来自微博，但是这种写作形式确古已有之，并不是新鲜事物，如果沿着时间轴向前追溯，古代的唐诗、宋词、元曲、楹联、题跋等都可称之为微写作，邓超认为"《世说新语》《阅微草堂笔记》等都是微写作的经典范本"。在起源问题上，笔者倾向于后一种说法，认为微写作起源不可狭隘地定义为网络发端。

与微写作起源分歧相类似，在微写作的定义上也存在不同观点，王雪晴认为"微写作是指内容较短，字数不超过 200 字的文体，既包括各种小型的应用文，也包括各种网络文体"。这一描述如今看来属于粗犷的概念界定。纪秋香等人认为"微写作即微型写作，篇幅短小，形式灵活，运用精练的语言描述事物、表达观点、抒发情感"。今天看来这一定义描述属于较为细致的概念界定。

结合微写作的发展历程和众多学者对微写作的相关认识，可以从广义和狭义两个方面对微写作的概念进行界定：广义上的微写作只对写作篇幅和写作样式进行了限定，要求篇幅短小，写作样式丰富。狭义上的微写作对写作要求比较细致，要求"篇幅短小精悍、字数在 200 字左右，内容明确完整，语言简洁精练，充满生活化、个性化，具有灵活性、交际性、即时性的特点的一种写作形式"。本书所指的微写作，是指后者狭义上的微写作。

二、微型课程理论

微型课程理论不追求知识的系统性，不以学科体系为基准，而是基于学生需求，注重学生的生活体验的课程理论。微型课程这一术语早在 1960 年由美国阿依华大学附属学校率先提出，术语为 Mini-course，用以与 20 世纪 60 年代出现的大型课程相对应。"微型课程"一直以一种大规模长期课程之外的新型课程范式而著称。它作为一种集中针对某一主题而设计与实施的小规模短时课程，既可以灵活地照顾学生的兴趣需要，又能够吸收最新的学科知识，并且微型课程的概念在不断发展中形成了更加丰富的内容。

微型课程一般可以从四个方面加以分析：课程设置时间偏短、课程目标基于学生需求、重视应用信息技术、内容之间不必有逻辑关系。首先在课程时间安排上，微型课程作为与大型课程相对应的课程方式，其时间特点为总体课时短或者单节课时短；在教学目标方面，微型课程不追求教授体系完备、规模宏大的课程内容，而是从学生实际需求出发，进行针对性内容设计；在微型课程的课堂中，教师往往非常重视信息技术的使用，多媒体以及网络平台经常被引入到教学课堂中；在内容设置上，微型课程并不注重知识点的内在关联性，也不注重逻辑顺序，微型课程的出现只为解决当前教学中学生们出现的困惑和授课时重点要解决的问题，而内容之间不必要有逻辑联系。

从内容设置到结构特点，微型写作与微型课程有异曲同工之处，笔者认为微型课程理论可以用于微写作教学的理论支撑。在规模上，微型课程区别于传统的大型课程，传统课程设置动辄需要几个月甚至是几个学期的教学安排，且教学内容和教学进度有较为严格的规定，对学生的能力考察和学业水平评价也比较固化。在教学实施过程中，大型课程注重教学进度，授课内容缺乏创新空间，常常出现学生被动接受的局面，导致授课效率低，学生能力水平提升缓慢等现象。面对大型课程的教学弊端，微型课程作为一门课程补充被提出并且很好地融入教学场景中，随着对教育界对微型课程研究和运用的更为深入，微型课程如今已经成为具有举足轻重的教学地位的教学形式，微型课程具备的"短、小、精、活"的特点，成为具有突出教学优势的课程设置方式，其中"短"主要指授课时间短，可以是三五节的短时课完成一个教学任务，也可以是 5 分钟到 30 分钟完成一节课的教学目标。"小"主要指规模小，容量少，主题明确，目标清晰，针对性、适应性和导向性强。"精"强调的是课程开发者将学科内容加以精选和浓缩，使之更好的发挥作用。"活"在初中语文写作教学中主要指微型课程受外部因素制约较少，比如授课时间、地点、教材等，因此授课情境具有较强的灵活性，同理可以得知，微型课程在课程内容和考试方式等也可以灵活多样。从学生主体性上分析，微型课程能够积极引入影视、音频等网络元素，也能够提高学生的学习兴趣，使课堂教学达到更好的授课效果。

微型课程所具备的特点在课程设置上表现出来的"微"的优势，也同样适用于微写作在写作课程中。在规模上，微写作区别于传统的大作文，常规作文字数要求在 800 字左右，而微写作的字数要求在 200 字左右，在篇幅上有明显区别，且传统的写作教学对教学进度有较为严格的规定，对学生大作文的及时批改成为老师面对的一大难题。在教学实施过程中，大作文注重模板和范文，忽视创新和个性，写作内容缺乏创新空间，常常出现学生被动接受和被迫写作以及无话可说无文可作的局面，导致授课效率低，学生能力写作水平提升缓慢等现象。

面对大作文写作教学的弊端，微写作作为一种写作教学的补充很好地融入写作教学中，并且随着对教育界对微写作研究和运用的更为深入，微写作如今已经成为具有举足轻重的教学地位的教学形式，同微型课程一样，微写作同样具备"短、小、精、活"的特点，只不过特点内涵有些许变化。首先在"短"字上，微写作中的短主要表现在写作篇幅和写作时间上的短，正常的一篇 800 字的文章需要三十至四十分钟的时间，基本上需要用一节课的时间完成一次写作训练，而微写作篇幅小，字数少，完成一篇微写作的时间约为十分钟到二十分钟，可以大大缩短训练时间，提高课堂利用率。"小"的概念内涵与微型课程中的内涵基本一致，主要指规模小，容量少，主题明确，目标清晰，针对性、适应性和导向性强。"精"在微写作中强调的是教师将写作素材和内容加以精选浓缩，使之更好的为写作教学的开展发挥作用。"活"在微写作中的内涵与在微型课程中的内涵基本一致，代表微写作在初中语文写作教学中受外部因素制约较少，比如授课时间、地点、教材等，因此授课情境具有较强的灵活性，同理可以得知，微型写作在课程内容和考试方式等也可以灵活多样。从学生主体性上分析，微写作能够积极引入微博、微信、话题讨论等网络元素，采用学生熟悉的生活场景，能够充分激发学生的学习热情，使写作教学达到更好的授课效果。

从整体上看，微写作和微型课程有着很多的相似和共通之处，可以互为转化和依托，微写作作为一种发展较晚的教学方式，一定能够从微型课程理论中汲取理论知识，用以指导微写作的教学实践。

第二节　初中语文微写作教学现状

写作教学是一个知识结构庞杂的教学科目，在其发展过程中，既有对线性化教学的探索，也有对科学化教学的追求，但就教学效果而言，仍然存在诸多的不足之处，教学中强调篇章语法，梳理写作技巧和列举写作方法等，其逻辑关联度低，内容冗长乏味，无法使学生全部接受，从而无法学以致用。微写作教学法的出现对写作教学体系是一个有积极意义的补充，微写作短小精悍，灵活多变，教学时间短，教学形式可以因地制宜，可因学生的关注点和兴趣喜好而任意切换。

一、初中语文微写作教学中存在的问题分析

教师和学生是教学中的两个必要主体，在教师如何教、怎样教，以及学生如

何学和怎样更好地学都是研究者们探究的焦点。在学生方面，多数学生愿意接受新生事物出现在写作教学中，也希望能够有更加丰富多彩的形式出现在课堂上。写作学习仍然是学生心中比较困难的事情，在日常积累和平时训练等方面表现出一定的问题，而在教师方面，多数教师都能够紧跟教学发展步伐，尝试新的写作教学方式，关注学生的主体地位，但在实际教学中仍然存在一些不容忽视的问题，以下将从学生方面问题分析和教师方面问题分析两个部分展开说明。

（一）学生方面问题分析

作为重点教学项目之一的写作教学，在实际课堂中的训练的次数是有限的，多数班级不能做到每周一次的练习，更多的学生接受的是每两周或者更长时间一次的课堂练习，显然这样的练习频率无法满足课程目标的要求，需要我们探索其他练习形式或者练习方式，达到高频次针对性的练习效果。

根据学生对微写作的接受程度这一维度的调查结果，可以得出，与大作文相比，微写作确实会更受学生们的欢迎，如果广泛开展微写作教学和微写作练习，学生们的接受度较高，这也有助于微写作教学计划实施并提高授课效率。如今网络通讯工具被普遍使用，沟通维度也被不断拓展，需要运用微型化写作的场景逐渐增多。学生们对微写作的运用领域比较广泛，可知微写作已经渗透到学生日常生活中的多个层面，与学生存在着密不可分的关系，这表明微写作形式已经在学生心中有着更高的认可度和使用价值。我们在后续制定微写作教学计划时，可以根据学生的日常应用场景布置相应的写作任务，加深对写作知识的理解。写作能力在日常生活中的实际应用价值是被学生们广泛认可的，也是具有现实的学习驱动力和主动性的，教师在制定教学策略时，一定要发挥学生的主观能动性，让学生们能够学以致用。写作难是一个整体的概念，但在具体执行层面，可以有针对性的将难点问题各个讲透说清，使学生在遇到相关问题时能够有点可抓，有据可依。发现一件有趣的事情，家长的深度参与对写作成绩的提升具有明显的正相关关系，这是我们之前忽略的方面，表明教学中的家庭参与度有待进一步挖掘。

根据学生在微写作练习中存在障碍这一维度的调查结果，可以得出，写作训练需要专业的指导和及时的反馈，在作文教学中，绝大部分学生都能够得到较高指导频次，也侧面表现出教师对写作练习的重视程度。半数以上的学生无法在一整堂课上保持全神贯注的状态，也就是说，教师在授课内容的分配上，要充分考虑到知识点的引入时间，尽可能将重点内容放到学生注意力最集中的时间讲授，以此适应学生的接受能力从而提高课堂效率。教师要充分考虑学生的选择性喜好和学生们能够真切感受能力提升的学习体验，从学到练再到能力提升，构成一个完整的学习闭环，教师要鼓励引导并放大这种学习闭环，用学生喜欢的方式完成教学目标。

学生希望微写作未来发展这一维度可以得出，大部分的学生在作文命题的选择上偏好于多种命题任选其一的方式，单一命题显然无法满足所有学生的写作期望，这需要我们教师在写作练习时，尤其是在某一知识点或者写作技巧的训练中灵活运用出题形式，尽可能留给学生可选择的空间，这样既能达到训练效果，又能符合学生兴趣，从而提高学生对知识点的理解和掌握。微写作形式起源于互联网，同时，互联网也是微写作实施的普遍的应用场景，将网络新媒体的相关内容引入到写作教学中是一种有意义的尝试，且根据调查结果，学生们总体上对网络新媒体引入教学评价持开放的态度，但也有一小部分同学并不认可这样的做法，所以教师在将新媒体引入到写作教学评价中时，一定要充分考虑到所有可能的情况，提前沟通，及时疏导，在教学实施过程中要兼顾持否定意见的学生想法，确保这种尝试能够有效推进，取得积极成果。与大作文不同，微写作的篇幅短小，语句精炼，内容完整，批阅者在短时间内即可阅读完一篇，这为学生之间互相批阅留下了可能性。微写作作品以其阅读时间不长，结构内容完整，语言结构通顺等特点，能够通过快速阅读给人留下的深刻印象，作文质量的优劣在对比中凸显出来，学生们可以迅速作出判断，并且根据自己的文章内容找差距引借鉴补不足，对学生自我成绩的提升有现实意义。

写作学习是建立在平时的积累和大量阅读基础上的学习类型，有很多主客观因素与写作水平的提升具有明显的相关关系，下面主要从以下四点对问卷调查中学生方面问题分析展开论述。

第一点，学生普遍认为写作学习比较困难，与此同时，经常进行课外阅读量和写作练习的学生数量却相对较少，而问卷分析的结果显示，平时练习微写作的频率和课外阅读数量均与写作成绩呈现明显的正相关关系，这表明学生在这两方面对写作水平的促进作用认识不足，有待进一步加强。

第二点，学生对微写作的写作形式是普遍接受的，但日常中的高频应用场景不尽相同，不同场景对的微写作要求写作质量并不一致，我们需要构造一个统一场景让同学们在此优势互补，共同提升。同时，在问卷结果中发现，有家长参与写作评阅的学生，写作成绩普遍偏高，这在一定程度上揭示出有包括家长在内的第三方评价的参与，会对学生写作水平的提升产生正面的促进效果，我们应积极引导学生将写作成果共享,让更多人参与到写作评价中来,进而促进学生写作水平的提升。

第三点,学生在微写作学习、训练和指导中遇到很多困难,问卷分析结果显示,教师的指导频率、家长的翻阅频率和学生间互评的接受程度都与学生的写作水平呈现明显的正相关关系,但教师单一的指导方式过度依赖于教师本人的个人努力,学生接收到的评价和对评价结果的反馈可能会受到延迟批改的影响而大打折扣,这揭示出了写作教学中评价体系的单一性缺陷,需要开展更多的评价体系,让更多的人参与到写作评价中来,丰富写作评价维度,促进学生写作水平的提升。

第四点,关于对微写作未来发展的调研,大多数学生对微写作未来的发展持开放态度,表示会积极参与其中,但也有部分学生表示否定,我们需要做好这部分学生的思想工作,引导学生进行有意义的尝试,激发学生的学习热情。

(二)教师方面问题分析

所有教师都认为写作教学是"比较难"的,由此可以看出,写作教学存在着一些系统性的困难,导致教师在授课过程中无法可依无章可循,只能凭借经验自由发挥,在付出很大努力之后,往往收效并不明显,这会直接导致教师认为写作教学比较困难。所以,我们需要寻找契合教学实践的写作教学方法,制定一套从写作基础到知识连贯的每一个环节都能顺序推进的教学策略,让写作教学不再是教师心中的困难所在。教师对微写作的运用情况并不一致,这可能和教师对微写作在写作教学中的认知程度有关,现有的关于微写作教学的研究表明,微写作对写作教学是有积极意义的,教师需要更多的途径了解教学研究的进展,对有意义的教学方法应进行积极尝试。在作文批阅方面,教师更愿意批阅篇幅短小的微写作作文,这对微写作教学的开展,和写作结果的及时反馈提供了实践基础。在写作学情探查方面,教师更愿意用短篇幅的微写作方式对班级学生的写作情况进行探查,表明微写作在写作教学中的应用是被教师与学生共同接受和欢迎的,这为微写作相关课程的教学作用的探究、开发与推广提供了实施基础。

写作教学的困难是多方面的,那么在写作教学策略的制定中,就需要教师充分考虑到这些困难因素,以点带面各个击破,整体提升学生的写作能力。作为了解学生写作学情最重要的探查方式,作文承载着学生个人的很多信息,高质量批改和即时反馈会对学生写作水平的提升有很大帮助,教师们明确了解作文批改的重要性,我们可以在作文批改上探索高质量即时性的方式,用以提升学生的写作能力。在初中阶段的教学中,相对小学而言家长参与度有所降低,在教学实践中教师们渐渐忽视了家庭教育对学生各方面能力培养的积极作用,但事实证明,家庭教育作为对学校教育的补充,其承担的教育功能和地位不可忽视。所以,在教学策略的制定中,教师们一定要充分考虑以家长参与为主要方式的家庭教育因素,以此共同促进学生学习能力的提高。微写作教学具有强大的理论支撑,而且多种教学实践研究表明其在具体知识点教学中有着很大的优势,但是从教师反馈回来的结果中看,微写作教学并没有发挥出其应有的价值。教师需要在课程制定中多了解微写作相关内容,掌握应用方法,在适用情况下积极开展微写作教学,切实将微写作的优势发挥出来,以此提高学生的写作水平。

  微写作教学近几年刚刚兴起,其教学实践发展正处在研究阶段,实施范围有限,且没有被广泛普及,所以教师对微写作教学方法所知甚少,在教学实践中难免遇到困难,尤其是没有明确的教学实施策略,我们迫切需要探索出一个行之有效的教学实践策略。在传统的写作教学中,往往是先对学生灌输写作所需的全部基础知识,从语法修辞到篇章结构,事无巨细全部罗列,然后再让学生开展写作练习,但是微写作的目标设定方式与众不同,他采用单点击破的形式,每次只解决一个问题,就一个问题讲透说清,针对这一特点,教师并不理解或者运用失准,降低了微写作的教学效果。在微写作普及的情况下,从教师角度考虑还需要多个方面的支持,主要围绕没有过往经验、没有权威教材和教师对微写作的理解不足方面,这些需要教师额外花费时间去探索,并将探索后形式有效的方式整理出来,形成教学策略,当众多的教学实践取得积极结果时,就可以解决掉其中的大部分问题。调查结果同时表明,教师对微写作的教学效果是相对认可的,在实际教学中能够多次引入微写作,但在微写作的使用频率上有所差异,这需要教师加深对微写作教学策略的解读,只有教学效果明显,才会被更高频次的使用。

  微写作以其灵活多变的特点可以适用于多种场景,微写作开展形式多种多样,任何一种形式都是对写作教学方式的有益尝试,教师可以结合学情适当选择,用别样的方式提高学生的写作水平。适当将筛选后的网络内容引入到课堂中,能够对课堂教学效果起到积极作用,教师应该对网络引入教学持开放态度,这样在未来的教学发展中才能更好地运用网络平台。

  面对微写作这种新的教学方式,教师都对其报以积极的态度,其观点主要从以下三点展开论述。

  第一点,教学的因材施教在于精准把握学情,微写作恰恰可以为探究学生写作学情提供一个新的思路和有效的工具,教师可以充分利用微写作在写作练习中的优势，借助考查学生哪些方面能力的实际问题，合理确定微写作练习内容，充分发挥微写作在学情探查方面的优势作用，促进精准把握学情，制定教学策略。

第二点，写作教学既受到学生基础的限制，也受到写作指导和即时批改的限制，教师们需要探索出一个行之有效的教学方法。教师对微写作的态度总体上呈现开放的态度，也愿意将网络新媒体等新形式引入到写作教学中，教师们认为微写作在写作教学中能够发挥出积极的作用，但从目前来看，在微写作的普及应用中仍然存在诸多困难，例如缺乏相应的教学实施策略，对微写作教学方法不甚了解，错误理解微写作的教学应用等。

第三点，在对微写作的教学应用中，教师们往往将其当作短篇幅的命题作文去布置，这样是对微写作内涵的错误理解和应用，教师需要了解微写作是探查和训练某一写作技巧和表达方式的文章，题目不需设限，只需要在写作内容中体现要考查的写作能力即可。以上这些问题的发现需要我们开发出一套能够有效解决以上问题的教学策略，以此达到提高学生写作能力的教学效果。

二、对当前初中语文微写作教学问题的反思

（一）学情探查缺乏切入点，需要另辟蹊径

在初中语文写作教学中，庞杂的知识体系和繁多的知识点令教师和学生无所适从，为了完成教学任务达到教学目标，教师在授课过程中会尽可能全面地讲解写作中的方方面面，往往会选择将相关的知识内容大量罗列。但是，这种教学方式与学生的内心期望大相径庭，枯燥的死记硬背使学生缺乏学习的主动性，被动式教学的弊端被放大体现，导致学生对新知识的接受效率低下，课堂氛围沉闷，练习效果欠佳。与此相对应，教师探查学生写作学情的方式方法需要进行调整，大范围全覆盖式的知识点探查会对学生真实写作情况的了解和写作问题的暴露带来困难，导致这一教学现状的原因主要有两点。

第一点，大作文教学知识体系涉猎庞杂，但学情探查需要具体，可以充分发挥微写作学情探查优势。写作教学的学情探查一直是让教师感觉困难的事情，其主要困难在知识体系庞杂，写作技巧繁多，表达方式多样，且不同的表达文体有不同的用途，用于阐述不同的事情，写作教学无法给出一个公式或者法则对优秀作文进行定义，最终只能是不遗余力地将所有知识点和衍生知识点进行灌输式讲解，对于对写作知识欠缺的学生而言，庞大的知识结构在短时间的灌输，已经超出了学生的认知负荷，教学效果不理想的同时，也导致教师对学生们写作学情的

掌握出现问题。

第二点，大作文训练工程庞大，学生写作积极性低，对学情探查造成影响。一次800字左右的大作文练习需要30分钟至45分钟，对于课堂训练而言，一节课只能完成一篇写作训练，课堂利用效率低下，教师不愿意用上课时间进行写作练习。对于学生而言，课后的写作练习同样要占用很多的时间才能完成，且由于生活感受的缺失，在写作过程中学生有可能对部分写作题目无法透彻理解，导致所写文章不知所为，在硬凑字数的过程中，逐渐丧失对写作的学习兴趣。在以完成作文为目标的写作练习中，学生将写作完成当作最终目标，对作文结果反馈的重视程度远远不足，这导致作文评价无法发挥对学生写作实践指导的实际作用。综合以上两点，学生在写作学习中，不同的学生有不同的学习情况，利用大作文完成对学生整体学情的探查难度较大，且反馈结果并不准确，难以发现共性问题，导致教师对本班级的学情产生错判，影响进一步的教学实施。

微写作教学能够充分综合考虑传统写作教学与训练中的弊端，在教学中能够积极引导并激发学生的写作兴趣，引导学生主动学习，最终达到课上主动学习，课后自主学习的效果。微写作对实现这一转变具有两个天然优势。

第一点，微写作教学每次只针对一个知识点进行透彻讲解，并且配合有相对应的写作练习，以此加深学生对该问题的认识和对该知识点的运用，达到学以致用的教学效果。教学完成后，教师再通过微写作方式对学生进行考查，针对性地了解学生对该写作能力的学习情况，充分准确地探查学生的写作学情。

第二点，微写作练习可以选择学生感兴趣的点进行写作，提高学生的写作积极性，提高学情探查效率。一篇微写作的字数在200字左右，对于教师而言，在课堂上结合所学内容进行一次微写作练习的时间为10~15分钟，不会占用更多的课堂时间，这会使教师更容易展开即学即练的课堂练习。对学生完成写作而言不存在时间和表达上的难度，且写作练习常常出现在课堂教学之后，能够即时应用所学进行写作练习，不存在写作技巧和应用知识的难度，写作题材和写作方式能够因学生的兴趣点制定，不存在写作内容和写作生活性的难度，能够更容易让学生接受，且短篇写作只针对某一知识点的练习，作文反馈结果直观有力，能够帮助教师及时了解学生写作学情，同时也易于让学生理解和接受，有助于学生写作水平的提高。

综上所述，微写作教学和练习能够充分发挥微写作在探查学生写作学情中的优势，避免因为学情探查不具体导致授课效率低和教学进程制定失准的情况，为教师探查学生写作学情提供方式方法，为进一步制定写作教学计划提供有力支持。

（二）课后训练缺乏个性化变成命题作业

写作教学的内容通常是对某一写作技巧或者是修辞方式的应用，而对这种写作方式掌握的熟练与否，往往是通过课堂练习或者是课后作业的完成质量来评判，但教师在制定写作任务时，缺乏对学生发展多样化的考虑，往往以固定题目的形式进行教学结果测评，这在一定程度上限制了学生写作的积极性。大作文的命题作业主要来自两个因素。

第一点，教师在对大作文进行批阅时，通常倾向于同一主题进行比较批阅。也就是要求学生根据同一主题进行写作训练，在作文评价时，教师根据学生们对这一主题的写作情况进行赋分，最终得到每个学生的写作评价。这样的优势在于降低教师在不同主题间的思维切换频率，有助于教师从统一标准出发对学生的写作水平进行客观评价。但这一方式存在不可忽视的缺点，考察的内容除了知识点外还混杂着学生的套用嫌疑，例如，学生掌握了一种写作方式，于是就让学生们用这种写作方式去描述同一件事，并且用写作成果评价学生对这一写作方式的理解，这显然存在固有偏差，导致教师对学生写作学情的判断出现偏差，也会使部分学生丧失对写作的积极性，降低教学效果。

第二点，这种训练方式是根据中学语文考试作文题目命题方式的设定，将命题形式带到日常写作练习中，从实战的角度出发进行每一次写作训练，有助于学生应对中考作文。

以上两点可以解释命题形式作文训练的合理性，但是这并不能完全掩盖命题作文的弊端，命题作文最大的弊端在于训练内容缺乏个性化，忽视学生的生活体验和写作情景，导致学生无话可说，这种命题作文的写作评价过于片面，无法准确了解学生的写作情况，并且学生在面对命题作文时会产生消极情绪和抵抗心理，从而影响教学效果。

微写作形式能够很好地解决这一问题，微写作的训练完全可以采用多命题形式或者是题目自拟的形式，充分考虑学生的个体生活经历和情感体验，创设学生能够接受的写作情景，让学生有感可发，有物可写，以此克服不知何所云的写作逆境。另外，因为微写作具有训练点明确和内容完整的特点，微写作可以很好地传递给教师关于该知识点的掌握情况，且短小的篇幅不会使教师批阅时因为频繁的在多主题间跳进跳出而丧失对知识点掌握情况考察的出发点，不同主题的内容也会降低教师批阅时的枯燥感，且教师利用课间等碎片时间就可以完成一两篇甚至多篇的微写作作文评价，学生选取自己最熟悉的内容写作，教师也可也以更客观地评价学生对某一知识点的掌握情况，能够对学生们的写作学情有了更准确的掌握。从学生角度看，微写作命题可以充分考虑学生的个性化特点，允许学生自由发挥，学生在写作训练中，可以根据自身情况，结合写作训练目标，自己选择感兴趣的内容写作，这样的作文具有现实基础，会有较为丰富的内容，且短篇幅的写作形式也广受学生的欢迎，更能够激发学生的写作热情，从而提升写作教学的效果。

（三）教学评价维度单一性教师单打独斗

传统的写作教学评价体系单一，教师是主要甚至是唯一的作文评审者，一名教师同时承担着班级所有学生的作文批改任务，分析内容多，工作强度大，很容易造成批改疲倦，导致评价效果偏差。与此同时，大量的写作批改任务会导致批改反馈延迟，错过学生最佳的作学反思时期，即使后续会对本次写作练习进行重点讲解和反复强调，也只能达到事倍功半的教学效果。造成评价维度单一的主要原因有两点。

第一点，大作文写作评价具备专业性特点。一篇传统的大作文作写训练中往往考查学生的多种写作能力，例如对写作题目的理解能力、相关主题的转化能力，篇章结构的设计能力，语言文字的组织能力和修辞手法的运用能力等等，这些能力的综合评价需要评价者具有专业的语文素养和丰富的作文评价经验。这一特点限制了评价主体只能是教育领域相关从业人员，甚至更进一步限制在语文学科作学教学的相关教育工作者，所以导致目前的写作教学评价只能由教师这一种评价维度，缺少其他更多元评价者的参与。

第二点，大作文篇幅限制了评价的普及性。在作文优劣的评价中，或许非专业人员也能够对作文水平进行粗略点评，但是这种点评缺乏系统性和专业性，也缺少广度和深度，无法对学生写作实践提供真正的帮助。对于家长这一希望深度介入到学生写作指导的群体而言，即使这一群体有强烈的参与意愿，但对写作成果进行评价的技巧和注意事项仍然难以普及，原因在于传统作文篇幅偏大，对学生写作能力考查的维度广泛，只有细致地阅读文章，专业的观察角度和对该学生目前学情掌握的综合评判，才能够提出对该学生有实践指导价值的作文评价和改进建议。

微写作作品评价可以克服传统作文评价中的痛点，能够针对性地引入多元评价机制，调动包括家长在内更多人员参与到微写作评价中，更好地丰富写作评价体系，解决写作评价教师单打独斗的局面。微写作在评价方面可以发挥积极作用的原因有两个方面，第一点是篇幅优势，短篇作文的评价式阅读耗时短，可以采用碎片式阅读，而不必采用大作文的沉浸式阅读，这使得作文评价不受时间制约，随时可以进行。第二点是考察点聚焦优势，在微写作练习中，每一次练习只考察一个维度的写作能力，这使得评价人员能够更有针对性的对该能力进行评价，使得评价内容同样具有聚焦性，进而使评价具有深度和广度，能够为学生写作实践提供有效建议。

（四）作文成果缺乏共享性只能孤芳自赏

传统的写作教学练习流程是，学生写作，教师批改，试卷返还，学生再依此对照修改，这几个步骤构成了传统写作质量评价和写作教学的闭环。在这一闭环中，始终是教师与一名学生之间的交流，学生的写作成果只能被自己和教师看到，其他同学无法观看，同时也无法看到其他同学的写作成果，学生是天然渴望被关注的，但传统写作成果却存在固有的封闭性，这会使学生缺乏写作的内在驱动力，导致写作积极性下降，写作能力提升缓慢。大篇幅的作文不利于包括学生互评在内的广泛评价，原因在于，即使是专业的语文写作教师，阅读一遍传统的大作文也需要很长的时间，再将作文评价和写批语的时间包括在内，则完成一篇作文评价的时间在20分钟甚至需要更长时间。这极大地限制了非语文教师人员对作文评价的积极性，如果让学生参与到作文写作评价当中，以学生之间互相评价为代表，当一名学生审阅另一名学生的作文时，相对教师而言通读一遍的时间要更长，作出评价和写评语的时间也更长，平均时长在20分钟至半个小时，在教学实践中，很难让学生将半个小时的时间用于对他人写作进行评价上，所以说，传统的大作文训练形式限制了包括学生互评在内的第三方评价的积极性。这个第三方还可以指家长和社会其他成员，当家长或者其他人员想要参与到学生的写作成果评价时，大作文限定的字数也同样会给家长阅读和评价造成困难。

将微写作方式应用在写作教学和写作训练中可以有效避免上述问题的出现。首先在文章篇幅上，200字左右的文章在评价式阅读中很容易进行通篇阅读，具有阅读负担小的优势。这一优势可以进一步扩大，让更多的人参与到作文评价中，例如学生互评和家长评价，能够放手让非专业人员参与到写作成果评价的原因有两个。

第一，微写作篇幅短小，以其贴近网络碎片阅读的短小文体能够赢得更广泛读者的关注，在阅读一篇微写作作品时，可能仅仅需要一至两分钟的时间，并且在阅读时能够快速掌握作者要表达的主旨信息，这一特点使得学生互评和更多人参与写作评价成为可能。

第二，微写作内容聚焦，评价能够突出重点，在一次微写作教学或者微写作训练中，一次只讲一个知识点，或者一次只训练一个写作技巧，所以写作内容具有鲜明的练习性和主题突出的特点，这对阅读者进行写作评价是一个很好的形式，这样阅读者可以针对性的对本次写作所暴露出的问题进行具体指出，并且能够对优秀作品进行细致点评和鼓励，能够对学生写作水平的提升提出具有针对性的建议，达到提升学生写作水平的效果。

针对微写作与传统写作相比的优势，除了以上几点之外，更重要的意义还在于增大写作结果的可分享性和提高群众评价的参与性。作为短小精悍、观点明确、内容完整的写作成果，更多的人愿意为它倾注目光，也使得家庭和社会力量更容易也更愿意参与到作文欣赏和评价中。在这一外界力量的关注下，学生们会自发产生写作学习的动力，将写出更好的作品设定为自己的阶段性目标，从而达到提高学生写作能力的教学目标。

微写作在写作教学中的参与，有助于打破学生写作中教师单方面评价，学生孤芳自赏的作文评价现状，以引入更多评价维度为手段，以夯实分享基础为途径，提升学生写作原动力，激发写作学习好奇心。

第三节　微写作教学的优势

微写作作为一种新兴的写作形式，它随着互联网通讯和即时交流工具的发展而逐渐进入大众视野，因其引入我国的时间相对较短，目前的微写作教学仍旧处在探索阶段，距离广泛普及还存在一定的差距。但是，作为对传统教学法的补充和替代，微写作教学在研究之初，就已经焕发出了蓬勃的生命力，具有增进和颠覆传统写作教学模式的重要意义。随着微写作教学理论的不断完善和实践经验的不断积累，微写作教学在未来一定会是教师教授作文写作的一件利器，它与生俱来的四大优势，会为作文写作知识的高效传递提供坚实的支撑。

一、微写作体裁选择广泛

微写作自诞生之初就以短篇幅的形式吸引大众的目光，作为日常沟通交流的即时通信形式，它少则几十字，多则上百字，可以表达纷繁丰富的内容，因为微写作在文体的选择上几乎不受限制。我们日常涉及的记叙文、说明文、应用文、议论文等文体，在微写作中都有广泛应用，更细化的包括：写人、写景、叙事、抒情、书信、笔记、通知、宣传、评论、事理、说明等等，微写作涵盖了几乎所有的文章体裁，所以在微写作教学中写作体裁存在着广泛的选择性，教师可以通过微写作教学对所要讲授的各种文体进行专项练习。

二、微写作训练时间灵活

微写作与大作文的最显著区别在于篇幅大小，一般而言，在大作文的练习中，根据题目要求，一篇不少于800字的文章，学生平均完成时间在40分钟左右，如果进行课堂练习，那一次练习下来基本上占用了一整堂课的时间，导致对课堂时间利用低效。而微写作则恰恰相反，因其篇幅短小，每一次练习的时间在5分钟左右，可以随时展开练习，例如，在讲到记叙文中描写人物的知识点时，我们可以在讲解之后当即让学生们针对具体的某一人物展开微写作练习，这样学以致用更能加深学生们对这一文体的理解，根据对练习结果的评估，也可以增加教师对整体学情的了解，有助于开展进一步的教学活动。

三、微写作课堂利用高效

写作是需要知识储备的，但写作知识的增多又使课程变成知识点的罗列，知识点过多，写作教学不堪重负。传统教学法下的写作教学，往往会预先用大块时间将写作的知识点进行系统梳理，这是一个枯燥且乏味的过程，教师和学生在面对这样的"大工程"时都会倍感压力。学生们往往在课程过半之后，因认知负荷无法集中注意力而导致后续内容吸收效率低下，并且在课程讲解完成后，由于缺乏组织有效的练习，导致学生对所学内容的遗忘比例很高，这些因素都在影响实际的授课效果，都在降低课堂时间的利用效率。而微写作"短、小、精、活"的特点，可以做到一课一练，甚至达到是一个知识点一练的程度，在课堂组织中，这种"讲—练—讲—练"的模式能够始终保持课堂激情，学生们也会在"学即用"的实践中更好的理解和运用写作技巧和要点，从而走出硬性灌输的教学误区，大大提高知识传递效率,也让课堂时间的利用更加高效。

四、微写作内容维度聚焦

微写作的内容特点是针对性强,或抒情,或议论,因其篇幅限制很少有多种类型混杂的情况,它不追求面面俱到,而是聚焦核心问题,选择核心知识,解决关键困难,在写作教学中,我们可以利用这一特点对学生的知识点掌握情况进行专项练习,它既便于学生学习,也便于教师设计与教学。

第四节 微写作教学在初中语文教学中的运用策略

微写作作为近几年随互联网通讯而兴起的一种新的写作形式,因其在理论上的发展相对较晚,很多教师都对其缺乏系统的了解。"微写作"形式的课堂实践已经存在了很长时间,教师授课时经常会让学生们就某一问题进行仿写或创作,因此教师和学生对这种微写作形式并不陌生,但是,教师并没有对微写作的功用做更进一步的挖掘,只停留在根据授课内容布置练习和课后作业的阶段,大大低估了微写作在写作教学中的应用价值。随着微写作理论的完善和课堂实践的发展,微写作教学方法会逐步实现对现有写作教学方法的补充和部分替代,微写作教学与现行写作教学融合互补,是语文写作教学的发展趋势。

一、以微写作把握学情强化教学目标

微写作同微型课程一样,具有"短、小、精、活"的特点,微写作作为短篇幅的写作形式,容易被学生们接受,同时,微写作的考察内容具有针对性,或是一种修辞方式,或是一种表现手法,学生们能够进行针对性的练习,教师能够根据作文评阅准确获得学生们的写作学习情况。

在写作教学中,根据教学大纲要求,写作内容要语言表达准确,富有真情实感,而真情实感一定是来自于学生自身的真实经历和切身体会。我们以写作教学中七年级上册第一单元的写作练习为例,在第一单元的课程安排中,有朱自清的《春》、老舍的《济南的冬天》、刘湛秋的《雨的四季》,而课后写作实践的内容安排中,第一个写作练习内容要求学生以九月这个由夏入秋的特定月份为背景,

选取一个场景，写一段文字。本单元的课文用细腻优美的语言，描绘了多姿多彩的四季美景，在课文的学习中，学生们自然会在这一系列的课文中对季节描写有一定的认知，正待跃跃欲试时，这一写作实践题目恰好满足学生的练习需求。写作要求中的"写一段文字"，不对字数做具体要求，正是典型的微写作案例。这一写作实践给我们带来很多启发：

第一，习作方式的巨大转变。在学生们由小学升入初中的关键阶段，写作要求进行了很大的调整，对学生而言存在着如何使写作方式平稳过渡和角色转变的问题，这一衔接过程是初一上学期教学中的关键部分，而微写作的形式就处在一个比"小作文"大，又比"大作文"小的适中情况，能够有效降低学生的排斥心理，正可以在这个衔接中发挥它的作用，这需要我们在写作教学中更加耐心的引导和积极的对待。

第二，写作内容的精准聚焦。在写作练习中，跑题现象时有发生，尤其是在大量的前期铺垫和素材积累之后，这种跑题情况会更加严重，为了使学生们对作文主题有一个更清晰的表达，我们需要对写作内容有一个精准聚焦。在本例的作文实践习题中，秋是文章的中心主题，因秋而变的事物是我们关注的焦点，从哪里能看出秋天来了，是我们需要聚焦的地方。微写作的行文风格是主题突出，内容具有针对性，是聚焦主题写作的有利形势，有焦点才能够使文章不散，有焦点才能让读者更清晰地接收到作者要传达的情感。

第三，真情实感的具体表达。微写作作为一种写作形式，它同样需要真情实感的支撑，在写作实践之前，教师要不畏烦琐，积极为学生铺垫情感基础和写作素材，用"看图说话"的方式引导学生描写"图外"的世界，正如本单元的课文一样，它们以四季美景为主线，已经为学生创设出了触动心灵的情境，并且用其优美的语言进一步地唤起了学生们内心丰富的情感，这些习作前的积累都会使写作内容富含真情实感，充满张力，也使最终作品情感充沛。

没有心灵共鸣的沟通是空洞的，没有情感基础的表达是乏味的，微写作就是要让学生们去表达更加丰富的内容，让教师充分了解学生们对每一个写作技巧的掌握情况，根据学情反馈，为教师教学计划的制定提供充分依据，这样才能够让学生有真实的表达欲望，使文章表达言之有物，言之有实，只有这样才能让学生更好的运用写作这一种重要的表达方式去表达丰富多彩的情感世界。

（一）见微知著分析多维学情

维果茨基的"最近发展区"理论强调教学要探明学生已知的知识和经验，以此为基础进行教学活动对于教学水平的提高和学生的发展更有利。然而，由于写作学情具有复杂性，且写作教学缺乏具体简明的参考维度。从而导致在作文教学中，学情这一关键性教学指南不得启用。学情的复杂性间接导致同一学段学生的知识水平、写作能力以及对事物的认知程度都存在差异。然而，这并不意味着中学生语文写作的学情抽象、难以考察。教师通过对学生作文中关键性问题的遴选与甄别，找出写作教学中普遍性问题和特殊指向性问题，以确定学生的基础写作水平和共性问题。只有通过对写作学情的考察和分析才能够更好地了解学生对某一写作知识的掌握状况，尽量避免教师在写作中教学中出现脱离具体写作内容和知识的写作教学，因此，对学生写作学情的分析离不开具体写作内容的支撑。

教师在写作教学开展之前，并不了解学生针对某一写作知识点的运用水平，按照传统的教学方式，教师通常是对学生加以引导，让学生展开写作，教师借此进行批阅和讲解。但这样难以把握学生的写作走向，抓不到具体的问题，此外，复杂多样的写作角度和不同写作之间存在的差异教师并不能一一分析讲解，学生对于其他同学的作文也不尽了解，从而造成知识性内容不明确，学生难以从教师的讲解中联系自身的实际问题。通过微写作对学生的学情进行考察，有助于将教学中的问题进行微化处理，使问题具体化、形成明确的教学目标，例如，七年级上册第一单元的写作课主题为"热爱生活热爱写作"，课本中例举了"妈妈是如何在忙忙碌碌中度过一天的""爸爸每天到家后第一件事做什么""校园里最安静的角落在哪里""你哪个朋友名字比较有特点""你的同学进教室时，开门、关门的方式各有什么特点""你的语文老师最喜欢穿什么颜色什么样式的衣服"六个话题，对此，教师可以采用微写作的考察形式，对学生的写作情况加以探析，教师在分析学生作文后，发现相当一部分学生在记叙文方面不知道如何深入进行人物描写，因此将"作文中的人物描写"作为教学目标，是目标集中在教学实施上，从多维学情中选取教学目标的着力点，在微写作的过程中明确微问题，帮助教师见微知著，分析多维学情，遴选有普遍性的教学问题，进而强化教学目标。

（二）析微察异明确写作需求

在初中学段，教师仅依据课程目标维度确定有针对性的教学内容是狭窄的，了解学生的写作需求更有利于聚焦教学目标，从而促进学生对写作知识的理解，这需要结合学生具体的写作现状，从分析学生写作学情，明确学生的具体写作需求，建立学生写作需求与课程内容的衔接，确立微型写作教学任务。

例如，在七年级上册第三单元，写作教学围绕写人的特点，教师在分别在两个班级进行授课，在第一个班级时，教师将爱因斯坦的照片展示给三名学生，让他们根据照片展开描写。这三名学生的描写形象、生动，采用了多种修辞手法，教师请同学们的点评，也都是对将三名同学的描写赞不绝口。然而，当老师将照片展示给所有人看时，所有人都不可置信，因为学生的描写是一种想当然，与照片中爱因斯坦的形象基本不符，都是通过联想大量套用比喻的词汇编造出的人物形象。在另一个班级，教师仍然选择三名学生进行人物描写，为了避免学生在进行人物描写时凭空想象，教师在展示照片时强调不要脱离人物形象，对于此次的人物描写结果，而这次学生的描写句子平淡、简单，显然是"不知道写啥"，最终教师将有什么、像什么、怎么样作为人物肖像描写的教学目内容。值得注意的是该老师的两次教学内容虽然都来自"描写"的基本知识，但完全不同的是，第一个班级的三名学生没有正确认识描写要遵循实际事物的知识；第二个班级的三名学生缺乏描写的程序性知识。两个教学内容的开发都是首先依据学生的写作需求，在"描写"这一知识结构中选择符合学生写作需求的知识内容作为微型写作的教学目标和教学内容。教师在进行写作教学时，可以以微写作作为教学手段，从微写作中了解学生的写作认知水平，同时探析学生的写作需求，转换教学思路，打破教学壁垒，以学生的写作中的需求作为强化教学目标的依据。

（三）知微知章优化教学目标

微写作可以使写作教学过程的"抓手"由写作知识系统为本位向基于学生写作学情为本位转变。微写作教学将学生置于教学设计的主体地位，致力于研究学生现有的写作经验、写作需要以及写作困境，并以此为基础，设定教学目标、确定教学内容、组织教学活动。通过微写作，可以将写作教学中的问题细化地呈现，在教学目标设计的过程中，更具针对性地解决写作教学中存在的问题，甄别写作教学中难以攻克的问题，通过对学生微写作的学情入手，知微知章，挖掘具体问题，进而完善和优化教学目标。

微写作可以帮助学生充分挖掘学习资源，广泛借助环境支持，但是，没有系统的指导，学生的素材资源将零散无章。这就需要教师依据学生的写作情况，帮助学生展开恰当的知识性梳理，和写作知识框架构建。同时帮助教师充分了解学生的思维逻辑、情感以及价值观。例如，教师在进行教学前，提前布置好一份作业，让学生以"餐桌前的谈话"为话题，写一篇微作文，可以是当天发生的事，也可以是正在看的电视节目等。学生对该话题十分感兴趣，写作内容也是十分精彩，但是教师批阅作文时发现一个关键性问题，学生对自己写作的中心不够突出，首先地点是餐桌前，内容是谈话，谈话的内容是什么？参与的人是谁？而多数同学将作文写成了一个泛泛的聊天，只针对聊天的内容详细说明，而具体的信息和观点没有说清楚，结合这一问题，教师总结出学生在写作中抓不到中心点。通过微写作，教师在教学目标设计上可以将课程定位于"如何突出中心点"，以微写作作为探析学情的途径，从而定位教学目标，既可以帮助教师有针对性的检验学生的学情，还有利于教师在教学目标设计上立足于学生，进而优化教学目标。

二、以微写作开发命题充实教学内容

除了课堂上的"微写作"练习之外，课外的写作训练不容忽视，我们要打造一个微写作教学训练体系，应该贯穿于学生的学习生活中，课上的讲解离不开课后训练的支持，但对学生而言，作业本身就代表着压力，作文作业就是更大的压力，学生往往存在强烈的排斥心理，打击学生的习作积极性。所以"微写作"的作业不能够抄袭传统的大作文模式，而应该更具自由性和灵活性，除了看重训练过程外，还应该注重学生的生活体验和写作情境，让学生言之有物，富含真情实感。

（一）体裁与题材相搭配命题具有广泛性

借鉴和仿写是写作训练中最基本的方法，简单易学，模仿经典段落能够提升学生的语言和文字运用能力，适用于"微写作"练习的初级阶段。教师可居中引导，对文章段落的写作技巧进行深度剖析，再让学生根据日常生活体验和熟悉的事物情景进行片段仿写训练。在仿写进行一段时间之后，教师就需要有意识地将"仿写"和"创新"相结合，将微写作练习进行到下一个阶段。

例如在部编版八年级下册的语文教学中，第一单元的写作内容就是仿写，这完全可以利用微写作进行课堂教学和课后训练，第一单元的阅读教学中包括鲁迅的《社戏》、贺敬之的《回延安》、刘成章的《安塞腰鼓》和吴伯箫的《灯笼》，都是以具体对象为依托，表达作者和当时环境中孕育的丰富情感。在单元最后的写作训练中，主要任务是学习仿写，要求以《安塞腰鼓》为仿写对象，运用排比、反复、比喻等修辞手法描写黄土高原上人们打腰鼓时的场景，场面热烈，排山倒海。请学生们选择文中的一个段落，模仿其中的句式、修辞或结构，描写一个场景，主题不限。

在教学安排中，要求学生根据内容和表达的需要，选择和确定具体的仿写点。让学生们对精彩的地方细心揣摩，想一想作者是怎么写的。然后再想想自己怎样去仿写，最好还能有些变通和创新，要求字数在 200 字左右。教学目标就是让学生在仿写中充分了解和运用对比、排比、反复、比喻等修辞手法，加深对所运用修辞手法的印象，积累相关修辞手法的运用经验。在课堂教学中，要充分讲解《安塞腰鼓》中涉及的修辞手法。对比：是把具有明显差异、矛盾和对立的双方安排在一起，进行对照比较的表现手法。如"这腰鼓，使冰冷的空气立即变得燥热了，使恬静的阳光立即变得飞溅了"。在句中，"冰冷"与"燥热"，"恬静"与"飞溅"，两组反义词形成鲜明的对比，凸显出了安塞腰鼓的鲜明的特性。排比：是一种把结构相同或相似、意思密切相关、语气一致的词语或句子成串排列的一种修辞方法，达到加强语势的效果。如"骤雨一样，是急促的鼓点；旋风一样，是飞扬的流苏；乱蛙一样，是蹦跳的脚步"把打腰鼓的神采充分地表现出来。反复：是根据表达需要，有意让一个句子或词语重复出现的修辞方法，用于强调和突出某种情感。如"山崖蓦然变成牛皮鼓面了，只听见隆隆，隆隆，隆隆……"。文中反复的出现"隆隆"，是突出腰鼓磅礴之音，也是侧面表达现场的红火热情。比喻：是一种常用的修辞手法，用跟甲事物有相似之点的乙事物来描写或说明甲事物，是修辞学的辞格之一。也叫"譬喻""打比方"，中国古代称为"比"，或者譬（辟）。课文中提到，"他们朴实得就像那片高粱"就是对比喻手法的灵活运用，用来加深对写作主体的感观理解和侧面表达。

在充分讲解文中主要运用的修辞手法之后，将这一单元的写作任务以课后微写作作业的形式布置给学生们，让学生们结合自己感兴趣的课文片段，描写一个场景，字数在 200 字左右。

学生作品展示：

警犬

警犬是警察机关使用的具有一定警务用途的犬，在缉毒、刑侦、搜救等领域发挥着重要作用，作为优秀的犬类，它们的日常训练必不可少，平时训练中，警犬在指导员的指挥下，即使面对近在咫尺的食物也丝毫不为所动，实战环境中，警犬在指导员的指挥下不畏艰险，像子弹一样，是直奔目标；像斗牛一样，是义无反顾；像勇士一样，是勇往直前。实战场上，体现出的是责任大于天的警犬品格。

秋

　　自古逢秋悲寂寥，我言秋日胜春朝。在唐代诗人刘禹锡的笔下，秋天是美好的，是活泼的，是与众不同的，和刘禹锡一样，我也喜欢秋天。秋天的山峦如同披上了一件黄色的霓裳，沉稳庄重；秋天的树林如同换上了一件黄色的衣衫，随风摇曳；秋天的麦田如同铺上了一层黄色的地毯，麦浪翻涌。仿佛这片天地都在为这金黄和喝彩，秋风拂过树梢，金黄的叶子相互碰撞，沙沙沙沙，沙沙沙沙。

　　在这一修辞方式的学习中，基于对课文文本的详细解读，对文中关键字句的反复琢磨，还有对修辞手法的经典解释，使学生们对仿写的关键点抓的比较准确，经过微写作形式的写作训练，使学生们能够应用到日常的写作中，加深印象，达到化为己用的学习积累过程。在作业布置中，只强调对修辞方式和写作手法进行仿写，而对仿写作品的主题和内容没有明确要求，这有助于学生将自身经历与修辞方式相结合，写出富有真情实感的好段落，为"言为心声"打下深刻基础。在第一篇微写作作品《警犬》中，"像子弹一样，是直奔目标；像斗牛一样，是义无反顾；像勇士一样，是勇往直前"是对《安塞腰鼓》原文"骤雨一样，是急促的鼓点"排比比喻句式的仿写，学生能够准确抓住比喻和排比句式的特点。第二篇微写作作品《秋》中"仿佛这片天地都在为这金黄和喝彩，秋风拂过树梢，金黄的叶子相互碰撞，沙沙沙沙，沙沙沙沙"，是对《安塞腰鼓》中反复手法的仿写，也是将修辞方式活学活用的典型方式。在微写作练习中，通过对阅读文本的深刻把握，和对修辞手法写作技巧的准确阐释，让学生们理解的同时，要结合自身生活体验的去运用和表达，不要囿于题材和体裁的限制，先让学生们用起来，再让学生们在框架内做文章。

　　仿写是一种很好的写作练习形式，也是能够唤起学生内心情感，增强生活体验的写作方式，它能够促进学生回忆生活、感受生活进而热爱生活，从写作的情感上为学生打下坚实的基础，从而提高学生的写作水平。

　　（二）课内与课外相结合命题具有迁移性

　　课内的教学成果需要通过课外的生活体验去加深和巩固，当学生能够将理论与实际产生关联，能够学以致用，活学活用，就能够达到灵活运用写作知识，充分表达思想情感的教学目的。所以，课内的教学与课外的生活体验不能完全割裂，教师在教学实践中，应当将二者有机结合，相互迁移，达到事半功倍的教学效果。

　　在部编版八年级下册第五单元中，阅读课程包括梁衡的《壶口瀑布》、马丽华的《在长江源头各拉丹东》、马克·吐温的《登勃朗峰》和阿来的《一滴水经过丽江》，都是游记类的经典文章，单元最后的写作训练中，题目设置为学写游记。

这是典型的课内与课外相结合，在写作练习中可以起到互为积累，互为促进的作用。教师在写作练习之前，要结合这四篇游记类文章简明扼要的讲解此类文章的特点，并且在学生的写作之前，适当给予部分修辞提示，让学生们更好的将修辞手法运用到日常写作中。

《壶口瀑布》中，作者通过季节变换展现不同状态的壶口瀑布，令人印象深刻：雨季的壶口瀑布"仿佛突然就要出现一个洪峰将我们吞没"；枯水季的壶口瀑布"这时的黄河像是一张极大的石床，上面铺了一层软软的细沙，踏上去坚实而又松软"。除此之外，作者运用比喻、拟人的修辞手法，生动形象地写出了瀑布的形状、态势、力量，表现了壶口瀑布令人震撼的气势，前赴后继、勇往直前的精神，以动衬静，用山和天来衬托壶口瀑布奔腾激越、令人震撼的气势。最后通过脚下的石和河道的深沟，写出了黄河水的个性（人常以柔情比水，但至柔至和的水一旦被压迫竟会这样怒不可遏），于是作者在最后写出了黄河柔中有刚，勇往直前的伟大性格。学生们在写作练习时，可以大胆的运用比喻、拟人、夸张等等修辞手法，立体感性的描写景物景观，为自己的文章增加亮点。

这篇游记类文章重点进行景色描写，通过季节变换描写壶口瀑布的不同状态，让人犹如身临其境。这种写作方式常常应用于遇到奇伟瑰丽的自然景观，通篇描写中以景色为主，偶有加入心理描写，但整体篇章主要凸显景物和写作对象。根据这一篇文章，向班级学生布置短篇微写作文章，描述一次旅游经历中，给人留下印象最深的一处景致，不要流水账式的记录，要对单一景物进行描写。

《在长江源头各拉丹东》中，作者除了重点描写长江奇观之一的冰塔林外，更多的是将自身感受融入了写作中，例如"手背生起冻疮，肩背脖颈疼得不敢活动，连夜高烧，不思饮食"，"脚下一滑……裂骨之痛随之袭来"，"头痛，恶心，双脚绵软，呼吸困难"，等等。文章中作者细致地将自己在各拉丹东的经历和感受表达出来，让读者仿佛身临其境，更加真切地感受到长江源头这次旅行的体验。学生们在进行游记类作文写作时，可以参照这篇文章，将旅途中自己的所思所感表达出来，甚至将自己的语言动作都付诸文字，这样可以更好更全面地表达自己的情感。

在这篇文章的课后微写作作业中，我们布置的还是游记类写作，但是要按照

《在长江源头各拉丹东》的写作特点进行写作，我们首先抓住其与上一篇《壶口瀑布》写作特点的不同之处在于，这篇游记中加入了大量的个人经历和当时的想法，或震撼，或神往，或痛苦，或焦虑，作者毫无保留地告诉读者他当时的所见所闻所思所想。

《一滴水经过丽江》是一篇别具一格的游记作品，作者打破了常规以人的主观视角作为游记记录内容的标准，化身为一滴流经丽江古城的水，以水的路线和沿途经过的地方为线索，全面展现了丽江的自然风光和人文景观。这篇文章，构思新颖，视角独特，给读者开辟了一个新的视角，阅读时感到新奇不已，学生们在写作时可以尝试这种方式，将自己化身为某一事物得一部分，体会一下另一种视角下的大千世界。

在阅读写作练习中，课内所学的技巧和方式要不断用课外的生活经历去补充，课内知识和课外经历不断迁移互补，这样才能加深理解，活学活用。优秀的微写作教学离不开文本的深刻解读和知识点的耐心讲解，在这些基础内容教授完成之后，微写作的练习一定能够为写作学习效果的巩固增色不少。

（三）写点与写面相融合命题具有聚焦性

微写作作为一种自由灵活的训练形式，可以充分结合阅读教学，将其作为阅读后的写作训练。但在阅读教学中，文章的表现形式和表现内容千差万别，作为入选教科书的经典文章，一定在叙事、说理、议论、抒情等方面有独到的见解，在文章的广度和深度有精炼的描写。在这种情况下，教师需要选取适当的切入点进行微写作训练，让学生们在通篇把握文章内容的基础上，聚焦写作目的，针对性训练写作技巧，达到写作中点与面向结合的训练要求。

部编版八年级下册第六单元中，阅读教学设置了《庄子》的"北冥有鱼"、《礼记》的"大道之行也"、韩愈的《马说》、白居易的《卖炭翁》等七个短篇论事说理的故事类文章，本单元的写作练习部分为学习故事。

微写作中点与面相结合正适合这类文章的写作，故事类文章要概括全貌，突出重点，这些写作特点需要教师通过阅读教学之后的经验汇总，将相关技巧教授给学生。

《北冥有鱼》中，作者的想象雄奇瑰丽，全篇不到200字，将北冥鱼及其将变换后的形态描写的细致生动（北冥有鱼，其名为鲲，鲲之大，不知其几千里也；化而为鸟，其名为鹏，鹏之背，不知其几千里也），随后将鹏鸟的运动方向和目的明确交代，构成一个完整的故事，可读性强，尤其是一个"大"字贯穿全篇，令人印象深刻（鹏之徙于南冥也，水击三千里，抟扶摇而至上者九万里，去以六月息者也）。这里要与学生们交代清楚，这种夸张的写作形式经常出现在故事类写作中，尤其是在中国古典故事类作品中多有表现，学生们在创作自己的小故事时，可以适当借鉴，丰富故事内容，增强表达效果。

《马说》中，韩愈借千里马和伯乐的关系表达人才与发现人才的人之间的关系，抛开引申意义不谈，单以字面解读文章，这也是一个引人入胜的好故事。文章开头，作者抛出了一个违反常识的观点"世有伯乐，然后有千里马"，激发读者一探究竟的好奇心。而后一步步论证说明（是马也，虽有千里之能，食不饱，力不足，才美不外见，且欲与常马等不可得，安求其能千里也），最终以'策之不以其道，食之不能尽其材，鸣之而不能通其意，执策而临之曰天下无马'得出上述结论：世有伯乐，然后有千里马。学生们在写故事类文章时，可以借鉴这种写作方式，将自己的观点写在文章开头，然后再进行说明和论证，在行文过程中紧紧围绕中心进行表达，达到吸引读者，引发思考的目的。以下是课后微写作练习中的优秀作品：

河道清淤

　　清理河道淤泥，有人竟将河道收窄。在古代，河道治理过程中，清淤清沙工作应该在枯水期，安排人力将河道中的泥沙清走，达到加深河道以备防汛的目的。但是明代水利大家潘季驯反其道而行之，在泥沙淤积的地方收窄河道，利用强大的水流冲走河底的淤沙，获得了很好的效果。这就是从明代一直沿用至今的束水冲沙法，在该方法发明之初，虽然违背常理，但是符合科学，也为后世治理黄河提供了更加开阔的思路。

　　该短篇微写作文章运用了《马说》中开篇设题的表达方式，随后一步步说明这句话的正确性。开篇提出违背常理的陈述，在作文写作中并不罕见，通常能够起到引起读者阅读兴趣，进而引发思考的阅读效果，是写作练习中可以大胆尝试的一种开篇方式。

三、以微写作实施评价促进教学反馈

　　在传统写作教学中，教师对学生写作学情的了解一般是通过批改作文、与学生交谈等方式来进行，学生们了解自身写作练习中存在问题的途径一般是通过作文批语和老师评价。教师对作文的指导次数、学生之间互相评阅的接受程度和家长对学生作文的关注程度都与学生的写作成绩成正相关关系，所以我们需要探索出一个行之有效的微写作评价反馈的交互化策略，为了能够让教师准确了解学生的学习情况并提出有效的改进意见，也让学生在正确了解自身不足的同时能够及时改正，我们迫切需要构建一个集教师评价、学生互评和家长评价三者有机结合的交互式评价体系，让学生的写作水平能够有效提升。

在写作教学中，需要激发学生写作学习和训练兴趣，积极调动学生的主观求知欲望，切实尊重学生的个性化思想，并且肯定学生在写作学习中付出的努力和完成的成果。赏识是每一个学生都渴望获得的，被赏识意味着被肯定和被关注，对学生而言，学生在被赏识中会感觉到自己付出的努力得到了教师的肯定和支持，所以在教学中教师要有意识地运用赏识思维。虽然教师对其发现的问题即时指出并要求改正是促使学生意识自身不足和加以修正的正当教育行为，但一味地指责反而收效甚微甚至会适得其反，严重的会激起学生的逆反心理，故意与教师的要求背道而驰。充分肯定学生写作的优势部分，能够使学生对教师接下来的建议保持开放姿态，这会使学生更容易理解和接受教师所提出的建议和意见，也会有更好的后续改进效果。

丰富的课外阅读会数量与学生的写作成绩之间呈现显著的正相关关系，所以在日常学习和平时的生活中，教师应该主动引导学生广泛阅读优秀文章，积累写作素材，提升写作水平。写作素材的积累可以来自多个方面，其中最主要的来源有两个，第一个来源于大量的阅读积累，可以是课内外相关阅读，可以是科学知识阅读，也可以是其他兴趣阅读；第二个来源于生活体验，可以是公益性活动体验，可以是学习生活体验，也可以是其他娱乐体验。这两个部分既包含现实生活中的体验积累，又包含精神上的想象体验，二者共同占据着学生素材获取方式的大部分比例，其他如访谈积累、影视积累等其他本分相对占比较小，可以作为对素材积累的补充成分，阅读是学生个人对现有作品的反馈，在反馈与被反馈中，学生能够有效提高写作水平。

以学生为主体的赏识和正反馈教育，能够提高学生对教学建议的接受程度，强化学生的阅读和生活体验，让学生在生活的各个方面有意识地渗入对写作素材积累的思想，拓宽学生的写作范围，提升学生的写作水平。以下我们要从教师评价、学生互评和家长参与三个方面进行详细说明。

（一）教师评价要即时趁热打铁

作文完成之后，在作文评价方面存在着一定的问题，或者是批阅不及时，或者是指导不到位。研究表明，学生在写作练习之后如果收到即时的问题反馈，就会有针对性地吸取经验，对写作成绩的提高有明显帮助，然而，延迟的作文批改对写作能力提升取得的效果却并不明显，这是由于写作练习之后，随着时间的推迟，学生对写作时的处境、心理活动和当时面临写作困难的记忆渐渐模糊，对写作时迫切需求的方面已经淡忘，灵感类和一闪而过的思考也没有保存下来，此时在进行作文批阅和写作讲解时，已经缺失了那份迫切渴望的心理需求，也忘记了自己在哪里出现了问题，最终导致写作能力的提升不明显，甚至是学生的写作水平停滞不前。所以写作评价要及时，需要"趁热打铁"，在学生疑问最浓郁的时候进行答疑解惑，收到事半功倍的教学效果。即时的作文批改有着很多的教学与反馈优势，但是在批改方面缺乏量化标准，存在一些不足，主要包括以下四个方面。

第一，传统的作文批改是一种经验化的行为，严重依赖批阅教师的个人水平和教学态度，这种因人而异的批阅水平影响着教学质量的整体发展。

第二，作文批阅的重要意义和功能会被教师繁重的教学工作遮蔽，从而导致批阅敷衍，无法发挥作文批阅的重要作用。

第三，由于缺乏基础的作文评判标准，教师批阅时存在主观性和随意性。

第四，作文批阅沦落为给学生作品划分等次的工具，而对实际教学中对学生写作的促进作用和写作反思方面存在不足，难以发挥微写作的促进作用。

所以，教师需要认真对待每一次写作练习成果，切实做到对学生写作情况的了解，做到个体化分析和个体化辅导，以及时反馈为依托，客观评价为标准，二者联合使用完成教师对学生写作教学的指导工作。

（二）同学之间要互评取长补短

语文教学中，尤其是在写作教学成果评价中，教师不能忽视学生本身的力量，要充分肯定学生在互评中的积极作用，最大限度发挥互评对写作学习的促进作用。互评是一个对学生写作水平提高有利的方式，也是一个可执行性强，学生愿意参与的评价方式。微写作篇幅短小的优势有利于同学间互相传阅评价，同学们天然的好奇心也会使学生之间互评成为有乐趣的学习和反思过程，有利于发现问题和博采众长。学生之间的评价往往能够用平时的语言传递准确的信息，能够让被评价者明确理解评语内容，在对其他同学的微写作作品进行评价的同时，评价者也会根据自己的阅读和写作经验，参考其他同学的写作方式和切入角度，反思自己写作练习中存在的问题，丰富自己的写作水平，从而提高学生间整体的写作水平。

同学之间互评的优势有很多，但是在教学实践中还是需要注意几个问题，学生本身的生活体验，阅读经历和写作水平并不一致，在评价他人作文时，容易导致主观取代客观的现象，使互评结果出现偏差，从而影响整个教学模块的实施效果。所以，学生之间互相批改，也要有客观的评分标准，这是因为学生之间写作水平具有差异性，同时对其他同学写作作品的鉴赏存在不规范性，所以学生互评时不能根据学生们的主观感受，而应该遵循标准化和客观性两个原则，这样在日常练习和互相批阅中，学生们的写作能力都会有一个很大程度的提高。

（三）家长评价重参与知己知彼

2011版《义务教育语文课程标准》在"评价建议"中指出：写作教学的评价主体可以是教师和学生，除此之外，课程标准中还明确提到："根据需要，可让学生家长、社区、专业人员等适当参与评价活动。"在教学实践中，最容易引入的外界评价是家长对学生的监督和评价，通过之前的调查问卷中的结果反馈和数据分析，我们可以知道，家长的参与频次与学生的写作成绩呈现正相关关系。所以在微写作教学的过程中，教师应该让家长参与进来。这样既能够建立和谐互动的家庭与学校的关系，又能够有效提高学生的写作能力。家长主动参与学生写作教学成果评价，建立家长与教师之间评价和反馈的交互机制。

家长参与写作评价有其必要性，写作的技巧性知识性的教学是在课上，但是写作内容却多来自日常生活和家庭活动。作文感动读者和打动读者的部分在于真实性和体验性，这类经历家长是最了解的。当学生编纂故事，冒充经历，应付写作训练，家长能够直接发现此类问题，通过家校机制反馈给老师，可以促进教师对学生写作弱项的了解，能够进一步提出具有针对性的解决办法。

家长参与写作评价，在实施过程中同样存在学生互评时的困境，家长群体的组成相对而言，复杂性更高，差异性更大，服从性更低，这给家长参与教学评价带来了一定的困难。但从另一个角度而言，家长参与孩子学习的意愿更加强烈，具有克服种种困难的决心，能够为了帮助孩子写作水平的提升而付出更多的努力。所以家长能够愿意接受一些专业的作文评价培训，用以指导和评价自己孩子的写作教学。

但是，由于家长群体的组成相对复杂，如果让家长们评价自己孩子的写作情况，绝大部分的家长都会主观认为自己孩子写的作文还不错，对孩子的作文不是很满意的家长，受到专业限制的影响，可能也无法表达作文的到底哪里出了问题，所以，我们需要建立一个简单、易懂、易操作的家长评价流程，能够让家长最大限度地参与到学生写作的评价中来，与学校联手，共同促进学生写作水平的提高。

四、以微写作搭建平台丰富教学形式

微写作以其篇幅短小，内容完成，灵活多变的特点深受广大师生的欢迎，其在写作教学中发挥着积极的作用。微写作的运用方式和表现形态非常灵活，且单次练习的时间可以控制，教学效果可以预期，是可塑性强应用范围广的教学方式。在碎片化阅读逐渐流行的今天，微写作的作品形式符合普通读者的阅读习惯，与此同时，学生又存在被关注的心理需求，这时我们可以针对微写作的自身特点，从写作成果共享和展示平台搭建的角度重点讨论。

在写作成果共享的途径方法中，分为三个分享阶段。第一阶段是小组内、班级内的小范围共享，这样的共享在教学实践中容易做到，学生们能够从共享出来的优秀的作品中汲取养分，学习技巧，并且应用到自己的写作练习中；第二个阶段是学年内、校园内的中等范围共享，这样的共享需要有奉献精神的教师广泛联络和积极尝试，因为这种共享途径的搭建需要借助广泛覆盖校园的纸质媒介或者网络媒介，网络媒介的运营和纸质媒介的刊发都需要我们教师额外付出更多的时间和精力，但如此一来，我们共享出来的优秀作品会更加精彩，对其他同学更加具有借鉴意义，同时也能促进学生们的积极性和荣誉感，成为学生们积极进行写作训练的一个好的激励措施；第三个阶段是面向社会上更多参与者的大范围共享，在教学实践中，这样的共享只能通过网络平台来进行，参与范围的扩大，有助于获得更加丰富多样的结果反馈，我们可以将共享参与的主要参与者进行划分，其中主要是学生、学生家长和学校教师，这样让所有参与者都能随时获取和反复浏览学生们的写作作品，有助于发现学生们在写作过程中遇到的问题，可以在综合各方面评价后给出具有针对性和指导性的写作指导，有助于学生写作水平的提高。

以上三种共享方式中，有两部分的共享提到了网络运用，这不可避免地会引起教师们的排斥，众所周知，初中生的兴趣广泛，会被新鲜好奇的事物吸引大量的注意力，为了保证授课质量，教师们往往拒绝将网络媒介引入到教学实践中。能够分散学生注意力的网络内容，对教学实践产生消极影响的网络素材，我们确实要极力避免，但是，我们以上所说网络引入教学是与此相反的，我们要利用网络提供给我们的便利性，趋利避害地使用网络平台，让网络为教学服务。

网络最初是做为一种工具出现在我们的生活中，但现在它已经深度融入我们的日常生活，它在改变着我们的生活习惯，也在改变着我们的教育实践形式。现在的网络直播平台、网络公众平台、网络自媒体等依托互联网的新媒体形式层出不穷，一些时政热点话题、社会热点新闻也会第一时间在网上发布，网络已经成为公众参与社会生活展开交流讨论的最大平台。在这个大平台上，有着很多的新形式可以引入到我们的写作教学中，也有很多新内容可以丰富我们的写作素材，在部编版八年级语文上册的第四单元最后的综合性学习模块，有以"我们的互联网时代"为主题研讨活动，其中明确提出"互联网最大的优势就是信息丰富，可以扩大视野，提高学习的效率"。针对应用热点媒介辅助微写作教学，有以下几个方面可供参考：

网络新形式的引入。网络的强势发展深刻的改变着我们的日常生活，在教学领域也同样如此，以慕课为代表的网络教学已经在各大院校开展，以科普为目标的官方机构推出了网络宣讲团，农、林、牧、副、渔等各行各业都有专门讲解的网络课程，在更加专业的领域，也不乏个人在自媒体平台上向公众分享知识交流经验。互联网已经越来越成为大众获取知识和学习技能的主要途径，它所具有的多样化和定制化的特点，可以为我们的写作教学提供新形式。

微博、微信、QQ等网络交流工具，已经不仅仅是微写作的适用场景和概念来源，它还是微写作教学实践的新领域和新战场。网络评比、公众投票、留言点评是现今流行的网络评价方式，将这种方式引入到微写作教学中，学生可以将自己的作品上传到网络平台中，我们可以成立一个网络点评小组，里面的成员不仅有老师，还要有学生和学生家长，必要时可以引入社会力量进行"围观"，微写作因其篇幅短小、主题明确、观点清晰，易于网络阅读，很适合这种网络评价方式，而这种网络新形式的写作教学也一定会使学生的写作水平在师评、互评、自评和家长监督下得到有效提升。

网络新话题的讨论。网络是一个话题集中器，它能够展示最新发生的事情，也能够跟踪事件的最新进展，从环境保护到资源利用，从法规政策到科研转化，网络已经成为一个无所不包的大平台，小到个人分享的喜怒哀乐，大到全球形势的政策时评，这里充满了各种各样的话题，为我们微写作练习提供源源不断的切入点。

（一）开展作品展示主题课程窄域共享

第一，课前安排几分钟时间对前一次优秀的微写作作品进行分享和朗读。这种形式的班级分享有助于活跃课堂气氛，聚焦学生们的注意力，教师可以充分利用微写作分享中出现的优秀作品，通过对该作品的写作方法和写作技巧深刻剖析，让学生们学会使用和表达。在教学实施中，教师可以每周固定几节课做为微写作分享开头的课程，分享内容可以是前一天作业方式布置的微写作练习，也可以是写作课上考查学生学习情况的微写作训练。

第二，每周一次微写作主题课程。一周的阅读和写作训练，会让学生的知识储备中充满大量的写作技巧和写作灵感，如果没有一个总结反思性质的主题课程进行梳理，很容易导致学生的遗忘和生疏。所以，教师每周至少需要进行一次微写作主题课程，专门用于总结一周所学和课堂实战训练，用以巩固教学成果。

第三，开展班级内微写作作品交流评比大赛。举办评比大赛，有助于引导学生关注写作训练，在评比大赛中，每一名同学的写作成果都是参赛做作品，都会被教师和其他同学阅读到，甚至会被回传给家长进行评阅，这无形中会使学生拥有写好作文的主观意愿，增加学生的内在驱动力，从而提升学生的写作水平。

第四，创办班内微写作作品展示期刊。当学生写出好的作品时，都希望被肯定，当自己的作品可以在纸媒上被分享和传阅时，这种成就感会成为鞭策学生努力练习写作动力。所以教师可以带头组织和创办自己的班级微报刊，以供校内外传阅，分享和学习。

（二）出版作品展示校园期刊中域共享

写作成果共享的方式多种多样，除了网络平台的大范围共享外，教师可以建设校园文化站，以半月刊或者月刊的形式定期发布优秀作品，为学生写作成果展示提供交流平台。校园期刊平台相对网络平台共享范围有所局限，仅限于校内师生，但其在促进学生写作积极性和引导学生高质量完成写作科目的功效上，与搭建网络平台相差不多，甚至在实施效果上能够更有效的促进学生写作积极性，原因有以下两点。

第一点，共享环境越直接，反馈效果越明显。作品分享是与他人交流和获得反馈的主要途径，在有限范围的共享中，学生不仅可以感受到快乐，而且随着共享范围的逐渐扩大，学生们逐渐会生发出一种成就感，和继续努力的紧迫感，而这一感觉与共享环境直接相关。在例如在学生直接接触的教师和家长层面，当学生收到教师和家长的正面反馈时，学生的状态是高兴的。当把这个评价范围扩大，当学生接收到来自班级同学的赞扬时，学生的心理状态是一种满足感和自豪感，当评价范围进一步扩大到学校范围，那学生就会收到一种成就感，并且随之而来的是一种鞭策和学习动力，这种正向的评价被逐级放大，最终使学生从要我学变成我要学。这种学生直接接触的校园级反馈环境，相对于班级分享而言，更能够激发学生的写作兴趣，促进学生写作水平的提升。

第二点，荣誉形式越具体，促进作用越明显。作为纸媒的校园期刊，在稿件选取上会有较为严格的审阅，而且稿件接收范围来自同年级的各个班级甚至是各学段的所有班级，对于学生而言，自己的作品能够被校园期刊选用发表，是对自己的学习成果和写作水平最大的鼓励，这种具体无言的荣誉对作者的鼓舞作用不言而喻。期刊具有便携和可分享的特点，作者可以将其带回家中与父母和朋友分享，能够在更直接的场景下获得点评和鼓励，这样能够进一步激发作者的学习热情，更加促进学生写作水平的提升。对于非作者而言，通过校园期刊，同学们多了一个了解优秀写作成果的途径，并且在得知作者就是同班同学或者是身边熟识的人时，这样的榜样作用可以激发其他同学的写作热情和学习兴趣。学生们的写作不再是凭借想象的生搬硬套，而是可以更加具体地看到其他同学的写作想法和写作技巧，以此提高自己的写作能力。期刊这种写作分享模式，可以明显调动写作学习者的写作情绪，为学生整体写作水平的提升起到促进作用。

所以，我们可以将分享范围从班级扩展到校园，将班级展报变成校园期刊，让更多优秀的作品被学生们看到，并以此促进学生更好的学习写作知识，锻炼写作能力，提高写作水平。

（三）搭建作品展示网络平台广域共享

我们要以网络为依托，搭建一个作品展示平台，将所有写作练习成果在平台上分享，并且将平台参与互动的权限开放给家长或者面向教育群体开放，这样的目的是让学生们在对比中找差距，在交流中补不足，也在学习中看到自己的提升。

平台展示能够让学生们看到其他同学的每一篇文章，以此进行横向比较，在他人的作品中发现闪光点，同时也避免其他同学犯下的一些写作错误。同时平台也能够对每一名学生的写作成果按照时间轴顺序进行历史浏览，进行个人的纵向比较，让写作教学这一"慢工出细活儿"的教学能够切实地被学生和家长感受到，为学生写作学习的坚持和写作习惯的保持打下自信。平台的搭建主要是针对教师、学生和家长三个方面，这三者对平台的利用角度有所不同，具体情况需要分为三点详细说明。

第一点，针对教师方面。教师既是作品展示平台的管理者和信息的发布者，也是统筹网络平台建设和功能权限制定的开发者，还是平台信息和数据统计结果的使用者。教师在作品展示平台中的作用非常关键，这一角色同时对工作精力和教学责任有着较高的要求，也对教师的数据挖掘和教学科研能力有一定的要求。教师在开展这一教学项目时一定会面临很多的挑战，工作复杂，结果未知，前路茫茫等等，身体和心理的双重压力一定会动摇最初的信念，但是为了提升学生的写作能力，为了追求更好的教学效果，需要教师付出更多的努力。

第二点，针对学生方面。学生是教育的主体，教师开展的各种教学活动和应用的各种教学平台都是为了学生更好地理解教学知识和提升自身素质，写作作品展示平台的创建初衷也是围绕着这一目标。作品展示平台的使用主要面向学生，学生需要了解如何运用平台信息，并以此提升自身的写作能力。作文展示平台上会展示每一次写作训练的成果，届时，学生可以通过多种途径（移动客户端或者电脑端）阅读自己和其他同学的写作文章，而且还可以在设置的留言区进行留言点评，这一平台可以作为学生互相评阅作文的公共平台，它能够打破学生互评中的一对一评价的限制，可以完成一对多或者是多对一的写作评价。运用展示平台进行学生互评，可以使每一个学生都能够广泛接触到班级其他同学的写作成果，在阅读与对比中可以发现自身写作存在的不足之处，并且通过阅读其他的优秀文章，可以使学生们互相借鉴、相互学习，达到有效提升共同进步的训练效果。

第三点，针对家长方面。家长参与教学的频率随着学生年级的增长和学段的提升逐渐降低，从问卷反馈的结果来看，不足三分之一的家长能够参与学生写作成果的检查，仍有大部分家长对此事并不关心，但是相关性分析结果显示，家长参与度高的学生明显表现出作文成绩好的现象，这表明家长的监督有助于学生写作水平的提升，而作品展示平台的搭建为家长参与写作教学提供了方便。

在传统的家长参与教学中，往往需要学生将写作结果或者是考试卷子带回家中，但这种方式存在一定不足，即学生因为各种原因不把试卷带给家长看，家长就无法获取到学生的写作信息，这是家长参与写作教学的障碍之一，障碍之二是，即使学生将试卷带给家长，但是因为缺少横向比较，缺乏对其他学生写作水平的了解，从而无法准确定位自己孩子的写作水平，导致无法准确把握问题关键，更无法进行针对性辅导。作文展示平台正好为家长参与写作教学清除了以上指出的两大障碍，这一平台既能够保证每次训练的成果被及时上传和查阅，又能横向比较其他学生的写作水平，为家长提供多维信息，以便使家长更好地参与到学生写作教学中。

平台的创建与应用既面临诸多挑战又潜藏丰富价值,作品展示平台要想应用成功,一定离不开教师、学生和家长的深度参与,也只有三个方面深刻理解平台的运营理念和自身对平台的运用方式,才能够达到互鉴互赏、互促互进的教学效果。

在上述微写作教学的相关内容展示中,教师可以根据实际情况进行灵活运用,让学生们在形式多样、内容丰富的课内外写作练习中发现乐趣,在日积月累的母语学习中爱上写作,不断提高自己的写作技巧和写作能力。

第八章 基于想象力培养的初中语文写作教学研究

第一节 核心概念的界定及理论基础

写作离不开想象，想象是学生写好作文的关键，缺乏想象力的作文是没有灵性的。想象的水平即想象力，想象力是创造性思维的重要基础，是写作能力的重要组成部分。写作教学中，我们一定要紧紧抓住想象力培养的这根主线，着眼于学生想象力的培养，在教学实践中不断探索新的写作教学方法，全方位地培养学生的想象力，从而提高学生的写作水平。

一、写作

（一）写作的基本含义

写作是凭借语言文字进行文化交流的一种行为，是人们在不同场合下进行信息记录与传播方式的必不可少的一部分。作为人类思想的凝聚，情感的表达，知识传递与加工的基本途径，写作是人类精神生活与实践活动的重要组成部分，同时也是创作文学作品重要的手段。写作是人类表现无穷创作力的方式之一，写作品的情节可以是写作者根据生活中而虚构的，也可以是现实生活中存在的，将写作的作品进行归类，可以分为长篇文章、中篇文章和短篇文章，诗词歌赋、小说（具体分为长篇小说、中篇小说和短篇小说）、戏剧等，这些作品都称为文学。写作是人类的一种特殊的，有目的的社会实践活动的记录，是为满足人类社会活动实践的需要和学习社会知识的需要而产生的。

写作就是客观事物通过作者的主观意识在恰当的文字形式中的正确反映。写作是一种以一定的文字组合形式使反映主客观世界的创造性思维具体显现的传播手段。写作是运用文字为主的推理符号来传播信息交流思想以期发生相应变化的社会活动。写作，凡是为着一定目的，运用书面语言表达一定思想内涵的实践，都是可以称为写作。

从操作层面而言，我们可以将写作进行这样的定义：写作，是写作者为实现写作功能而运用思维操作技术和书面语言符号，对表达内容进行语境化展开的修辞性精神创造行为。从本体论层面看，我们可以为写作给出如下的本质性定义：写作是人类运用书面语言文字创造生命生存自由秩序的建筑的行为、活动。这个定义要表述的写作原理是，写作行为本身的深层本质在于寻求生命生存的依托。中国古代的贤者为表达自己相关的政治、经济、文化等众多有价值的思想而体现出来的优秀写作，这一优秀写作精神的最终本质也正是在这里。还有我们看到当代西方哲学家、思想家等的哲学依据也同样在这里。在表层上，写作是一种表情达意、交流信息的行为。在深层上，写作又是一种生命生存的形式、途径。那么，建立在这个意义上，写作就是对生命秩序的创生行为。因此，写作行为又具有一种哲学性、生命性。

（二）写作活动的特征和意义

写作活动具有以下几点显著的特征：目的性；创新性；综合性；实践性。

写作活动的主要作用和意义在于：是人们表达情感，交流思想、传递信息的重要途径，拥有较高的写作能力是人们步入社会生活中面对诸多问题时的杀手锏，与国家综合国力的提升和民族素质的提高密切相关。写作越来越多地被运用到社会生活的各个领域。例如，美国未来学者约翰·奈斯比特在他的著作中这样写道："在这个文字越来越密集的社会，我们比任何时候更加渴望写作技巧。"这里就是指应用写作方面。另外，文字对每个人都会有影响，写出一篇文质兼美的好文章和好作品，不但是作者的成就，进一步讲，更是对全人类文明和思想的贡献。

（三）相关写作概念综述

写作，是人运用语言文字符号以记述的方式反映客观事物、表达思想感情、传递知识信息、实现交流沟通的复杂的创造性脑力劳动过程。在这一过程中，写作活动大部分分为"采集—构思—表述"三个阶段。这里的写作不是作家的自由写作，也不是职业人群的专业写作。这种在语文教学活动中的写作，是学生在教师的指导下按照语文教材的特定要求，用书面语言的形式进行创造，促使学生全面发展，使教师的教与学生的学结合起来，充分体现学生在写作过程中的主体地位和教师的主导地位，从而提高学生写作能力的一种学习活动。简单来说，写作就是生活中与人沟通、交流、分享信息的一种方式，就像我们平时说话一样。写作是一个受过良好教育的人的基本素养，写作就是用笔来说话。

二、写作教学

写作教学是语文教学的一个重要的组成部分。各级学校的语文教学都有这项内容，但要求完全不一样。教师要加强对写作教学的重视，教师要不断适应新课改，要重点研究写作教学这部分的内容，不断地创新新的写作教学方法，有效提高写作教学的效果。

小学以学写记叙文为主，也要学写常用的应用文。练习把自己亲身经历的事情或把自己看到、听到、想到的内容，用恰当的语言文字表达出来。既要培养学生用词造句、连句成段、连段成篇的能力，又要培养学生观察事物、分析事物的能力。这两种能力从一年级起就要注意培养，从说到写，由易到难，循序渐进。要求学生逐步做到有具体内容，有真情实感，有中心，有条理，有重点，展开想象，注意用词造句，写完以后要修改。小学阶段的作文，既要放手让学生去写，又要严格指导。教师应当从写作的内容入手，有目的有计划地让学生走进自然和社会这样的大环境中，并指导学生留心观察和分析周围事物，养成观察和思考的习惯。作文训练的方式应当灵活多样。要以学生熟悉的生活为题材，提出作文的范围和要求。

中学作文教学要求着重进行记叙文、说明文、议论文、应用文的写作训练。在初中阶段，要求能写记叙、说明、议论的文章，做到中心明确，内容具体，条理清楚，语句通顺，书写清晰，不写错别字，正确使用标点符号。高中阶段，要求能写比较复杂的记叙、议论的文章和一般的说明文，做到中心突出，内容充实，结构完整，语句流畅。在作文教学中，要指导学生观察事物，积累材料，启发他们下笔之前想好写什么和怎么写。作文的方式可较小学阶段更多样化，有命题作文、自拟题目作文、根据材料作文，还有缩写、改写、扩写等，可根据教学需要选用。

综上，写作教学是教师引导学生运用语言文字进行表达和交流的综合性实践活动，对提高学生的语文素养和个性发展具有重要作用。

三、想象力的内涵

从下面三个角度进行解释想象力的概念：分别为西方哲学家的观点、生理学及其心理学的观点和文学界的观点。

（一）西方哲学家对想象力的界定

关于想象力概念的界定，在很多领域都有人讨论研究并结合自己的理解加以概括定义。首先，最早出现在哲学领域中。通过笔者研究发现，最早对想象力做了定义的是西方有名的哲学家亚里士多德，后来想象力经过中世纪、启蒙时期、文艺复兴后期，笛卡尔、休谟、康德等人的研究，最后把想象力做了这样的定义："想象力是把一个本身并不出场的对象放在直观面前的能力。"随着哲学的不断发展，想象力它是对人类理性的超越。从上面的诸多定义中我们可以看出，想象本质上是人类对现有经验的一种超越。想象力是指人在已有形象的基础上，在头脑中创造出新形象的能力。

（二）生理学及心理学对想象内涵的界定

近代脑生理学上指出，人的大脑可以分为四个部位，即感受部位、判断部位、储存部位和想象部位。对大部分人来说，感受部分、判断部分和储存部分这前面的三个部位比较容易发挥，较为发达。而在最后的这个想象部位，则是经常被忽视的，开发起来也就有一定的困难。据有关研究推测，其实一般的人只用了自身想象力的15%，其发展这一想象力的潜力是很大的。因此，这里对于指导学生的写作，就要把学生想象力的发展作为重点来研究。

心理学上，想象指在知觉材料的基础上，经过新的配合而创造出新形象的心理过程，也可理解为对于不在眼前的事物想出它的具体形象和设想。

普通心理学中对想象的解释是这样的：想象是人对已有表象进行加工改造从而形成事物新形象的心理过程，它是一种特殊的思维形式。基于已有的研究，想象与想象力、思维有着密切的联系。在已有的研究中，想象力和想象没有实质性的区别，两者的含义是基本相同的，两者并没有那么明显的界限，都属于高级的认知过程，它们都产生于问题的情景，由个体的需要所推动，并能预见未来。在《普通心理学》中，把想象分为无意想象和有意想象这两种。无意想象是指事先没有预定目的的想象，是在外界刺激的作用下，不由自主地产生的，例如梦是一种无意想象。有意想象是指事先有预定目的的想象。在有意想象中，可以根据观察到的内容的新颖性、独立性和创造程度，又可分为再造想象、创造想象和幻想。再造想象指根据别人的描述或图样，在头脑中形成新形象的过程。而且形成正确再造想象的基本条件是能正确理解词与符号、图样标志和有丰富的表象储备。创造想象则是不根据现成的描述，而在大脑中独立地产生新形象的过程。幻想是创造想象的特殊形式，是与个人生活愿望相联系并指向未来的想象。想象是思维活动的一种特殊形式，想象是人在大脑中凭借记忆所提供的材料进行加工，从而产生新的形象的心理过程。也就是人们将过去经验中已形成的一些暂时联系进行新的结合。它是人类特有的对客观世界的一种反映形式，它能突破时间和空间的束缚。

（三）文学创作中想象内涵的界定

哲学方面，想象力是感性和知性之间的一种中介性先天能力。从心理学角度来讲，想象被称为"特殊形式的思维活动"，其可促使人依据别人文字及口头描述，在头脑当中形成以前从没有过的事物形象。别林斯基曾经说过："在文艺当中，想象起到主导而又最为积极的作用。"黑格尔指出："想象是人类最为杰出的艺术本领。"康德曾经指出："鉴赏乃是相关于想象力的自由合规律性，且针对某个对象所开展的评判能力。"各时期的批评家、艺术家及文学家均特别强调文艺创作与想象之间的关系。马克思曾经说过："在低级阶段的野蛮时期，人类的高级构造及属性开始得到大幅发展……想象，这对于人类发展起到如此大作用的功能，开始于此时所形成的传说、传奇及神话等未记录的文字，而且还对人类造成强烈的各项影响。"因此，想象一般是在掌握一定的知识面的基础上完成的。想象力是在你头脑中创造一个念头或思想画面的能力。

想象作文同其他文学写作一样，需要运用特殊的想象力，那就是文学的或者说是审美的想象，这种想象力的特殊知识则是想象作文教学的主要内容。想象作文不是仅仅为了展示作者的想象力，更深一点，是要通过想象展示作者的内心世界。很多教师认为想象要奇特、大胆、合理、有意义，认为想象作文的生命是创新，这些可能都没有说到想象作文的要点上。想象作文所运用的想象主要是后者，它与科学的实用的想象相似。叶圣陶在他的作品《文心》当中明确指出："作者将凭借想象或经验所获取的具体事物，经过翻译手段而形成存在于白纸上的文字，而我们读者却将过去予以推导，将记录在白纸上的黑字，再次翻译成新的具体事物，此工作需要利用充足想象来实现，……想象乃是鉴赏的重要保证和前提，如若想象力不足，则鉴赏力也就难以达到一定高度。"在文学鉴赏中，将想象分为科学的实用的想象和文学的审美的想象这两种。

在写作教学中，教师必须要求学生写的想象作文合情合理，健康积极，充满正义感，有可读性。由上所述，关于文学写作中想象的特殊知识，关键就在于强调想象与情感逻辑之间的关联，而在实际的写作中这一科学性、理性和实用之间的逻辑成为想象作文的限制因素。想象作文表层的"无理"实际上是更深一层的"真实"。想象作文教学不能将一般想象力的培养作为主要目标,应该把审美想象力和表达能力的培养作为主要目标。因为这种审美想象的语言表达能力,所追求的目的做到了想象、情感和语言表达这三者的相互统一,也就是想象主要凭借得体的语言形式来表达,从而更加有效地表现作者内心的情感、态度与价值观。

想象在文学艺术当中具有十分重要的作用,无论是哪一种文学题材,都需要创作者和写作者充分发挥自身的感知力、创造力、发散思维能力和想象能力。读者通过对表面上的文字进行阅读,然后运用自身的想象力,去更深入而又准确地感知和体会作品中作者所能够流露出的思想情感和独特的思想。通过发挥想象力,利用这个桥梁促使读者与创作者之间形成思想的共鸣,从而深切体会包含在文学作品当中的独特的艺术魅力和特殊的形象。

四、写作教学中想象力培养的重要性

从以上的关于想象力的定义中,我们发现,想象本质上就是人对已有经验的一种理性超越。想象在人类的生活和创造活动中有着十分重要的作用。科学家爱因斯坦曾这样说:"想象力比知识更重要,因为知识是有限,而想象力概括着世界上的一切,推动着进步,并且是知识进化的源泉。"可见,想象力是如此的重要。面对现阶段写作教学存在的众多问题,教师把握了想象力与写作教学的契合点,学生在拿起笔写作文的时候拥有丰富的想象力,这对于教师完善写作教学效果和学生写作能力的提高是极其重要的。爱因斯坦说:"想象力是科学研究中的实在因素。"想象非常重要,尤其面对今天应试教育的逼迫,想象更是改变这种现状的重要方法。那么,学生写作文也是一样的。学生写作文就要发挥想象力,让自己的思想插上翅膀,这样学生就能上下求索,获得十分丰富的写作材料。总之,想象就是人脑记忆下客观的形象,然后再次进行新的形象的组合过程。由此可知,想象力可以培养学生的写作能力和学生的创造能力,想象力在人的认识活动方面起着不容忽视的重要作用。

第二节 基于想象力培养的初中语文写作教学现状

教学活动是师生共同来完成的，尤其在初中语文的写作教学中，写作教学这一任务是重中之重，写作教学这一活动就更需要老师和学生共同参与配合来完成。

一、教师教学模式形式化，写作教学内容僵化

教师是教育过程这一活动的主体，是学生的学习指导者。教师在课堂教学中的影响是巨大的，甚至影响着整个教学过程的效果。在所有的教学实践活动中，无论哪个专业的教师都无法代替。初中语文写作教学活动的实现程度看，教师并没有起到很好的指导作用，教师这一角色扮演得不是很充分。针对写作教学，教师层面主要存在的问题具体表现为几方面：教师在传统的写作教学课堂中，语文教师一般不会有所创新，课文制定一套写作的教学计划一直使用下去，由于教学的要求，教师往往是穿新鞋走老路。比如往往会在课前选一篇中考满分作文或者优秀的作文，然后给每一位学生打印一份，让学生通读一遍再作文，然后会教学生套用这些优秀作文的写作思路，模仿或者仿造着写出自己的作文来。大家都明白，这种教学方法使学生养成了模拟和仿照的习惯，学生的自主创新意识得不到提高，学生很难形成自己独特的写作风格。一般情况下，有的学生本身的写作能力不强，难以表达自己内心的想法。如果在考试的时候，教师则不会也不可能及时像往常一样给他们参考的模板，这时，考场中的学生就感到大脑空白，还写不出可以看得下去的作文。由于在考场上，受到平时老师给范文的习惯，学生早已形成了依赖心理，学生写不出作文，害怕作文写不好，得不到高分，心理自然会害怕和恐惧，进而使学生害怕写作文的程度更高。教师不重视写作教学内容，一心想着只要保证比较高的作文分数就行了，不会用心去发现和观察对学生可行的写作内容，经常就那么几个写作教学的环节重复使用，那么，学生的写作能力当然得不到提高，也会远离新课标提出来的理念和写作教学的要求。

二、教师课堂写作无序化和随意化

教师面对教材，对写作教材理解不是很透彻，没有细细地琢磨教材中写作教学这一板块的内容，致使写作教材缺乏原有的本意，反而使得写作教材零散化，缺乏整体化，缺乏方向。教师没有用心提前制定严格的一环接一环的写作教学计

划，写作教学都是无序中进行的。一般的教师，在写作课堂中，会按照自己上课前的写作教学设计来上课，完全没有什么新的创意，或者是没有完整的写作课的备课教案，课堂上讲到哪里是哪里，随意发挥，写作课上教师一般都是三言两语地引导学生一下，就让学生凭着几个简单的写作要求和主题要求来写作文，而且也没有一个较为新颖的教学方法来激发学生的写作热情，写作课堂显得较为随意。这样下去怎么会激发学生的写作兴趣和培养学生的想象力呢？即使有对文字敏感和较好的写作天赋的学生也是无从下手，这样的写作课堂会让学生反感，写作教学效果也就不太好。

三、教师写作教学评价方法不当

教师的作文评改方式太简单化，导致学生的作文发到自己手里是也不会多看一眼，这样的写作教学评价方式最终会让学生对写作越来越厌恶。学生本身对写作文是很吃亏和辛苦的，假如教师再这样一味地否定和不重视评价方式，学生对写作的沮丧心理是可想而知的，导致学生们怕作文、厌烦作文的情形更加严重，当然学生的写作能力和写作水平也不会有更好提升的空间。

四、学生写作任务化、应付化

学生，是写作教学的主体。学生在写作教学方面也存在着很大的问题。面对现代应试教育的影响，教师不重视学生真实的写作能力，仅仅是为来完成教学任务。而大多数学生读书也仅仅是为了得高分考上大学。由于学习压力大，学生每天的课后任务也很重，很多的家庭作业需要学生在课后完成。因此，他们面对枯燥无味的写作文，面对语文这门课程中占据比例最大的作文，采用投机取巧的办法，凑字数。学生写作文完全是为了应付老师布置的作业而写的作文，作文质量不佳，完成任务，对写作持一种应付的态度，导致写作恶性循环。

五、学生作文缺乏真情实感的流露

情感是学生想象的动力。教师在平时的课堂上，没有很好地引导学生观察生活，加上学生自己平时缺乏观察生活的能力，这样学生在写作文的时候，不能真正地表达自己的感情。受中考的影响，学生仅仅为了在作文中得高分，胡乱地随便摘抄甚至乱编地凑够字数，缺乏积极的写作态度，不会从自身的生活及周围事物中寻找写作内容，这使得学生没不会写自己亲身经历的事物，进而也就没有真实的感情，使得写出来的作文单调乏味，没有一点儿情感和可读性。学生这种消极的写作态度，长此以往，使得学生的作文让教师读起来冷冰冰的，无法让读者深入其中去好好感受和欣赏，这样写出来的作文极度缺乏情感的表达，也就得不了高分，写作必然问题多多，写作效果也达不到课标和写作教学的要求。

六、学生想象力的极度缺失

想象不是凭空产生的，想象是形象思维的一种表现形式。生活是想象的基本元素。初中生的思维以形象思维为主，并不断地向抽象思维过渡。学生缺乏对生活的观察，学生的想象也就不符合情理，有一部分学生虽然想象了，但大多学生的想象都是胡乱想象的。我们大多数教师不太重视，既不重视培养学生的形象思维能力，更不重视学生想象力的培养，学生在写作文的时候，思想得不到释放和发挥，写出来的作文死板僵硬。初中生正处于一个对周围事物的敏感性阶段，对身边的生活观察比较细致。面对作文，有的学生看到题目时，就会知道自己怎么写、如何写和写什么内容，而有的学生则看到作文题目，知道作文的要求和写作范围，但是就是不知道如何将自己的想法表达出来。写作是可以提高学生的语言运用和表达能力的过程。学生语文水平如何，主要从学生写的作文上看出来。写作水平是学生语文水平的测试器。教师应该重视对学生想象力的培养，引导学生在平时的写作中不断探索，发现适合自己的写作方法。大部分学生喜欢写想象作文。但是为了在作文中得高分，取得好成绩，为了通过中考，走捷径，寻求写作技巧和摘抄经典范文，丧失了学生发挥想象力的机会，从而出现了很多问题。

七、学生写作资源和写作素材严重缺乏

作文教学与阅读教学是无法分开的，写作的素材和资源来源于学生有效的阅读，生活是学生发挥想象力的源泉。现阶段的教师，为了完成学校安排的教学任务，大量给学生布置课堂作业和课外作业，因而学生的大多时间被占用来写作业，没有多余的时间来进行课外阅读和走近生活。学生的活动范围狭窄，经常是学校、家庭和食堂的"三点一线"的单调生活，不会给学生写作资源的积累任何的帮助，学生写的作文都是千篇一律的，没有任何的创新点。学生生活圈子小，但是他们周围每天发生的事情很多，生活中有大量的素材可以凭借的，或许教师没有及时地提醒学生，引导学生留意身边的事物，这样写作就没有更好的资源拿来运用，导致学生写作素材的贫乏，学生写作素材没有充分地积累和运用，写作达不到理

想的效果。

第三节 基于想象力培养的初中语文写作教学的改进策略

写作属于一种创造活动，学生的创造想象力则是必不可少的因素。康德指出的创造想象力，在写作教学中对培养学生的写作能力起着非常重要的作用。写作教学是语文教学的重中之重，始终贯穿于语文课堂中。写作教学在语文考试中所占比重也很大。同样，也是最难对付的一个模块，它会受很多因素的影响。提高写作教学的效果，不仅要靠教师的努力，学生自我的努力，还要靠学校、家庭和社会等的支持和配合。在作文教学中，教师要激发学生展开想象，不断鼓励学生写想象中的事物。教师要在写作教学中，紧紧抓住新课标对写作教学的要求，永远要把握课标中对写作教学要求的这一个主线，努力选择合适的写作教学方法，找准写作教学中的契合点，不断培养学生的想象力，不断提高学生写作的积极性和兴趣。借助想象力这一自身的动力，让学生在拥有丰富想象力的这一基础上去把握作文，不再害怕写作文，让学生了解作文其实并没有想象的那么可怕和恐惧，这样才能写好文章、写好作文。只有学生这一写作的主体和教师这一写作主导一起完成写作课堂，才能让写作效果和效率尽可能达到最佳效果。

一、提高教师写作素养，更新写作教学理念

（一）教师转变写作观念，注重学生的主体地位

初中阶段是语文写作教学中提高写作教学水平的关键时期。写作教学是教师引导学生运用语言文字进行表达和交流的综合性实践活动，因此，这一活动需要教师和学生共同完成。教师是写作教学中的主导者，学生是写作的主体，在写作教学中处于主体地位。处于初中阶段的学生，经过小学阶段的学习，他们对生活会有一些自己的认识和看法，教师要给学生展示想法的机会，让学生通过写作的方式表达出自己的思想。教师的教学观念不容忽视，教师必须转变那种以前老套的僵化的写作观念，创新写作技巧，来提高学生的写作水平。教师要严格遵循新课标的写作理念，不能一成不变地坚持自己原有的那种让学生仅仅凭参考范文来模仿写作思路和讲授写作技巧的这种单一的写作教学观念，不能一味地认为写作

就是为了得到高分,应该将应试教育和素质教育结合起来。教师在上写作课之前,要提前制订出适合不同阶段学生的写作教学计划,使写作合理有序有效的进行。例如,在实践教学中,笔者发现一种可行的方法,经实践这个方法尤其适合刚步入初中的初一的学生。具体为语文老师可以给每位学生建立作文的信息卡,老师在每次的写作课之后,对学生完成的作文情况记录下来,这样每位不同的学生的不同写作的情况一学期下来,经查阅一目了然。老师和学生甚至家长学校都将可以及时发现每个学生的写作优缺点,每位学生的不同个性特长全面了解。这样查漏补缺,尊重学生在写作教学中的主体地位。教师要不断培养学生自己提高自己的写作能力,引导学生把自己的想法写下来。

(二)教师引导学生寻找生活的亮点,激发学生的写作兴趣

写作的本源是生活,文章来源于生活,写作是生活的一种记录方式,作文应该具有浓浓的生活味。生活是取之不尽、用之不竭的写作源泉。写文章,其实就是写生活。初中生写作大多都以自己的生活经历为基础。因此,在写作教学中,教师和学生应该更加重视生活这一本源。因此要想写好文章还要留意生活,例如在上学的路上挤公交,细心观察人们是怎样挤的,不同的人的穿着、神情和语言如何,诸如此类的生活细节都可以作为写作的素材。教师不仅要注重学生"怎样写",还要注重学生"写什么"。学生的写作素材很大一部分来源于生活,教师要培养和引导学生在平时的生活中,多积累,学会观察,多观察身边的事物,积极调动生活经验,在生活中获取写作的素材,丰富自己的生活阅历。同时,生活中杂乱无章的,如果学生看到什么就写什么,那么写出来的文章就是我们通常说的流水账。因此,教师要引导学生寻找生活中的"真、善、美"这一亮点,学生只有在自己生活的周围亲自感受,这样才能写出真情实感的东西来。

(三)教师写"下水文",增强学生的写作意识

在写作教学中,教师要提高学生的写作能力,仅凭教师的上课指导是远远不够的,是无法取得很好的写作效果的。教师以身作则,给学生起着带头指引和规范的作用,所以在写作教学中,我们应该更加提倡教师写"下水文",来给学生在写作的道路上指引方向,做示范。一篇关于有的老师写"下水文"的文章激发了笔者采用这一措施的想法和思路,于是笔者在自己的教育实习期间,曾大胆地尝试过这样的想法,就是与学生一起去写作。具体为教师和学生面对同一篇题目,在同一地点、同一时间一起写作,然后教师和学生再次同时交换看作文。这种方法能够对写作教学起到了一定的作用。而且在具体的实践教学中,这种方法简捷

有效。众所周知，语文教育界的前辈叶圣陶也曾经提倡教师要"下水"。本书研究了叶老的这一具体建议，提出了今天的教师"下水"。只有教师"下水"，站在学生的位置去亲身体会学生的写作情境，体会学生面对写作时的困难，教师才能更好地转变写作的教学观念，培养学生的写作意识。教师"下水"，教师和学生用同样的写作方式，通过教师和学生共同学习这一对比，让学生感受到不同的写作者对作文的表达方式的不同，从而总结和思考自己在写作中应该注意到的问题。让学生体会到写作的价值。教师"下水"，那么教师就为学生做了很好的示范，更好地让学生去体会作文的差异所在，使学生树立积极的写作意识。

（四）教师实施多元主体参与写作评价，改变作文评价的方式

夏丏尊提出，不但别人写的文字要读，自己写文字的时候也要读。教师评价方式的时效性和灵活性的追求，无论在古代还是现代，无论哪位写作者，都是十分重要的。《义务教育语文课程标准》（2011年版）指出："评价结果的呈现方式，根据实际需要，可以是书面的，可以是口头的；可以用等级表示，也可以用评语表示；还可以采用展示、交流等多种方式。"因此，面对学生写的作文，可以教师评价、学生自己评价、学生与学生互评和教师与学生互评等实施多元主体参与的写作教学评价，这几种评价方式，都以学生为中心。从而教师改变作文评价的方式。教师要对学生上交的作文进行认真的修改，改变传统的那种作文批改的方式。

二、寻找阅读与写作的契合点，丰富学生的写作素材

初中语文写作教学，不仅需要教师具体的教学，还需要加强学生在阅读中的积累，学生通过阅读，可以积累更加丰富的知识，学生在阅读的过程中可以掌握作者的写作思路，进而提高学生自己的写作水平。

（一）进行课内阅读指导写作，培养学生的感悟能力

写作教学不仅需要学生的写作能力，还需要学生的阅读能力。教师要不断加强学生课内阅读，指导学生在课内阅读。这里的词语感悟中，所谓的"感"就是学生自己亲身感受和亲自观察；"悟"就是体悟和思考；那么"感悟"就是思考体验情感，思考的理性化，意思是全方位的，包括社会和自然，对人生的感悟。没有注入学生情感的作文是枯燥无味的，是苍白无力的，是肤浅的。因此，在学生写作文的时候，要培养学生在一篇作文中能激发学生自己的感情，启发学生的感悟能力。

（二）进行课外阅读自主写作，培养学生的阅读能力

写作和阅读是不可分割的两个部分，它们之间是互相联系，彼此不可分割，相辅相成的。阅读是写作的基础，阅读对写作者的写作水平的影响力是非常大的。因此，教师要引导学生在课内阅读的基础上，还要引导学生学会课外阅读，扩大学生的写作知识面，要将写作和课外阅读结合起来，把学生大面积阅读的资料作为写作的素材。学生要想写好文章，需要有精彩的片段和好词好句。那么仅仅依靠学生在学校课堂里读到的书籍是远远不够的，还需要学生自觉地进行课外阅读，来扩大自己的阅读量，扩大阅读的宽度和广度，让学生通过阅读课外不同的资源来提升自己的阅读品味，来培养自己的阅读能力。在日常的语文课堂教学中，教师要经常要求学生在熟读课文的基础上加强表情朗读的训练，边读边思考，经历几次的思考，学生的脑海中会重现出作者描绘的形象，让学生在表情化的语言里深入感知课文所描绘的生动的形象。这样就为培养学生联想和想象奠定了一定的基础。

（三）加强阅读与写作的融合，积累学生的写作素材

阅读与写作是密不可分的。萨特在他的文学想象理论中指出，再造想象力是针对阅读教学的，而创造想象力是针对写作教学的。写作和阅读是一个事物的两个方面，阅读是写作的基础，写作是阅读的深化。教师必须加强阅读与写作之间的融合，只有学生不断进行课内外的阅读，才能积累学生的写作素材。学生写作文的题材和主题很多种，包括自然、社会和人生，教师还要求学生多读古今中外的经典名著和作品集，比如有关文学、历史、地理、哲学和科学等相关的作品，这对于学生的文化修养和人格品质等的提高是极其重要的。因此，教师要引导学生多阅读，阅读各种题材的文章，在阅读的过程中要不断地寻找阅读的文章中与写作有关的东西，发现他们之间的契合点。多种方式积累学生的写作素材，是学生写好作文的关键。如果学生有了充实的写作素材，那么学生写出来的文章自然言之有据，饱满充实。只要学生意识到阅读和写作同样重要，阅读的多了，写出来的东西自然是有参考价值的。这样学生的思考能力提高了，学生的想象力也提高了，进而写作水平也会提高。

（四）通过阅读教学，引导学生有目的的感知情境

阅读教学是语文教学中也是很重要的五大教学板块之一。阅读教学，是学生和教师培养想象力的主阵地。在作文教学中要培养学生的想象力，教师就必须引导学生在阅读的时候把自己的阅读思路和作者的写作思路联系起来，感知文章中

的情境。例如在阅读马致远《天净沙·秋思》的时候，就要根据这首词中描写的事物，枯藤、老树、昏鸦、小桥、流水、古道、西风、瘦马等意象，去感知作者给读者创造的凄凉的画面，再次体会作者的感情。这样学生在阅读课文的时候，和作者一同思考，学生在其期间自己的感受和想法被唤醒，达到了积累生活的表象。这样学生在自己写作的时候，大脑里会自然去寻找和想象写作需要的表象。想些什么内容，抒发什么情感，就会自觉去筛选生活中的表象，这也是学生写作想象力培养的最直接的途径。

（五）借助课文朗读，点燃学生想象的火花

选入语文教材中的课文，都是语言生动，作者的感情强烈，具有极强的感染力和创造力的文章。老师在教学生学习这些课文的时候，可以让学生大声地带有感情地反复朗读，让学生的脑子里形成可看得见和可听见的东西，这样极大地丰富学生的表象。例如，同学们在学习莫怀戚散文《散步》这篇课文时，教师首先让学生当堂声情并茂地朗读课文，其次让学生不断地重读，读出作者的写作思路，到底走哪条路？这样学生的头脑中自然而然开始动脑子，产生了想象。然后老师指导，学生跟着老师的板书用思维导图的方式领悟课文，培养学生的想象力。最后，留出时间让学生在课堂去亲自感悟课文的意境，从而点燃学生想象的火花。学生无论对错，先在笔记本上写出自己的感想，老师提倡一种"有想法就说"的形式，让学生的观点有一定的存在价值，这样长期下去，那么学生朗读语文教材的文章也就自然地喜欢上。因此，笔者认为，从最具典型意义的语文课本下手，将更加实用。

三、思维多元开放训练，重视人文精神，为想象插上翅膀

（一）注重课外实践活动，培养学生的价值观

语文教师要引导学生以教材为出发点，走出教材，走出课本，走出课堂，走出校园。教师引导学生多参加社会教学实践活动，让学生在得到知识的同时，使其插上想象的翅膀，在思维的空间展翅高飞。教师开展丰富多彩的课外实践活动，丰富学生的内心世界。比如，教师可以带领学生多参加校外的活动，参加书法、绘画、美术和科学等校外活动，一学期可以举行几次不同学校之间的联谊，促进不同学校之间的交流。本校的学生可以参观和学习外校学生的学习方式，教师也可以和学生一起学习，观察外校学生的学习情况，扬长避短，趋利避害，更好地进行教学。通过这样的途径，可以很好地培养学生正确的人生观、价值观和世界

观。学生的想象力提高了，写作水平就会达到一定高度。培养学生丰富的想象力，是作文教学的重要环节。

（二）积极创设写作情境，营造写作的竞争环境

作文中，教师可以精心创设情景，让学生觉得有话可写，从而在轻松的氛围中找到需要表达的内容，激发学生学习兴趣。组织开展不同的学习活动，创设更多的竞赛类的活动。作为一名初中语文教师，要努力尝试新方法，老师可以在写作的课堂上，以固定的时间和固定的话题，随机地安排写作训练，让学生当堂完成任务。比如让学生不断听音想象作文，声音与人的情感、人的思维活动是密切相联系的。在指导学生进行审题，明确作文的要求后，接着用多媒体播放一些坚贞不屈，不怕困难，迎难而上，意义深远的故事，并让学生结合自己的生活实际，写出作文的初稿。最后经老师查看后，对写的好的学生鼓励夸奖，那么在班级学生之间就无形中形成了一种竞争的环境，这样有助于加强学生的写作动力。作文教学就是培养学生想象力的沃土。教师在作文教学中，应该采取多种形式的教学方法，注重学生想象思维的培养，同时也注重他们良好思维品质的培养，让学生不再惧怕作文，甚至喜欢上作文和作文课，从而爱上作文。

（三）注重人文关怀，开阔学生的写作视野

要注重人文教育。在语文教育中，尤其面对写作教学，教师要多融入一些人文关怀，尊重学生的个体差异，注重学生的自我实现的需要和人格精神的培育。人文关怀注重人的思想，人文关怀是既要关心、贴近人的精神和心理的问题，也要关心和照顾人们在精神和心理这两方面的需求。如果语文老师在写作教学中给学生灌输一些人文关怀的知识，那么学生的心灵和思想就会得到启发，学生被潜移默化地影响着，让学生深刻的意识到教育的意义，同时激发学生实现自我的人文精神，更好地开阔学生的写作视野。教师要了解学生的心理，与自己的学生沟通，言传身教，学生终身学习，持续发展，思想开放。同时，教师要设计精彩的讲课环节，让学生有激情，做学生畅所欲言的朋友。现代教育的理念认为教学是教师为主导，学生为主体。课堂教学是提高教学质量的重要环节，教师应该对自己的学生永远保持一种亲切、宽容和赞扬的人文关怀，体现以学生为本的思想，培养学生自由、平等、独立、仁爱和创新的精神，拥有宽广的视野。教师对学生的人文关怀，是教师必备的专业素养，是学生健康成长的人文环境，更是学生写作时最基本的语文素养。

四、充分利用语文教材，不断丰富学生的想象

语文这一门课程中，最让学生头疼的一部分不是字词句篇等基础知识，而恰恰是这一主观的作文部分。如果学生在写作文的时候，能够展开自己的想象力，那么作文对于学生来说就没有那么难写了。语文教师要带领学生以语文教材为写作的出发点，展开想象的翅膀。心理学家认为，想象受客观事物的影响，想象也是在在言语的调节下，人脑中已有的表象进行加工改造产生新表象的心理过程。因此，学生的表象越丰富，则学生的想象力就越丰富。因此，培养学生在写作中的想象力，学生的头脑中必须有可以加工改造的"表象"。语文教材，就是作者在课文中所给予他自己丰富的想象能力而写的文章。因此，语文教材是学生培养想象力都很好的范文。在初中作文教学中，教师要将教材中的资源利用起来，注重训练学生的想象力，为学生提供更加方便的想象平台。通过这样的思维活动，来培养学生的想象力，会让学生的想象更加切合实际需要。

五、加强语言表达训练，提高学生的想象能力

多种训练方式齐头并进，加强学生的语言表达能力。学生的语言表达能力丰富的学生，则想象力也就表现得更为丰富，如果学生的语言表达能力不强，那么想象就会显得枯燥无味。

刘勰的神思想象理论中指出，具有丰富的语言组织能力是提高学生创造想象力的有力支撑。语文就是语言文字的运用，学生写作文就是用文字将想要表达的东西用笔实实在在地写出来并呈现在作文中的东西，也就是说学生将在写作中的想象力通过构思必须用文字表达出来。写作者运用语言文字才能将创造想象的事物表达出来。因此，写作者必须有熟练掌握和运用祖国语言文字的能力。这样在写作的过程中创造想象就会得心应手，顺理成章。拥有超强的想象力，若无法用形象的语言来表达，那么学生的作文也无法更加吸引读者的眼球，作文显得平淡无奇。就像是在茶壶里煮饺子，是怎么也倒不出来饺子的。学生的想象力是一种抽象的想象活动，需要语言这个东西来调节，学生大脑想象出的东西需要一种外在的东西来表现。这种表现就是语言。学生仅有丰富的想象力但是没有丰富的语言来表达，那么就会使学生的想象力永远停留在表面的直观的具体的层次上面。

初中语文写作教学中培养学生的想象力是时代的要求，语文教师应该明确学生的主人翁地位，要不断地发掘教材中的创新素材，将创新教育落实到课堂的每一个环节，让学生的想象力得到高效的培养。

第九章　交际语境下的初中语文写作教学策略研究

第一节　交际语境下的初中语文写作教学概述

在传统语文写作教学模式的弊端不断凸显，现代写作教学正在改革与转型的背景下，"交际语境写作教学"顺应了现代写作教学的发展需求，正在被越来越多的语文教育研究者所关注。在实际的初中语文写作教学中，存在着许多的问题，迫切需要有效的写作教学策略指导。"交际语境"的运用，将改变初中语文写作教学中语境缺失、表达不真实等问题，将写作教学从"封闭式"引入"开放式"，学生在真实的语境中写作表达，更能激起学生的写作热情，提高写作水平。在初中语文写作教学中运用交际语境策略，有利于促进教师和学生交流，发现学生写作的困难，帮助学生走出写作困境，从而推动初中语文写作教学的健康发展。

一、交际语境下的初中语文写作教学的涵义

（一）交际语境的涵义

"交际"指人与人之间的沟通交流，"语境"指言语表达时所依托的言语环境，交际的进行总处于一定的语境之中，语境对交际的进行具有制约和解释的功能。荣维东教授认为，交际语境是交际双方为达成交际的意图，在交际时运用交际目的、话题、主体、读者等要素所构成的情境语境。研究认为"交际语境"是指交际主体明确了一定的交际目的，围绕相应的话题，与潜在的读者对象进行沟通交流所构建的语言环境。

（二）交际语境下的写作涵义

写作是运用语言文字自我表达和与人交流的方式，是一种交际活动。交际语境下的写作是在特定语境中的表达交流活动，在写作活动中，围绕相应的话题，

关注写作的对象和交际的目的，选择恰当的文体，让言语表达处于特定的交际语境之中。交际语境下的写作基于真实的交流目的，在真实或拟真的写作任务场景或相应的语言环境中，根据交际的对象，去选择相应的语言进行表达。交际语境下的写作，首先具有交际性，是作者和读者之间的对话交流活动；其次具有情境性，写作是在一定的语境之中进行；再次具有功能性，写作是为了实现一定的交际目的。交际语境下的写作强调了写作的表达交流功能，重视写作表达的真实感受，促进写作交流活动的顺利完成，对传统写作赋予了新的内涵。

（三）交际语境下的初中语文写作教学的涵义

初中语文写作教学，是培养初中生运用语言文字，进行自我表达和与周围的世界进行沟通交流的一种活动。初中生的写作应具有交际交流的实用功能，要能够对学生现实的生活有所指导。交际语境下的初中语文写作教学指向初中生真实生活的应用，将学生的写作置于真实具体的语境之中，能够减轻学生写作内容选择的盲目性，有利于写出能引起读者共鸣的文章来，从而提高写作自信心。因而，初中语文写作教学应关注学生的成长发展需求，为学生的长远发展着想。在交际语境下的初中语文写作教学中，教师要发挥在课堂中的主导地位，引导学生在进行写作时，创设交际写作的语境，运用相应的语境要素，来完成语篇的构造活动，使得外在的写作任务与初中生内在的写作需求共情共生，引领初中生在真实的生活场景中实现"做中学""乐中写"。

二、交际语境下的初中语文写作教学的理论依据

（一）建构主义学习理论

建构主义推崇个体积极主动的学习。在个体的成长和发展过程中，个体通过构建客观世界来内化其认知结构。个体自身决定着对世界的理解、对世界赋予的意义。在个体的学习过程中，知识的获得源于个体的强烈的自我意愿。建构主义认为，在教学中教师是教学的引导者，引导学生在已有经验的基础上，对新知识进行有意义的建构。它对写作教学的启示在于：

第一，在写作教学中，最重要的环节是激发学生进行意义建构主动性，为学生营造良好的写作情境。只有在具体情境中的写作训练才是符合学生的发展需求的，才是有价值的。在交际语境下的写作教学中，写作教学关注学生自身的发展，写作训练关注言语情景的设置，提高了写作教学的实用性和功能性。第二，外在于学习者的知识是没有意义的，知识的意义存在于学习者的接受中。写作教学要

在学生的认识和经验之中，进行写作训练时，要尽可能选择有利于学生解决现实问题的写作话题。第三，交际语境写作是激发学生写作动机，让学生根据自身的情感体验去进行有意义的写作交流、真心实意的表达。学生的写作与现实生活的情境相类似，能够在具体的语境中，积极主动地进行书面语言交流，是符合建构主义学习理论的要求的。

（二）人本主义学习理论

人本主义学习理论关注个人的自我价值和尊严，认为教育要挖掘学生的内在潜力，以促进学生的自我发展为追求。在学习中要坚定学生的自我实现，使学生对学习产生某种牢固的信念。交际语境下的写作教学，强调学生积极主动地在写作语境中进行有意义的文本建构，以实现交际表达的写作功能，体现了对学生个体发展的关注，有益于学生通过写作成长自我，实现自我。人本主义认为学生在积极的心理状态下，学习的效果较好。这启示写作教学要关注学生心理、学习兴趣的自我激发，培养学生学习的自主性。交际语境下的初中语文写作教学根植于初中生的现实生活，初中生的写作存在于个人认知范围内，使写作活动的发生源自学生的主动。这与人本主义理论强调人的全面发展，关注人的情感需求、价值、尊严、创造力的实现的要求是一致的。同时人本主义学习理论下的写作教学，启示我们在交际语境写作教学中，写作内容的取向上要多元化，要考虑到学生成长发展的多方面需求。学生在写作语境中，不但习得与人沟通交流的能力，实现书面语言的交际功能，同时也通过写作培养了积极的学习态度，真正提高了自我认知，促进了个人成长发展。

（三）《全日制义务教育语文课程标准》（2011版）

课程标准在第四学段的写作中要求，学生在写作时要抒发真情实感，要多角度观察生活，在写作时要考虑不同的目的和对象。在交际语境下的初中语文写作教学中，学生写作语境的建立是基于个人的实际生活，有利于唤醒学生已有的生活经验，让学生在写作中能够说真话抒真情。只有符合具体语境的表达才是对的、好的、得体的，这就要求初中生注意对生活的观察和思考及对语言文字的灵活运用，如此才能达到课程标准对初中阶段写作的要求。从目前初中语文写作教学的实际来看，初中生的作文存在"伪圣化""假大空"的现象，为了考试，不切实际地编造、堆砌文字。所以对初中生的写作来说，激发学生内在的写作动机，对他们进行情感态度的引导，调动其真实性体验的写作是十分有必要的。交际语境下的初中语文写作教学引导学生在拟真的写作语境中，为完成交际的意图，选择贴合语境的语言进行书面表达。在交际语境写作的要素中，同样强调写作目的和写作对象，在特定的语境中进行选择、取舍，完成语篇有意义的建构。由此看交际语境下的写作教学与语文课程标准对初中阶段写作教学的要求是一致的。

（四）荣维东"交际语境写作"理论

西南大学文学院教授荣维东认为，语文教育的主要目的是语言文字的应用，学生语文学习的关键是能够用语言文字去思考表达。写作教学指向学生对语言文字的实践和应用。他认为交际语境写作是，写作者为了实现交际目的而与读者对象围绕某个话题所进行的书面交流活动。语言表达的目的在于交流，交际是写作最重要的任务，写作目的的实现需要读者、话题、作者、目的和语言等交际要素的参与。他提出"交际语境写作"主要是由"交际""语境""语篇"三个有内在关联性的子命题构成，交际语境下的初中语文写作教学引导学生在写作时，明确写作的交际功能，建立语境意识，让学生在基于生活的言语实践中，解决实际问题的过程中，体验书面语言表达的真正意义。荣维东的交际语境写作教学理论对交际语境下的初中语文写作教学的研究给予了启迪，推动了我国写作教学的发展。

三、交际语境下的初中语文写作教学的意义

（一）激发初中学生的写作兴趣

目前初中的孩子们面对作文不愿写，害怕写，对写作提不起兴趣，勉强动笔也是为了完成作业，应付考试，以消极的态度对待。所有的课程中"写作课"在他们心中是最不受重视的，这就是写作动机的缺乏。为了有效激发学生的写作兴趣，许多一线语文教师立足于写作课堂探究了一些提高学生写作兴趣的指导策略。姚竹青老师的"快乐作文"指导策略，李白坚教授的"大作文"指导策略，都是想要通过"游戏的方式"来调动学生的写作兴趣，对于初中生来说，他们的思维开始向抽象思维过渡，在一定程度上来说，抽象概括思维有了一定的发展，在直观的认识和客观的事物联系之间需要一个环节来促进，而交际语境能够恰如其分连接起到这一作用。交际语境下的初中语文写作教学，切合初中生的写作心理发展特点，发挥了学生在写作中的主体地位，学生在写作时既是作者又是内心潜在的读者，让学生在交际表达中，达成写作交际的目的。初中生在符合认知的语境中，在自我的话语范围内，更愿意去说去分享，改变了面对写作时的无措。在交际语境下的写作中，学生的写作来源于现实的生活，通过写作和生活交流和文本交流，有利于调动学生的写作兴趣。

（二）增强初中学生的体验感悟能力

写作是学生生活经验的重组再造。处于初中阶段的学生，独立意识增强，追求个性化，感悟生活的能力差，在写作时由于生活经验的缺乏，常困惑于"不知道写什么"，勉强写出来的文章，往往因为缺乏生活经验而使得写出的文章没有灵魂。调动学生已有的生活经验，帮助学生将经历过的生活体验加工转化为写作的内容和材料，是激发学生真情表达的重要因素。生活是学生写作的土壤，学生的写作内容必然来自学生的现实生活，交际语境下的初中语文写作教学将初中生的写作与学生的生活实际相联系，引导学生在真实的写作语境中，根据交际的目的，在已有的经历中取材，进行写作构思，写的过程即是对生活的思考和感悟。交际语境下的初中语文写作教学，能够唤醒学生已有的生活经验，促使学生将经验转化为书面语言，从而培养了初中生的生活意识和感悟能力，强化了初中生的语言表达，提高写作教学的效率。

（三）培养初中学生的真实表达能力

真实，即经历情景的真实，也包括自己内心的真实。实用的交际目的易于引发学生真实的诉说。初中阶段记叙文写作训练较多，没有真情实感就无法写出有感染力的文章，但实际的写作教学中，学生的写作目的不明确，读者对象不清楚，面对写作任务往往一筹莫展，不知该如何进行真实的写作、真实的表达。真实的写作是基于真实的交流目的，需要真实的语境，真实的话题，真实的读者对象，是写作行为的真实。交际语境下的写作贴近学生的真实生活，以读者为导向，建立真实写作的语境，能够激发学生真实表达的欲望。培养学生真实写作能力，机械的写作训练往往是行不通的，写作行为的真实才是正确的选择。对初中生而言他们在生活和学习中有许多可以转化为写作学习契机的写作立意点，关键是要建构起真实的写作语境。语境的真实具体，能够激发学生的写作动机，让学生愿意去表达，在真实的生活经历中搜索提取关键写作信息点，写作时主动表达真实的感受，使写作交流活动顺利地完成，从而提高真实的写作能力。

（四）发展初中学生的语文核心素养

王宁教授认为，学生的语文核心素养是学生在语言实践活动中积极主动地构建起来的，是在真实的语用情境中所表现出的个体言语经验和言语品质。交际语境下的初中语文写作教学交际目的和情境的真实，引导学生发挥思想与情感的丰富性，去组织语言提升思维，从而达到写作交际的目的，有利于学生语文核心素养中思维和语言方面的提高。初中生核心素养的发展离不开个人的积极主动，交际语境下的初中语文写作教学中,学生在进行写作时有充分的自主权,带着积极的心理投入到写作中去,才能在写作时更好地培养核心素养。在交际语境下的初中语文写作教学中,明确的语境要素,使学生从凌乱的思绪中整合出清晰的写作思路,学生通过写作思维得到锻炼,语言表达能力也随之提升。语言的运用离不开具体的言语环境,交际语境下的初中语文写作教学,使学生在写作时能够根据真实具体的语言情境和对象进行恰当的交流与沟通,能够结合具体交际情境中的交流与沟通进行评价和判断,在沟通交流中提升语言的建构与运用能力。

(五)提高初中语文写作教学质量

在目前的初中语文写作教学中,写作教学模式单一,写作训练较为盲目,忽视学生的真实生活和情感,重视写作的技巧,致使初中生产生厌写的情绪。很多一线语文教师认为作文难教,认为其没有章法可循,所以很难把握,写作教学的效率不高。当学生运用交际语境写作时,心中有了诉说的对象,便明白了写给谁。交际语境的创设,使学生明白了怎么写,能够有效克服虚假写作,指向学生真实表达能力的提升,使学生获得真正实用的写作技能。交际语境下的初中语文写作教学,适应了社会的发展和学生的写作需求,创新和发展着初中语文写作教学,是教师写作教学理念更新的新启示。初中语文写作教学应立足于语言在初中生实际生活中的应用,面向初中生真实的生活实践活动,使学生通过写作训练,能够习得适应未来工作与生活所必须具备的写作能力。对初中生而言,交际语境下的写作,不但能够激发他们的写作动机,而且能够使其思维能力得到发展,语言能力得到提升,从而提高了初中语文写作教学的质量。

第二节 初中语文写作教学存在的主要问题

一、教师写作教学理念滞后

教师的写作教学理念反映着教师个人对写作教学的理解,是教师固有的写作教学方式方法的积淀。在初中语文写作教学中教师以"中考作文评分标准"为主要的评分依据,在写作任务的设置上,常把历年中考作文命题作为主要参考。以应试为主要写作目的的初中语文写作教学,忽视了初中生写作学习的真实需求,影响着教师写作教学理念的更新。教师在这种写作教学的理念的影响下，将无法调动学生写作的积极性，写作教学的问题将会越来越突出，不利于教师个人专业素养的发展。在写作范式正在转型的今天，初中语文教师应该以语文课程标准的要求为导向，注重写作的交际功能，培养学生在不同的语境中，对语言文字的运用能力。广泛关注学科前沿及写作教学的动态，吸收有益的写作教学理念来丰富自己的写作教学，探寻适合学生的写作教学方法，给予学生有效的写作教学指导，唯有此，才能找到写作教学的正确途径。在现代社会的发展中，写作的沟通交流功能变得更加重要，交际语境下的初中语文写作教学，符合初中生写作的心理特点，指向学生语言表达的真实需求，能够有效发掘学生的写作潜力，促进学生与人沟通交流的能力，是教师更新写作教学理念的新启示。

二、学生忽视写作的交际功能

写作是人类社会进行交际的工具，具有多种交际的功能，写作的交际功能主要体现在：表达、交流、自我表现等。在实际的初中语文写作教学中，学生在写作时常依据写作题目的要求，或记叙或议论的谋篇造句，忽视了写作的交际功能，致使有些学生所写的文章晦涩难懂。从初中语文写作教学的调查问卷分析中也能够了解到，初中生写作的目的偏于"应试"，在写作时读者意识淡薄，为了达到写作要求，教师为学生总结写作技巧，推荐写作范文，要求学生背作文，抄素材，学生经过这样的写作训练，写出的文章如同复制，并没有实际的意义。在与初中生的交流中，了解到初中阶段的大部分学生宁愿在虚拟的网络中表达自己的想法，也不会在写作中表现真实的自己。其主要的原因是写作的交际功能被忽视，不能有效触发学生真实的情感。在新的写作教学理念——交际语境写作不断发展的今天，要求学生在进行真正有意义的写作时要考虑读者，写作的交际交流功能凸显。因而教师在写作教学中需要意识到，学生进行写作是为了实现与他人的交流，而非是个人的独语。对写作交际功能的重视，有利于学生自身表达能力和写作素养的提高，为以后的成长发展奠定基础。

三、学生写作缺乏读者意识

学生在写作时既是文章的作者又是潜在的读者。所谓"读者"，就是文章的阅读对象。写作活动的发生离不开读者的参与。撰写文章时，心中应该有一个倾诉对象，以便从读者的角度审查文章。有了读者意识，初中生在写作表达时才能更好地定位自身在写作中的角色，才能运用恰当的语言写出具有吸引力的文章。对于初中语文写作教学，学生的写作训练更重在意识的培养，初中生在进行写作时，往往读者只有一个——语文教师。但语文教师在严格意义上讲是作文的判定者，而不是交流者。这就容易造成初中生思维的单一，缺乏平等的交流对象和真实的感受。初中生读者意识的培养，能够使学生写出更具交流价值的文章，更能引起读者的共鸣，提高言语表达的能力，使写作活动更有意义。在对初中生的写作教学中，一旦使其明白了读者的存在，便可以联系生活经验，选出读者可能感兴趣的材料，写作水平自然会有所提升。所以，读者意识是把初中生的生活和真情激发出来的重要渠道。交际语境下的初中语文写作教学中，学生写作的过程就是和心中潜在的读者进行对话的过程，写作时读者对象的存在，能使初中生更好的体会到写作的乐趣。

四、学生写作缺乏交际语境

"交际语境"是学生在写作表达时所依托的言语环境，它对学生的写作具有补充、限制、提示等作用。在初中语文写作教学中，缺乏贴近初中生真实生活的写作语境，导致初中生在写作时，将写作变成了任务，为了写而写。学生的写作是根据写作的话题，在一定的语言环境下进行的。学生在运用书面语言进行交际表达时，需要依托一定的交际语境，写作语境的明晰，能够有效解决学生不知道写什么的困窘。写作语境的真实具体，能够使学生的写作更好地体现真实性和交际性。写作语境的不完善，会使学生的表达不明确，脱离语境的语言表达是无意义的。在实际的初中语文写作教学中，初中生常进行命题作文的写作训练，但有些命题实在让人难以下笔。如命题作文"阳光""给予"之类，范围比较大，对初中生而言，他们的生活阅历较少，无法根据写作命题建构特定的语境，就无法激起真实内在的写作动机。写作的语境引导着学生在写作时选择恰当的语言，补充着学生写作的内容，有利于学生写出具有实质意义的文章。对初中阶段的学生来说，真实有效的写作语境应该是与真实的生活相关，符合自己的认知范围，能够激发言说的欲望，促进个人成长发展的语言环境。写作行为的发生一定是在相应的语言环境中。将初中生的写作置于接近生活实际的交际语境之中，降低了学生写作的难度，能够使学生的语言表达更加的得体。

五、教学忽视写作过程的指导

写作过程是教师和学生的互动、对话过程，是教师教学生如何去写作。在写作过程中，教师应注重与学生的交流，根据实际的学情，对学生进行有针对性的指导，引导学生养成良好的写作习惯，促进写作活动的顺利进行。初中阶段的学生，学习任务量逐渐增大，学习内容也比较丰富，在语文教学中，大多数语文教师都偏重于对语文知识的讲授，却忽略了对学生发展的全面性培养。近年来，随着写作在语文试卷中分值比重的提高，广大语文教师意识到了写作的重要性，每学期作文训练的次数并不少，除了每周必上的作文课，还安排了学生去写周记、随笔等。但实际效果并不明显。过于关注写作的结果，却忽视写作过程的指导，造成了写作教学的低效。写作过程是教师与学生交流的过程，忽视了对学生写作过程的指导，教师将难以了解到学生真实的写作需求与困难点。由于初中语文教师工作量的增加，除了正式的作文课上所写的"大作文"，随笔、周记这些写作训练往往只批上"阅"。而初中生对这类的写作训练更为不重视，经常是为了完成写作任务，而随意摘抄一篇应付。写作变成了学生不得不做的任务，学生不愿意在写作时表达自己的真情实感，会导致学生在写作时出现模仿套作的问题，而且在一定程度上限制了初中生的思维，偏离了写作教学的本质。在写作教学过程中，要以学生为重心，帮助学生建构相应的写作语境。如写作前的话题设计应让学生有话可说，在写作中引导学生对话题语境要素进行分析，写作后鼓励学生将文章交流分享等。随着对写作教学的不断探索，广大语文教育者应该认识到，在写作教学中对学生写作过程的指导是有必要且不可忽视的。

第三节 交际语境下的初中语文写作教学改进策略

一、树立交际语境理念，提高写作教学水平

交际语境理念指向下的写作教学，从写作的交际功能出发，强调写作时要根据一定的读者对象和交际目的去表达。在《义务教育语文课程标准》（2011版）对初中生的写作要求中，明确提出学生写作时需要清楚写作的目的和对象，指向

写作的交际功能。因而树立交际语境理念，符合初中语文课程标准对写作的要求，是初中语文写作教学发展的正确方向。为了将交际语境更好地运用到初中语文写作教学中，语文教师应树立交际语境理念，提高自身的写作教学水平。

初中语文教师交际语境理念的树立，体现在以下几个方面，首先在写作教学目标的设定上，要突出写作的交际功能，以培养学生真实写作能力为主。其次在写作教学内容方面，写作的内容要与初中生的实际生活相通，让初中生的写作具有指导实际生活的意义，使其能够通过写作树立正确的生活价值观。最后在写作教学的过程方面，注重指导学生运用交际语境要素来解决写作中出现的问题。在写作教学中要有意强化学生的交际语境意识，引导学生在写作表达时，为实现交际的目的而表达。

写作教学水平的提高，离不开教师自身写作能力的提升。语文教师自身拥有较高的写作能力，对学生的写作也是一种激发。为了更好地发挥交际语境写作在初中写作教学中的优势，建议初中语文教师在交际语境写作理念的指导下多进行"下水文"写作练习。在写作练习中体会这种策略的适用性，同时注重反思总结，唯有此才能够运用好这一写作教学的新方法，才能提高写作教学水平。

二、明确写作交际功能，激发学生写作兴趣

写作的交际功能是指学生在写作时，根据一定的写作目的和读者对象去进行书面语言的表达交流。在写作教学中，需引导学生明确写作的交际功能，让学生意识到写作是有意义的表达和交流的活动，有针对性地对初中生开展写作训练。在写作教学中要改变对初中生写作成绩的过分关注的情况，重视学生语言运用能力和沟通交流能力的提高，使学生学会运用写作来建立与整个社会、生活的沟通。写作教学不再是机械的写作方法的探讨，而是立足于写作的交际功能，更能够激发初中生的写作兴趣。

例如：初一年级的一则写作训练：请以"瞧我这个人"为题目写一篇介绍自己的文章。看似较为简单的写作题目，教师也强调：主要是介绍自己，写出自己的个性，让别人记住你即可。教师原本以为自己已经说清楚了，但由于没有相应的语境，初中生在写这篇文章的时候，仍然是抓耳挠腮不知道该从何下笔。如果放在交际语境中，在布置写作任务时可以这样说："如果你刚进入新的班级，想结交新朋友，需要让新同学和新老师认识你，在这样的情境中，你可以用写作的方式，向同学和老师介绍一下你自己。"这样学生的写作就处于一定的交际语境

之中，很容易让学生产生想说的冲动。这段文字里包含了写作的目的：想要结交新朋友。读者对象：新同学和新老师，这就会让学生在写作时，根据读者的状况和需求，自觉地调整表达方式和措辞口吻，以更好地达到交流的目的。学生在具体的写作任务驱动下，即明白此写作为何而写、为谁而写、自己处在怎样的写作定位之中、采用怎样的文体、如何的语言能达到写作的目的，这样的较为清晰、环节紧凑的写作思路，能够激发初中生的写作热情，写作不再是必须完成的任务，而是真实的表达和交流，有利于消除初中生在写作时的畏难心理，享受写作表达带来的乐趣。

三、根据交际语境要素，设计写作教学任务

交际语境要素包括写作的话题、目的、角色、读者对象和语言。交际语境要素的运用，使得写作任务变得真实而具体，学生在交际语境写作任务中，能够更好地组织语言，展示自己。

（一）创设写作话题

交际语境下的初中语文写作教学，写作任务的设计话题要情境化，首先情境要贴近初中生的生活实际，引导初中生在所熟悉的领域中留心观察、思考身边的人和事，写作不再是"为文造情"拼拼凑凑。其次写作话题的创设要体现实用功能，《义务教育语文课程标准》（2011版）在初中阶段的写作建议中明确地提出，初中生在写作时要能够根据生活的需要，运用常见的表达方式写作。交际语境下的初中语文写作训练，不仅仅是为了锻炼初中生对语言文字的运用能力，更是为了初中阶段的学生能够适应当今社会的迅速发展，提高沟通交流的能力。在现实生活中，如写请假条、信件、学习工作总结、申请批复、证明、汇报等均为实际的需求而书写的话题，具有实用的功能且指向学生生活中所必须掌握的写作能力，这样具有实用功能的话题更有益初中生的成长发展。

（二）明确写作目的

交际语境下的写作以交流为目的。初中生在具体的写作任务驱动下，即明白此写作为何而写、为谁而写、自己处在怎样的写作定位之中、采用怎样的文体、如何的语言能达到写作的目的，使学生的写作思路更为清晰。明确交际语境下的写作目的，首先在写作教学中教师需引导学生留心观察生活，关注身边的人和事，使写作表达目的更有针对性。其次学生需关注自身内心的真实需求，写自己亲身经历过的事，触发真实的情感的表达，使写作表达的目的具有促进个人成长的实

际意义。最后站在交流对象即读者的位置上,明确写作的目的,使写作表达更有逻辑性。

(三)定位写作角色

写作角色就是你应该以何种身份去写作。定位写作的角色,有利于拓展写作思维,引导学生多角度去观察生活。在2011版语文课标中明确提出,初中阶段的写作要培养学生多角度去观察生活,增强体验感悟生活的能力。不同的角色定位有着不同的语言表达,引导学生在写作时要认真观察,用心体会,这与课程标准的要求是一致的。交际语境下的初中语文写作要求学生在写作时,根据情境的需要,选择自己的身份,定位自己的角色,写作角色决定着说话的语气和语言表达。如教学实例:在九年级上的语文教学中,教师利用教材课文的学习对学生进行了交际语境写作教学的训练。在学完《送东阳马生序》这篇文言文时,教师对学生进行了转换角色写作练习。交际语境的设计为:假设你是宋濂年少求学时的同学,在那时锦衣玉食的你看着衣衫褴褛的宋濂,可能会对他说什么?假设你是宋濂的老师,当年你会对求学的宋濂说什么?假设你是宋濂本人,你会对以前的自己说什么?以书信的方式去进行写作表达。在这个写作训练中,读者是分别是宋濂的同学、老师、宋濂本人,话题是"和宋濂的对话",文体是书信的形式,但并没有规定作者的身份。教师在引导学生写作时,要求学生选择合理的写作身份进行写作,以宋濂的同学、老师和宋濂本人等不同的身份进行写作,相应的语言也会发生变化。变化写作的角色,能充分发挥初中生的想象,让初中生的写作不再局限于自我。

(四)提供写作对象

写作对象即读者,即阅读作品的对象。在交际语境写作任务设计上,为学生提供写作对象,更能激起学生言语表达的动机。以初中语文日常的一次写作训练为例:要求学生以《声音》为题,写一篇文章。这样的写作命题,没有提供真实具体的写作情境,交际要素不明确,初中生面对这样的写作题目,往往不知该从何去写。写作对象的不明确,使学生不知该写哪一种声音?写给谁?只能为了完成写作任务,硬找些话说。比如要求学生写一篇描写性的文章,作文命题为《我的房间》,交际语境下的写作将会为学生提供明确的写作对象,如向你的同学或新朋友介绍一下你的房间,这样的写作命题,是初中生所熟悉的,学生很容易建构起语境要素。且写作的对象明确:写给同学或新朋友。这样写作对象比较明确的写作任务设计,能有效解决初中生在写作时不知道写给谁,写什么的困惑。

(五) 选择写作语言

写作语言就是根据写作的语境，你应该选择何种语言去表达。语言的表达一定是依存于特定的语境。如教学实例：近日，在校园中发现有的同学在校园的花坪上晒被子晒衣服，不仅损坏了花草的成长，也影响了校园的美观。如果让你以"校园管理员"的身份，对学生的这种行为进行劝说、引导，那么你应该选择什么样的语言，以什么样的语气和同学们沟通，让同学们意识到这种行为是不对的呢？在这则写作任务的设计中，学生写作语言的选择必然要依托于具体的写作语境，写作语境的真实具体，使得学生的语言表达更加的得体。

四、创设交际语境，开展写作教学活动

交际语境是学生在交际表达时，所依托的言语环境。在交际语境的创设上，要注重贴近学生的真实生活，符合学生的情感认知，让学生很容易明确话题、目的、角色、读者等交际要素，更好地开展写作活动。写作语境创设方法上，其一教师可以用贴合写作内容的语言创设语境，用有感染力的语言去为初中生的写作营造一个很好的写作氛围。其二，可以用实物或场景演示创设语境，比如要学生描写具体的实物，可以拿到写作课堂上，让学生真实地去观察，然后再去写作。其三，可以利用现代先进的教育技术创设语境。比如运用多媒体播放写作的相关影视片段，或有利于调动学生写作情绪的音乐等，来唤醒初中生的生活体验，让学生很好地构建起写作的语境。

在写作教学活动的开展上，教师可通过开展小练笔、单项训练等写作活动，让学生在写作练习中更好地体会和运用交际语境写作教学策略。如巧用教材开展小练笔写作活动，在部编版八年级下册第二单元的写作实践练习中，要求学生以"我的小天地"为话题，写一个小片段，向别人介绍它。写作的话题，是学生比较熟悉的内容，这个"小天地"可以是自己的房间，也可以是自己在教室中的座位或是自己熟悉的一个角落。教师可用一定的语言描述，使学生进入到写作的语境当中，然后引导学生运用交际语境要素来进行写作表达。通过这样的小练笔活动，不仅很好地运用了教材资源，而且培养了学生在特定语境中的表达交流能力，践行了语文课标对学生的要求。

再如单项写作训练活动，设计写作任务为"介绍你们学校中你最喜欢的地方或一处建筑"，对于初中生而言，"学校"是比较熟悉的地方，这样的写作会更加具有亲切感和体验感。在运用交际语境进行写作时，可以让学生定位自身的角

色是"校园导游",写作所面对的读者对象是"来校参观的游客",为了使游客更好地了解学校(写作对象),学生应选取相应的语言去表达。学生在写作中有充分的自主权,写作情境的真实具体,使学生的语言表达更为确切。同时贴近初中生的生活实际的语境创设,有利于初中生在特定的交际情境和历史文化情境中建构和运用祖国的语言文字。

五、关注交际过程,落实写作教学评价

交际过程指基于交际语境的写作过程。交际语境写作过程,需要教师和学生的共同参与,通过分析写作任务的话题、读者、目的等语境要素来完成言语表达和语篇构造。《义务教育语文课程标准》(2011版)明确提出在写作时要注重写作的过程。教师对学生交际过程的指导主要体现在:指导学生把握话题,帮助学生明确写作目的及定位作者的身份,引领学生进行读者审视,最终形成表达,进行交流。在交际语境写作教学实施过程中,语文教师在写作中需对学生进行引导和解疑,从贴近初中生的发展实际所设计的写作教学任务,到初中生写作过程中的指导,以及最后多元评价方式的环节设置,教师不但需要对整个交际语境写作的具体环节熟记于心,而且能够根据课堂的实际情况调整写作教学方案,使交际语境写作教学策略与初中生的学情真正契合。

话题、目的、角色、读者、语言是贯穿在整个交际语境写作过程中的。那么梳理写作过程,也需要从这几个方面去入手。如在写作前,写作话题要符合初中生的情感认知,交际语境写作的教学设计要从初中生的生活实际出发,充分调动学生的积极性和课堂参与的兴趣;在写作中,学生面对的是熟悉的话题,有话去说,这就要引导学生分析语境,定位自身的角色。教师可以引导初中生用交际语境要素去思考,从写作者的角度考虑写作这篇文章的目的,从读者方面去考虑所写文章的读者对象是谁,针对读者对象思考该选择什么语言去表达才能达到写作的目的。这样的语境要素分析,会使初中生在写作时有清晰的思路,解决初中生在写作时,不知如何写的困惑;在写作后,鼓励学生分享写作文章,交流写作经验,并引导学生进行自我反思与总结。让学生在交流与反思中更好地体会和运用交际语境写作教学策略,从而不断完善自己的文章,促进写作能力与自我发展的共同提升。

落实写作教学评价体现在学生和教师的反思交流,体现在评价主体的多元化。反思是学生从自身的写作情况出发考虑交际语境下的写作策略给自身写作带

来的影响，是教师根据写作课堂的实际情况考虑这种策略对写作教学的适用性。交流是与自我、师生、同学、读者对象之间的交流，交流自己的写作经验，交流自己所写的文章。具体可通过开设"交际语境写作交流会"主题班会，组织学生进行反思交流，使写作教学课堂更加高效。交际语境下的初中语文写作教学评价是贯穿于写作全过程的，学生在写作时为了达成交际的目的，在整个写作过程中根据交际语境要素进行反复的修改、调整、总结经验，教师及时地给予学生反馈和指导，促使学生在写作中不断提高。写作完成后提倡评价主体的多元化，首先，是学生自评，学生的自我评改是提高自我认识、调整和建构写作的过程。具体教师可引导学生建立写作任务自查清单、写作评价表等，在自我提问中警醒和自查。可根据交际语境写作理念，设置自查问题，如写作时是否清晰地表达出了写作目的，角色定位的合理性，文章写作的条理逻辑，符合读者对象的语言表达，合理的文章样式等方面进行自查。其次，是以读者为主体的评价，在运用交际语境进行写作时，学生的心中是有潜在的读者对象的，这个对象可以是虚拟的，也可以是真实的。那么在写作评价时，如果是虚拟的读者对象，学生可以先以"读者"的身份进行评价修改；如果是现实存在的读者，也可以将作文拿给读者对象去评价，这样的评价更加的真实具体。最后，可以是写作者之间的互评，学生之间可通过互相阅读、相互评价看到彼此文章的优缺点，在相互交流中取得实质的提高和进步。写作最终完成后，教师还应对学生的写作做一次总结性评价，选出优秀作文和有缺陷的作文在课堂上组织同学们比较、分析、交流。还可以鼓励同学们将文章发表，让更多的人参与评价。

参考文献

[1] 张浩堂. 初中语文阅读教学和写作教学模式的融合思路 [J]. 知识文库, 2022, (05):157-159.

[2] 魏淑珍. 初中语文阅读教学与写作教学的有效结合 [J]. 新课程, 2022,(06):60-61.

[3] 彭柔. 初中语文阅读教学与写作教学的融合发展路径研究 [J]. 新课程, 2022, (02):50-51.

[4] 张武济. 初中语文阅读教学与写作教学的有效结合 [J]. 新课程, 2022,(02):124.

[5] 张婷. 初中语文阅读教学与写作教学的有效结合 [A]. 中国管理科学研究院教育科学研究所.2021 教育科学网络研讨年会论文集（下）[C]. 中国管理科学研究院教育科学研究所: 中国管理科学研究院教育科学研究所,2021:211-213.

[6] 汪青青. 初中语文阅读教学与写作教学结合的对策 [A]. 中国管理科学研究院教育科学研究所.2021 教育科学网络研讨会论文集（六）[C]. 中国管理科学研究院教育科学研究所: 中国管理科学研究院教育科学研究所,2021:116-118.

[7] 马明华. 初中语文阅读教学与写作教学的有效结合 [J]. 读写算, 2021,(32):91-92.

[8] 胡楠. 初中语文阅读教学与写作教学的有效结合研究 [J]. 试题与研究, 2021,(29):187-188.

[9] 魏如. 在初中语文阅读教学中引导学生学习写作的路径探索 [J]. 天天爱科学（教育前沿）,2021,(10):71-72.

[10] 严肃文. 初中语文阅读教学与写作教学的有效结合 [A]. 中国管理科学研究院教育科学研究所.2021 教育科学网络研讨会论文集（三）[C]. 中国管理科学研究院教育科学研究所: 中国管理科学研究院教育科学研究所,2021:398-401.

[11] 张英. 初中语文阅读教学中渗透写作教学的策略 [J]. 试题与研究, 2021, (27):159-160.

[12] 党喆. 如何在初中语文阅读教学中渗透写作教学 [J]. 智力, 2021,(27):71-72.

[13] 董爱玲. 初中语文阅读教学促进学生写作水平提升的途径研究 [J]. 散文百家

(新语文活页),2021,(08):63-64.

[14] 郑瑞英. 初中语文阅读教学与写作教学的有效结合探讨[J]. 中学课程辅导(教师通讯),2021,(15):57-58.

[15] 王利平, 孙立柱, 肖蕙, 金诣芝, 覃遵华. 初中语文阅读教学和写作教学有效结合研究[A]. 中国管理科学研究院教育科学研究所.2021教育科学网络研讨会论文集[C]. 中国管理科学研究院教育科学研究所: 中国管理科学研究院教育科学研究所,2021:392-396.

[16] 宋辉. 初中语文阅读教学与写作教学的有效结合方法探析[J]. 新课程,2021,(29):118.

[17] 张建芹. 初中语文阅读教学中对写作资源的开发与利用[J]. 文理导航(上旬),2021,(06):21+23.

[18] 朱春发. 初中语文阅读教学生命教育形态的实施及其策略研究[D]. 江西师范大学,2021.

[19] 池晶. 探究初中语文阅读教学与写作教学的有效结合策略[J]. 考试周刊,2021,(44):24-25.

[20] 白传开. 初中语文阅读教学与写作教学的有效结合[J]. 名师在线,2021,(15):31-32.

[21] 谢春玉. 基于融合视角的初中语文阅读教学与写作教学研究[J]. 教学管理与教育研究,2021,(10):27-28.

[22] 姚华. 初中语文阅读教学与写作教学的有效结合分析[J]. 试题与研究,2021,(13):169-170.

[23] 李昭亚. 论初中语文阅读教学与写作教学的有效结合[J]. 新课程,2021,(17):77.

[24] 苏玲玉. 初中语文阅读教学与写作教学整合策略探究[J]. 考试周刊,2021,(34):44-45.

[25] 何振龄. 初中语文阅读教学与写作教学的有效结合方法研究[J]. 山西青年,2021,(08):179-180.

[26] 许梅波. 注重初中语文阅读教学, 促进学生写作水平提高[J]. 新课程,2021,(14):186.

[27] 朱琳. 初中语文阅读教学与写作教学的有效结合方法探析[J]. 智力,2021,(05):103-104.

[28] 黄国紫. 初中语文阅读教学和写作教学有效结合分析[J]. 新课程,2021,(06):

48-49.

[29] 陆海霞. 如何在初中语文阅读教学中渗透写作教学[J]. 当代家庭教育, 2021, (01):121-122.

[30] 吕高燕. 初中语文阅读教学促进学生写作水平的途径研究[J]. 学周刊, 2021, (03):19-20.

[31] 叶敏. 以微型写作促进初中语文阅读教学[J]. 课外语文, 2020,(34):133-134.

[32] 张青. 初中语文阅读教学与写作教学策略初探[J]. 中学课程辅导(教师通讯), 2020,(22):109-110.

[33] 刘建. 论初中语文阅读教学和写作教学的有效结合[J]. 中华活页文选(教师版),2020,(09):79-80.

[34] 滕勇. 初中语文阅读教学和写作教学有效结合研究[J]. 当代家庭教育, 2020, (22):109.

[35] 史彩英. 初中语文阅读教学和写作教学有效结合研究[J]. 当代家庭教育, 2020, (19):107.

[36] 奚小清. 初中语文阅读教学与写作教学整合分析[J]. 广西教育, 2020,(21): 75+78.

[37] 李海庆. 初中语文阅读教学和写作教学有效结合研究[J]. 学周刊, 2020,(17): 37-38.

[38] 李越, 田泽克. 如何在初中语文阅读教学中引导学生学习写作[J]. 科普童话, 2020,(20):38.

[39] 许天炜. 初中语文阅读教学促进写作的有效途径[J]. 当代家庭教育, 2020, (11):85.

[40] 周新换. 如何在初中语文阅读教学中引导学生学习写作[J]. 散文百家(理论), 2020,(04):154.

[41] 李向琴. 浅析微写作嵌入初中语文阅读教学的策略[J]. 天天爱科学(教学研究),2020,(03):8.

[42] 王华. "微写作"嵌入初中语文阅读教学分析[J]. 科普童话, 2020,(07):79.

[43] 刘永祥. 如何在初中语文阅读教学中引导学生学习写作[J]. 中国校外教育, 2020,(01):90+89.

[44] 李英. 初中语文阅读教学中引导学生学习写作的策略探索[J]. 问答与导学, 2019,(35):26-27.

[45] 付大岭. 如何在初中语文阅读教学中引导学生学习写作[J]. 新课程(中),2019,(09):61.

[46] 独刚强. 如何在初中语文阅读教学中培养学生的写作能力[J]. 青少年日记(教育教学研究),2019,(12):82.

[47] 范华煊. 初中语文阅读教学与写作教学有效整合措施分析[J]. 学苑教育,2019,(12):39.

[48] 易青. 论初中语文阅读教学与学生写作能力的培养[J]. 读写算,2019,(13):84.

[49] 徐明瑜. 初中语文阅读教学中文学类文本的解读研究[D]. 苏州大学,2019.

[50] 王伟. 在初中语文阅读教学中渗透写作教学[J]. 中学课程辅导(教师通讯),2019,(05):104.